起源的故事

大衛・克里斯欽 DAVID CHRISTIAN——著 蔡耀緯——譯

A Big History of Everything

ORIGIN STORY

目次

前言

我們說故事以理解事物。這是我們與生俱來的能力。

——莉亞・希爾斯（Lia Hills），〈復返內心〉（Return to the Heart）

現代起源故事的這個概念已流傳許久。對我來說，它開始於我一九八九年在雪梨的麥覺理大學（Macquarie University）初次講授的萬物歷史課程。我把那堂課看作是接觸人類歷史的一種方式。那時，我在講授及研究俄羅斯和蘇聯歷史。但我憂慮，教授單一民族或帝國的歷史（俄羅斯既是民族，也是帝國）會傳達出這種下意識的訊息：人類在根本層面上被區分為互相爭鬥的部族。在一個擁有核子武器的世界傳授這種訊息是有益的嗎？在古巴飛彈危機期間就讀初中的我，清楚記得那時以為我們瀕臨末日，萬物都要被毀滅了。我也記得那時忍不住想，蘇聯「那邊」有沒有同樣害怕的孩子。他們畢竟也是人類。我小時候在奈及利亞住過，那兒讓我對一個不同凡響的多元人類社會產生了強烈感受，而這種感受在我青少年時代就讀威爾斯南部的國際學校——大西洋書院（Atlantic College）時得到了確認。

數十年後，身為專業歷史學家的我，開始思索如何講授一套整合的人類歷史。我可以教授全體人類共享的遺產，並運用一些偉大國族歷史的雄偉與驚奇來說這個故事嗎？我愈來愈確信，我們需要這樣一個故事，讓我們舊石器時代的祖先和新石器時代的農民們，能與支配了歷史教學大量篇幅的領袖、征服者和帝王發揮同等重要的作用。

最後我明白，這並非我獨創的想法。一九八六年，偉大的世界史學者威廉・麥克尼爾（William H. McNeil）主張，書寫「人類全體成就與苦難」的歷史，是「我們這個時代歷史學的道德責任」。[1]甚至更早以前，赫伯特・威爾斯（H. G. Wells）就以同樣的宗旨，寫下了一部人類歷史回應第一次世界大戰的浩劫。

> 吾人已知今日世界苟無公共之和平，即無和平可言；苟無全體之福利，即無福利可得；而除具公共之歷史觀念外，即不能致公共之和平與全體之福利。……而猶循其狹隘自私及互相衝突之民族習慣，則唯日趨於爭鬥之途以自召滅亡耳。[2]

威爾斯也理解另一件事：要教授人類歷史的話，想必也需要教授萬物歷史。因此他的《世界史綱》成了一部宇宙歷史。要理解人類歷史，就必須理解這個怪異的物種如何演化，這也就意味著學習地球上生命的演化，意味著學習地球的演化，意味著學習恆星及星球的演化，意味著知曉宇宙的演化。今天，我們能夠以威爾斯著書之時無法想像的精確及科學嚴謹述說這個故事。

威爾斯想要將知識整合起來——連結不同學科和民族的知識。所有的起源故事都會整合知識，就連國族史觀的起源故事也會，其中最卷帙浩繁的還能帶領你橫跨眾多時間斷限，穿越眾多理解與認同的同心圓，從自我到家庭及家族，再到國族、語言群體或宗教歸屬，再到人類及生命的更大圈，最後抵達你是全世界或全宇宙一分子的這個觀念。

但在最近幾世紀裡，愈益頻繁的跨文化接觸，在在展現出一切起源故事及宗教嵌入在地風俗與環境的程度。正因如此，全球化和新觀念的傳播侵蝕了對傳統知識的信念。就連真誠的信徒也開始看見，多種起源故事的說法大不相同。有些人的回應是咄咄逼人地、甚至暴烈地捍衛自身的宗教、部族或國族傳統。但多數人就這樣喪失了信仰與信念，隨之也迷失了自己的方向，以及對自身在宇宙中地位的感受。這種信仰的喪失有助於說明隨處可見的失範（anomie），也就是在二十世紀形塑了大量文學、藝術、哲學及學術研究的無目的、無意義，

1 William H. McNeil, "Mythistory, or Truth, Myth, History, and Historians," *American Historical Review* 91, no. 1 (Feb. 1986): 7（編按：本書除特別注明，皆為作者注）。

2 H. G. Wells, *Outline of History: Being a Plain History of Life and Mankind*, 3rd ed. (New York: Macmillan, 1921), vi。譯者按：本段參看威爾斯著、梁思成譯，《世界史綱》（台北：水牛，二〇〇五年），上冊，導言，頁四。

有時甚至是絕望感。對許多人而言，國族主義提供了一些認同感，但在今天這個全球密切聯繫的世界上，國族主義在連結特定國家內部的公民之際，顯然也同樣分割了人類。

我懷著一種樂觀的信念寫下本書：我們現代人並未注定陷入長期的碎裂與無意義狀態。在現代性的創新風暴之中，正產生一套新的全球性起源故事，與任何傳統起源故事一樣充滿意義、驚奇和神祕，卻奠基於橫跨眾多學科的現代科學研究之上。[3]那樣的故事遠遠尚未完成，或許仍需將舊有的起源故事關於如何健康且永續生活的洞見結合進來。但它是值得了解的，因為它汲取了全球歷經千錘百鍊的資訊及知識遺產，也是第一套囊括世界各地人類社會與文化的起源故事。這是全球性的集體計畫，理當放諸布宜諾斯艾利斯及北京、拉哥斯及倫敦皆準。今天，眾多學者都投入了建構及敘述這套現代起源故事的刺激任務，尋求它可能和所有起源故事一樣提供的指引及共同目的感，但為的是今天的全球化世界。

我自己教授宇宙歷史的嘗試始於一九八九年。到了一九九一年，做為一種描述自己所作所為的方式，我開始使用**大歷史**（big history）一詞。[4]唯有在故事逐漸聚焦之後，我才明白我正試著為一套新興的全球起源故事梳理出主線。今天，大歷史在世界許多不同地區的大學都得到講授，而經由大歷史計畫，它也在成千上萬的高中講授。

在我們應對二十一世紀重大的全球性挑戰與機會之際，我們會需要這樣的嶄新理解。本書正是我敘述這個博大精深、美麗動人故事最新版本的嘗試。

3 偉大的生物學家愛德華・威爾遜（Edward O. Wilson）生動地敘述了更緊密串聯現代學科的至關重要之處。參看 Edward O. Wilson, *Consilience: The Unity of Knowledge* (London: Abacus, 1998)。

4 我最初使用這個詞，是在“The Case for 'Big History,'” *Journal of World History* 2, no. 2 (Fall 1991): 223-38。

導論

形體生滅皆我舞動所現，汝身僅屬其一。既知我在萬物中，又何懼也？

——印度神祇濕婆的假想話語，取自約瑟夫·坎伯（Joseph Campbell），《千面英雄》（*The Hero with A Thousand Faces*）

儘管像所有這些事情一樣毫無可能，它們可能就像那些可能已經發生的一樣可能就像其他任何根本從未發生的一樣有可能如此。

——詹姆士·喬伊斯（James Joyce），《芬尼根的守靈夜》（*Finnegans Wake*）[1]

1 譯者按：本句參看詹姆士·喬伊斯著、戴從容譯，《芬尼根的守靈夜》（上海：上海人民出版社，二〇一二年），第一卷，頁三九八。

我們不由自主地來到這個宇宙，時間與地點都由不得我們選擇。在一段時間裡，我們會像宇宙中的螢火蟲一般與其他人類同行，與我們的親人、兄弟姊妹、子女、朋友和敵人同行。我們也會與從細菌到狒狒的其他生物同行，與岩石、海洋和極光同行，與月亮、流星、行星和恆星同行，與夸克、光子、超新星和黑洞同行，與代幣和行動電話同行，也與許許多多的空白同行。隊伍豐富多采、嘈雜而又玄妙，即使我們人類終將離開，但隊伍仍將繼續行進。而在遙遠的未來，還會有其他旅人加入和離開這個隊伍。但隊伍終將縮減。從今天算起無數年後，它會如黎明時分的鬼魂一般消失無蹤，消解於最初產生了它的那片能量之海。

我們同行的這個奇異群體是什麼？我們在隊伍裡的位置是什麼？它來自何處，去向何方，最終又將如何消散？

今天，我們人類能夠把這個隊伍的故事講得比過去更好。我們能夠極其精準地確認地球之外數十億光年處潛藏之物，以及數十億年前發生之事。我們能做到這點，是因為我們掌握了更多片的知識拼圖，使得可能的全景圖像更容易拼湊起來。這是驚人的成就，卻也十分晚近。我們的起源故事有許多片拼圖，直到我這半輩子才理出頭緒。

我們得以構造出這片廣袤的宇宙及其過去圖像，部分是因為我們有龐大的頭腦，如同一切具有頭腦的有機體（organism），我們也運用自己的頭腦創造內在的世界地圖。這些地圖提供了某種虛擬真實，指引我們找到出路。我們不可能直接看到世界的全部細節，那需要跟宇宙一樣大的腦袋才行。但我們可以從極其複雜的真實中創造出簡單的地圖，也知道這些地圖與真實世界的重要面向相符。常規的倫敦地鐵路線圖略去了大多數的蜿蜒曲折，卻仍能幫助千百萬旅客穿行於城市中。本書正是一份為宇宙提供的倫敦地鐵路線圖。

人類與其他一切擁有頭腦的物種不同之處在於語言能力，這種溝通工具出奇強大，因為它讓我們得以分享各自的世界地圖，並在這個過程中建構出比個別頭腦所能創造的更大、更詳細的地圖。分享也讓我們得以參照千百萬幅其他地圖，測試自己地圖上的細節。藉由這種方式，每一群人都建構起了對世界的理解，將成千上萬年及許多世代之間許多人的洞見、觀念和想法結合起來。一點一滴，經由集體學習的過程，人類在我們做為物種存在的二十萬年內，建立起愈益豐富的宇宙地圖。這意味著宇宙的小小一部分開始重新審視自身，彷彿宇宙在漫長的睡眠之後漸漸睜開一隻眼睛。今天，藉由觀念與資訊的全球交換，現代科學的精確及嚴謹，從擊碎原子的粒子對撞機到太空站裡的空間望遠鏡等嶄新研究器材，以及能運算龐大數字的電腦網路，這隻眼睛得以看見愈來愈多事物。

這些地圖告訴我們的故事，是你所能想像到最壯麗的故事。

童年的我若不把事物放在某張地圖上，就無法理解任何事。我和許多人一樣，奮力想要把自身各自孤立的研究領域聯結起來。文學與物理毫無干係；我在哲學與生物學，或是宗教與數學、經濟學與倫理學之間也看不出關聯。我持續尋找一套框架，某種涵蓋人類知識不同大陸和島嶼的世界地圖；我想讓自己能夠看出這一切是如何形成整體。傳統的宗教故事對我始終不太有用，因為小時候住在奈及利亞的我，很早就學會了不同宗教理解世界生成過程的框架並不相同，且往往彼此矛盾。

今天，一套全新的理解框架正從我們的全球化世界中產生。它是由來自眾多學術領域和國家的成千上萬人共同建立、發展及傳布的。將這些洞見聯繫起來，可以幫助我們看見在特定學科範圍內不可見的事物；它讓我們得以從山頂鳥瞰世界，而非地面平視。我們得以看見串起不同學術地景的聯結，令我們得以更深刻地思考複雜性的本質、生命的本質，乃至我們自身物種本質等等廣博的問題！畢竟，我們目前是透過諸多不同學科的視角（人類學、生物學、生理學、靈長類學、心理學、語言學、歷史學、社會學）研究人類的，但專門化使得任何個人都難以拉開夠長距離，看清人類整體。

追尋起源故事以串聯不同知識型態，這一過程與人類歷史本身同樣悠久。我喜歡想像四萬年前有一群人在日落時圍坐火邊。我想像他們生活在新南威爾斯威蘭德拉湖區（Willandra Lakes Region）蒙哥湖（Lake Mungo）南岸，這是澳洲最古老的人類遺骸出土之處。今天，這裡是帕坎第人（Paakantji）、央佩人（Ngyiampaa）和穆提穆提人（Muthi Muthi）的家園，但我們知道他們的先祖在這個地區定居了至少四萬五千年。

一九九二年，一具在一九六八年時由考古學家發現的先人遺骸（被稱為蒙哥湖一號）終於交還給了當地原住民社群。這是一名年輕女性，部分遺骸遭到火化。[2]相隔半公里外，另一個人的遺骸被發現（蒙哥湖三號），可能是一名男性，死時大約五十歲。他患有關節炎和嚴重的牙齒腐蝕，大概是因為使用牙齒咬出纖維製作網子和繩索導致的。他的遺體受到細心而鄭重的埋葬，灑上了取自兩百公里之外的赭石粉。蒙哥湖男人（Mungo Man）在二〇一七年十一月歸還給了蒙哥湖。

兩人都在大約四萬年前死去，如今乾涸的威蘭德拉湖那時充滿了水、魚類和甲殼類，吸引了眾多禽鳥和動物，可供獵取或以陷阱捕捉。[3]他們在世的時候，蒙哥湖畔的生活相當富足。

我想像中的黃昏火邊對話，有男孩和女孩、年長的男女，還有父母和祖父母，有些人身披獸皮，抱著嬰兒。孩子們在湖邊彼此追逐，成年人則快要吃完貽貝、剛捕上岸的魚和螯蝦，以及沙袋鼠肉排的晚餐。對話逐漸嚴肅起來，由一位老年人接管。如同許多漫長夏日與寒冷冬夜，年長者們複述著向祖先和老師學來的知識。他們詢問著那些始終令我著迷的問題：這片擁有山丘和湖泊、谷地和峽谷的風景，是怎麼形成的？星辰從哪裡來？最早的人類生活在哪兒，又來自何方？或者，我們一直都在這裡嗎？我們和巨蜥、沙袋鼠、鴯鶓有關係

2 關於這些考古發現的歷史，以及考古學家與今日生活在蒙哥湖附近的人們對它們大相逕庭的認知，可參看這部精采的紀錄短片：Andrew Pike & Ann McGrath, *Message from Mungo* (Ronin Films, 2014)。

3 澳洲內陸考古的傑出論著，當屬Mike Smith, *The Archaeology of Australia's Deserts* (Cambridge: Cambridge University Press, 2013)。

嗎？（蒙哥湖人和現代科學對於最後一題的答案都是堅決的「有！」）說故事的人正在傳授歷史。他們述說著，我們的世界是怎樣被遙遠過去的強大力量與生物創造出來的故事。

這些說上了幾天幾夜的故事，描繪出了蒙哥湖人的宏大典範觀念。這些觀念有堅實的雙腿，能夠長久流傳。它們結合起來，構成了世界資訊的龐大鑲嵌圖案。有些兒童或許會覺得故事的某些部分太複雜幽微，乍聽之下無法聽懂。但他們聽到不同的人重複講了許多次，逐漸習慣了這些故事及其內含的深刻觀念。隨著孩子逐漸長大，故事也深入心中，他們逐漸熟悉了它們，更能領會它們的美妙，以及更幽微的細節與意義。

隨著老師們談及星辰、風景、袋熊和沙袋鼠，以及祖先們的世界，他們建構起一幅共享的理解圖，為社群成員們揭示他們在一個富饒、美麗，時而恐怖的世界中的位置：這是你的身分；這是你出身之處；這是你出生前存在過的人；這是一切事物的全貌，你是其中的一小部分；這些是在和你一樣的人組成的群體中生活所要承擔的責任與挑戰。故事有著強大力量，因為它們得到信任。它們令人感到真實，因為它們奠基於許多代祖先傳承下來的最可靠知識。它們的準確、合理和一致性，運用蒙哥湖人社群及其祖先和鄰居所能獲得的，對人類、星辰、地景、動植物的豐富知識，再三得到檢證。

我們所有人都能獲益於祖先創造的地圖。偉大的法國社會學家艾彌爾．涂爾幹（Émile Durkheim）堅稱，潛藏在起源故事和宗教中的地圖，是我們自我認同感的根本。他說，要是少了它們，人們就有可能陷入極度強烈的絕望與無意義感，還可能因此自殺。難怪幾乎我們所知的每個社會都以起源故事為教育核心。在舊石器社會裡，學生向長老學習起源故事，一如日後的學者們在巴黎大學、牛津大學、巴格達大學和那爛陀寺，學習基督教、伊斯蘭教和佛教的核心故事。

但奇怪的是，現代世俗教育卻少了一套有自信的起源故事，將所有理解的領域串聯起來。這或許有助於說明為何涂爾幹所說的迷向、分裂和漫無目標在今天的世界隨處可見，從德里到利馬、從拉哥斯到倫敦皆然。問題在於，在一個全球緊密聯繫的世界裡，有這麼多套在地的起源故事爭逐著人們的信任與關注，以至於相互阻礙。因此大多數現代教育家都專注於故事的不同部分，學生則從一個個不同學科學習自己的世界。今天的人們學習的事物，從代數到現代史，再到編寫電腦程式碼，都是我們在蒙哥湖的祖先們不曾聽聞的。但我們和蒙哥湖人不同，我們幾乎不被鼓勵以舊時課堂地球儀串聯成千上萬張局部地圖，成為單獨一張世界地圖的方式，將知識結合成單獨而前後一致的故事。這使得我們對現實，乃至我們全是其中一員的人類社群兩者，都只剩下支離破碎的理解。

現代起源故事

不過……在點滴累積之中，一個現代起源故事逐漸成形。如同在蒙哥湖述說的那些故事，我們的現代起源故事，也是由我們的祖先採集而來，並歷經許多世代和成千上萬年的考驗與檢證。

當然，它和大多數的傳統起源故事不同。部分原因在於它並非由特定地區或文化建構，而是由全球社會超過七十億人民建構，從而匯聚了世界每一區域的知識。這是所有現代人類的起源故事，建立在現代科學的全球傳統之上。

現代起源故事不同於眾多傳統起源故事，它沒有創世神，儘管它擁有的能量和粒子，與眾多起源故事裡的諸神一樣奇異。如同儒家或早期佛教的起源故事，現代起源故事也是在說明宇宙何以如此。任何意義都並非來自宇宙本身，而是來自我們人類。「宇宙的意義是什麼？」神話與宗教學者約瑟夫・坎伯（Joseph Campbell）問道：「跳蚤的意義又是什麼？它就在那裡，如此而已，你自己的意義也就是你身在其中。」[4]

現代起源故事的世界是更不穩定、更加動盪的，而且規模比眾多傳統起源故事的世界更大。而這些特性也揭示了現代起源故事的局限。儘管範圍遍及全球，它仍是十分晚近的，帶有青春的生澀和某些盲點。它在人類歷史十分特定的時間點產生，受到現代資本主義的動力，乃至其具有潛在破壞力量的傳統形塑。這足以說明它為何在許多方面，都欠缺全世界原住民族的起源故事所具備對於生物圈的深刻感受。

現代起源故事的宇宙是躁動、活潑、不斷演化而又巨大的。地質學家華特・阿瓦雷茲（Walter Alvarez）藉著詢問宇宙含有多少恆星，提醒我們它有多麼龐大。大多數星系都有一千億顆左右的行星，而宇宙中至少也有這麼多星系。這意味著（請先深呼吸）宇宙中有

10,000,000,000,000,000,000,000顆（十的二十二次方）行星。[5]二〇一六年下半年的新觀測結果，則暗示宇宙中可能還有更多星系，因此這個數字後面還可以儘管多加幾個零。我們的太陽是這巨大群體裡不甚起眼的一分子。

現代起源故事仍在建構中。新的片段被增補，既有的章節仍待考驗或修整，鷹架或雜物也得清空。故事中也還有漏洞，因此如同一切起源故事，它也少不了神祕感與敬畏感。但過去數十年來，我們對自己生活在其中的宇宙理解得更豐富了，這或許還會提高我們對宇宙奧祕的感受，因為法國哲學家布萊茲・帕斯卡（Blaise Pascal）寫道：「知識如同球體；體積愈大，與未知的接觸面也愈大。」[6]儘管有著一切瑕疵和不確定，我們還是需要知道這個故事，如同蒙哥湖畔的人們需要知道自己的起源故事。現代起源故事述說全體人類共享的遺產，使我們得以做好準備，面對我們所有人在地球歷史這個關鍵時刻都要面對的巨大挑戰與契機。

---

4 *The Power of Myth*, episode 2, Bill Moyers and Joseph Campbell, 1988, https://billmoyers.com/content/ep-2-joseph-campbell-and-the-power-of-myth-the-message-of-the-myth/.

5 Alvarez, *A Most Improbable Journey*, 33.

6 收入Firtjof Capra & Pier Luigi Luisi, *The Systems View of Life: A Unifying Vision* (Cambridge: Cambridge University Press, 2014), 280。

位居現代起源故事核心的，是日益增加的複雜性概念。我們的宇宙是如何出現？如何產生出我們身為其中一分子的富饒事物、力量及生物？我們並不真正知曉宇宙如何生成，或是宇宙之前有沒有其他事物存在。但我們確實知道，當宇宙從一大片泡沫狀的能量中生成之際，它是極為簡單的。而簡單至今仍是它的預設條件；畢竟，我們的宇宙絕大部分都是寒冷、漆黑、空無的空間。儘管如此，在如同我們星球一般特別不尋常的環境中，卻存在著完美的金髮姑娘情境（Goldilock conditions），就像金髮姑娘童話故事裡的小熊麥片粥那樣，既不太熱也不太冷，不太厚也不太薄，卻恰好適合複雜性演化的環境。[7]在這些金髮姑娘環境中，愈益複雜的事物在千百億年中產生，它們有更多的活動部位，內在關係也更加錯綜複雜。我們當然不應誤以為複雜的事物必定優於簡單的事物，但複雜性對於我們人類確實重要，因為我們十分複雜，而我們如今生活於其中的活潑全球社會，正是我們所知的一項最不尋常的複雜事物。因此，理解複雜事物如何產生，怎樣的金髮姑娘情境讓它們得以產生，是理解我們自己和我們今天生活的世界的一個絕佳方法。

更複雜的事物會出現在關鍵轉捩點上，我會將這些事物中最重要的稱作「門檻」（threshold）。門檻形塑了現代起源故事的複雜敘事。它們凸顯出重大的轉捩點，此時既有的事物被重新整理，不然就是被改變，以創造出某些不同於過去的「新興」屬性、前所未見的特質。早期的宇宙沒有恆星、行星，也沒有活機體（living organism）。隨後漸漸地，全新的事物開始出現。行星由氫原子和氦原子創造出來，新的化學元素在死星中產生，行星和月亮運用這些新的化學元素，從成團的冰和灰塵中形成，最初的活細胞從這些崎嶇行星中的豐富化學環境演化出來。我們人類是這個故事的重要一環，因為我們是地球行星上生命演化與多元化的產物，但在我們簡短而非凡的歷史進程中，我們開創出了這麼多全新型態的複雜性，使得我們如今看來似乎主宰了世界的變遷。比先前更新穎、更複雜，具有新興屬性的事物出現，看來總是跟嬰兒誕生一樣不可思議，因為宇宙的總體趨勢是傾向更不複雜、更雜亂無序。最終，那種愈趨雜亂無序的傾向（科學家稱為「熵」〔entropy〕）將會勝出，宇宙將成為某種毫無模式或架構的隨機混亂。但這仍在非常、非常久遠之後的未來。

同時，我們似乎生活在一個充滿創造力，精力旺盛的年輕宇宙。我們的第一個門檻——宇宙的誕生，和我們現代起源故事的任何其他門檻一樣神奇。

7 金髮姑娘原則在Spier, *Big History*, 63-68及其後的內容中得到徹底探討。

時間軸

這條時間軸並用約略絕對年代（approximate absolute date）和重新估算的年代（recalculated date），為現代起源故事提供一些基本年代，彷彿宇宙是在十三點八年前，而非一百三十八億年前創造的。第二種方式使得這個故事更容易按照時間先後順序理解。畢竟，天擇（natural selection，即自然選擇）並未預設讓我們的心智應付千百萬年或百億年，因此這份較簡短的年表應當更容易理解。

為超過幾千年以前發生的事件所設定的大多數年代，都是直到最近五十年來，才得以運用現代精密計時技術確定，其中最重要的是放射性定年法（radiometric dating）。

事件	**約略絕對年代**	**年代除以十億年**
第一道門檻		
大霹靂：宇宙誕生	一百三十八億年前	十三年九個月前

第二道門檻 最初的恆星開始閃耀	約一百三十二億年前	十三年兩個月前
第三道門檻 新元素在死去的大型恆星中產生	自第二道門檻持續至今	自第二道門檻持續至今
第四道門檻 太陽與太陽系形成	四十五億年前	四年六個月前
第五道門檻 地球上最早的生命	三十八億年前	三年九個月前
地球上最早的大型有機體	六億年前	七個月前
小行星滅絕恐龍	六千五百萬年前	二十四天前
人類系譜從黑猩猩系譜分異	七百萬年前	兩天半前
直立人	兩百萬年前	十七小時前
第六道門檻 我們所屬物種——智人的最早證據	二十萬年前	一百分鐘前

第七道門檻 上一次冰河期結束，全新世開始，最早的農耕跡象	一萬年前	五分鐘前
城市、國家、農業文明的最早證據	五千年前	兩分半前
羅馬帝國與漢帝國興盛	兩千年前	一分鐘前
世界各區域開始聯繫起來	五百年前	十五秒前
第八道門檻 化石燃料革命開始	兩百年前	六秒前
劇烈加速；人類登陸月球	五十年前	一點五秒前
第九道門檻 永續的世界秩序？	一百年後？	三秒後
太陽死亡	四十五億年後	四年六個月後
宇宙褪入黑暗，熵勝出	無數年後	千百億年後

第一部

宇宙

COSMOS

第一章 初始：第一道門檻

若想從一無所有做出個蘋果派來，首先你必須先創造宇宙。

——卡爾・薩根（Carl Sagan），《宇宙》（*Cosmos*）[1]

所以看來就是緊接那單純的光在最初／馳騁的地段誕生之後，馬匹們就神魂顛倒／自嘶鳴的綠色廄裡窩心踏出／邁步進入讚頌之野。

——狄倫・湯瑪斯（Dylan Thomas），〈蕨岡山〉（Fern Hill）[2]

1 譯者按：本句參看卡爾・薩根著，丘宏義、呂克華譯，《宇宙・宇宙》（台北：遠流，二〇一〇年），頁二四六。

2 譯者按：本段參看楊牧編譯，《英詩漢譯集》（台北：洪範，二〇〇七年），頁三七五。

啟動一個起源故事

拎著鞋帶把自己提起來（bootstrapping）是一項不可能的任務，你要非常、非常用力拉鞋帶才能把自己舉起來。這個觀念後來進入了電腦術語，諸如啟動（booting）或重新啟動（rebooting），形容電腦從關機狀態中啟動，然後讀取下一步行動指令。從字面來說，拎著鞋帶舉起自己當然是辦不到的，因為你需要一個槓桿才能把物品舉起來。希臘哲學家阿基米德（Archimedes）說過：「給我一根桿子，一個支點，我就能舉起地球。」但什麼樣的事物有可能成為新宇宙創生的槓桿？你要如何自力生成一個宇宙？或者還可以問，要如何啟動一個敘述新宇宙生成的起源故事？

從頭說一個起源故事，幾乎和宇宙自力生成一樣困難。一個可能的方法是預設宇宙始終存在，藉此消除起源問題，如此就不需從頭說起了。許多起源故事採用了這個方法。還有許多現代天文學家也是這樣，包括二十世紀中葉那些支持穩態理論（steady-state theory）的人們。這個觀念認為，宇宙在大範圍上的樣貌和今天相去不遠。另一個類似但有些微差異的觀念，則認為確實有一個巨大力量或存有出沒於宇宙，締造萬物的創生時刻，但此後就沒有多大變動。蒙哥湖的長老們可能是這樣看待宇宙的，敘述由祖先創造出來，並且或多或少維持現狀的世界。艾薩克・牛頓（Issac Newton）將上帝看作萬物的「第一因」，主張祂存在於一切空間裡。正因如此，牛頓認為宇宙整體並沒有改變多少。他曾寫道，宇宙是「一個無形、健在、聰穎存有的感覺中樞」（the Sensorium of a Being incorporeal, living, and intelligent）。[3]二十世紀初期，愛因斯坦（Albert Einstein）極其確信宇宙（在大範圍上）是不變的，這使他在相對論中特地加入一個常數，令它得以預測一個穩定的宇宙。

永恆不變的宇宙這個觀念能令人滿意嗎？不盡然，尤其在你必須夾帶一個造物主，才能啟動流程的時候，像是「起初一無所有，神創造了……」。邏輯上的差錯很明顯，即使有些精明的心智得經過很長一段時間才能看清這點。伯特蘭・羅素（Bertrand Russell）在十八歲那年讀過約翰・彌爾（John Mill）自傳的這段話之後，就拋棄了造物主的觀念：「我父親教我，『誰創造了我？』這個問題無法回答，因為它會立刻帶出更大的問題：『誰創造了神？』」[4]

此外還有一個謎團。假如有一位神強大到足以設計出宇宙，那位神必定比宇宙更複雜；因此，預設造物主的存在就意味著，藉由想像一個……創造了宇宙的更複雜事物，來解釋這個複雜至極的宇宙。有些人恐怕會覺得這是在騙人。

古印度頌歌《吠陀》對這個問題兩邊押寶：「無既非有，有亦非有，無空氣界，無遠天

---

3 Richard S. Westfall, *The Life of Isaac Newton* (Cambridge: Cambridge University Press, 1993), 259。牛頓後來改變了宇宙做為上帝的「感覺中樞」這個想法，但仍保持上帝「真正無處不在」這個概念。

4 Bertrand Russell, "Why I Am Not a Christian," lecture given at Battersea Town Hall, London, March 1927.

界。」[5]或許萬物皆源自存有與非存有之間某種原初的張力，這一昧晦之域並非事物，但有可能**形成**事物。或許正如澳洲現代原住民的一句諺語，沒有任何事物是**完全**空無所有的（nothing is *entirely* nothing）。[6]這是很微妙的想法，要不是與量子物理學內含的現代觀念「太空絕非**完全**虛空，而是充滿可能」驚人地相似，恐怕會被摒棄為含糊不清和故弄玄虛。

有沒有一種能量或潛能的海洋，從中如波浪或海嘯般產生出特定的形態？這是個如此普及的概念，令人不禁覺得，我們對於最初起源的觀念乃是基於自身體驗。每一天早晨，我們每個人都體驗到：一個具備形狀、知覺和結構的有意識世界，似乎以某種方式從一個混沌的無意識世界中產生。約瑟夫．坎伯寫道：「正如個人的意識是棲息在一片夜海上，在睡眠中沉降到海底，然後又神祕地從中醒覺過來一樣，在神話的意象中，宇宙也是從永恆的狀態降生出來，並安住其中，然後再消解回去。」[7]

但這麼說或許太形而上了。難處恐怕在於邏輯。史蒂芬．霍金（Stephen Hawking）認為，起始的問題問得不對。倘若時空的幾何構造是球形的，如同地球表面，但空間更多，那麼，探詢在宇宙之前存在的事物，就像是在網球表面尋找起點。它不是這樣運作的。時間沒有邊緣或起點，正如地球表面沒有邊緣。[8]

如今，有些宇宙學家受到另一套概念吸引，它們將我們拉回宇宙既沒有起點也沒有終點的想法。或許我們的宇宙就是無限多元宇宙的一部分，其間不斷經由大霹靂而生成新宇宙。或許這是對的，但我們目前對於自身局部大霹靂之前的一切還沒有任何確切證據。彷彿我們宇宙的創生是如此暴烈，任何關於創造過程的資訊全被抹滅了。即使還有其他的宇宙群落，我們目前也還看不到。

老實說，我們今天對於最初起源問題的答案，並不比先前任何人類社會更好。自力生成宇宙看來仍像是邏輯和形上學的弔詭。我們不知道是怎樣的金髮姑娘情境促成了宇宙生成，至今也拿不出比小說家泰瑞・普萊契（Terry Pratchett）寫下的這段話更好的解釋：「當前的知識狀態因此可以概括如下：起初空無一物，然後就爆炸了。」[9]

---

5 轉引自Christian, *Maps of Time*, 17。

6 Deborah Bird Rose, *Nourishing Terrains: Australian Aboriginal Views of Landscape and Wilderness* (Canberra: Australian Heritage Commission, 1996), 23.

7 Joseph Campbell, *The Hero with a Thousand Faces*, 2nd ed. (Princeton, NJ: Princeton University Press, 1968), 261。譯者按：本段中譯參看約瑟夫・坎伯著、朱侃如譯，《千面英雄》（台北：立緒，一九九七年），頁二七九。

8 Stephen Hawking, *A Brief History of Time: From the Big Bang to Black Holes* (London: Bantam, 1988), 151.

9 感謝伊莉絲・波罕（Elise Bohan）提示這句引文，出自Terry Pratchett, *Lords and Ladies* (London: Victor Gollancz, 1992)。

第一道門檻：量子自力生成宇宙

今日最被廣泛接受的最初起源說法，是大霹靂概念。這是現代科學的首要典範之一，如同生物學的天擇說，或地質學的板塊構造論。[10]

直到一九六〇年代初期，大霹靂理論的關鍵內容才出現。那時天文學家首次偵測到宇宙微波背景輻射（cosmic microwave background radiation）——這是大霹靂的殘留能量，遍布於今天的宇宙中。儘管宇宙學家至今仍極力想要理解宇宙生成的那一刻，他們仍能從宇宙生成後（深呼吸，我希望我算得夠精準）十億乘十億乘十億乘十億乘十億分之一秒（大約零時之後十的四十三次方分之一秒）開始，說出一個生動活潑的故事。

以下是故事的概要：我們的宇宙始於一個比原子更小的點。有多小？我們這個物種的心智能力進化到了應對人類大小的事物，從而難以理解如此渺小的事物，但知道以下這點或許有用：你可以把一百萬個原子塞進這句話最後的句點裡。[11]在大霹靂發生的那一刻，整個宇宙比一個原子更小，其中充塞著存在於今日宇宙的一切能量與物質。全部。這個想法令人驚駭，乍聽之下似乎純屬瘋狂。但我們現有的一切證據都向我們訴說，這個奇異、微小，而且熱極了的物體，在大約一百三十八億兩千萬年前確實存在。

我們至今還不理解這件事如何、又為何發生。但量子物理學告訴我們，運用電場或電磁場高速推動次原子粒子，以產生能量的粒子加速器則向我們**展現**，事物真能在真空中從無到有產生，即使要了解這個過程的意義，就需要更複雜地理解**空無一物**。在現代量子物理學中，精準確認次原子粒子的位置與運動是辦不到的。這意味著你不可能確切地說某個特定的空間區塊是空的，也意味著空虛其實是緊繃的，隨時有可能出現事物來。正如印度《吠陀》說的「無既非有，有亦非有」，這樣的張力似乎生成了我們的宇宙。[12]

今天，我們把宇宙的初始稱作「大霹靂」，而不是像新生兒那樣呱呱墜地。這個巧妙的詞彙是在一九四九年由英國天文學家弗雷德．霍伊爾（Fred Hoyle）創造的，他認為這個想法荒誕不經。宇宙大爆炸的概念在一九三〇年代初期首度浮現時，比利時天文學家（也是天主教司鐸）喬治．勒梅特（George Lemaître）將這個新生的宇宙稱作「宇宙蛋」（cosmic egg）或「太初原子」（primordial atom）。事情在極少數認真看待這個想法的科學家看來很明確，既然有這麼多能量充塞其間，這個太初原子必定熱得超乎想像，而且必定瘋狂擴張以釋放壓力。擴張直到今天仍在持續；彷彿一座巨大湧泉汩汩奔流了超過一百三十億年。

---

10 關於典範的經典論著，參看 Thomas Kuhn, *The Structure of Scientific Revolutions*, 2nd ed. (Chicago: University of Chicago Press, 1970)。

11 Peter Atkins, *Chemistry: A Very Short Introduction* (Oxford: Oxford University Press, 2015), loc. 722, Kindle.

12 Lawrence Krauss, *A Universe from Nothing: Why There Is Something Rather than Nothing* (New York: Simon and Schuster, 2012).

大霹靂後最初的分分秒秒間發生了很多事。最重要的是，最初的有趣結構和模型出現了，這是第一批具有獨特非隨機形體及屬性的實體或能量。獨具新特性的事物出現，總是令人不可思議。我們在現代起源故事中會看到這件事反覆發生，即使乍看之下不可思議的事物，在我們理解新事物及其新特性並非一蹴可幾或憑空產生之後，或許就不再那麼神奇了。具有新特性的新事物，是由既有事物及力量重新排列組合而來。正是新的排列組合得出了新特性，就像以不同方式排列磁磚即可產生出新的鑲嵌圖案。舉一個化學的例子。我們通常認為氫和氧是無色氣體，但把兩個氫原子和一個氧原子以特定組態結合起來，就會得到一個水分子。再把這些水分子聚集起來，你就會得到我們視之為「潮濕」（wateriness）的全新特性。當我們見到具有新特性的新形體或新結構，我們所見的其實是既有事物的重新排列組合。創新就是發生。倘若我們認為「發生」是我們故事中的角色之一，它大概會是窈窕、謎樣且不可預期的，有可能出人意料從黑暗中現身，引領情節走上令人驚奇的新方向。

宇宙中最早的結構和模型正是這樣產生的，從大霹靂迸出的事物和力量以全新組態排列組合。

我們對於這個過程的最早階段有些證據，大霹靂之後的一瞬間，宇宙是由純粹、隨機、未分化且不成形狀的能量構成。我們可以把能量看作**事物產生的潛力**，**造成**事物或**改變**事物的能力。太初原子裡的能量十分驚人，高達絕對零度以上千百兆度。這時有一段短暫的超高速擴張時期，稱為**暴脹**（inflation）。擴張的速度快到大半個宇宙投射到了遠遠超出我們所能想見的範圍。這意味著我們今日所見到的，或許只是全宇宙的一小塊。

又過了一瞬，擴張的速率減緩了。大霹靂的動盪能量逐漸安定下來，隨著宇宙持續擴張，能量也發散、變得稀薄。平均溫度下降了，並且持續下降，因此今天大半個宇宙的溫度只有絕對零度以上攝氏二點七六度。（絕對零度是萬物不再活動的溫度。）但我們感覺不到寒冷，地球上的任何其他有機體也感受不到，因為太陽的篝火溫暖了我們。

在大霹靂的極端溫度中，幾乎任何事都有可能發生。但隨著溫度下降，可能性也減少了。獨特的實體開始如鬼魅一般，從冷卻宇宙的混沌之霧中產生，這些實體在大霹靂的暴烈大鍋中不可能存在。科學家稱這些形體與結構的轉變為**相變**（phase changes）。我們在日常生活中也能看到相變，像是蒸氣失去能量而成為水（水分子的運動弱於蒸氣分子），以及水結成冰（它的能量如此微弱，只會在原地晃動）。水和冰只會存在於小範圍極低溫度之內。

大霹靂過後十億乘以十億乘以十億乘以十億分之一秒內，能量本身就經歷了相變。它分裂成四個非常不同的種類。今天，我們知道它們是重力、電磁力、強作用力和弱作用力。我們需要熟悉它們的不同性格，因為它們形塑了我們的宇宙。重力是弱的，但它跨越遙遠的距離，始終將事物聯結起來，它的力量因此而累積。它會讓宇宙更緊密聚合。電磁力以正電荷和負電荷形態出現，因此通常相互抵消。重力儘管微弱，卻在大範圍內形塑了宇宙。但電磁力則支配了化學和生物學層面，它是維繫我們的身體所必需的。第三種和第四種基本力被單調地稱作強作用力和弱作用力。它們的作用距離短，影響範圍在於次原子。我們人類並不直接體驗它們，但它們形塑了我們的世界每一方面，因為它們決定了原子內部深處的變化。

可能還有其他種類的能量。一九九〇年代，測量宇宙擴張速率的新數據，顯示出速率正在增加。許多物理學家和天文學家如今借用愛因斯坦首先提出的一個想法，主張整個太空中可能都存在一種反重力，其力量隨著宇宙擴張而增強。今天，這種能量的質量或許已經占了宇宙總質量的七成。但即使它已經開始支配我們的宇宙，我們仍不了解這種能量究竟是什麼、又如何運作，因此物理學家稱之為**暗能量**（dark energy）。這個詞是一個占位符（placeholder）。仔細看，因為理解暗能量是當代科學的最大挑戰之一。

物質在大霹靂之後第一秒就產生了。物質是能量所推動的事物。直到一個多世紀前，科學家和物理學家仍設想物質和能量是不同的。如今我們知道，物質其實是能量的高度壓縮形式。青年愛因斯坦在一九〇五年一篇著名的論文中闡述了這點。能量（E）等於質量（m）乘以光速（c）平方的這個公式（即$E = mc^2$），向我們揭示有多少能量被壓縮進了定量的物質之中。要計算有多少能量被鎖進一小塊物質裡，不只要把物質的質量乘以光速（每小時超過十億公里），更要乘以光速的平方。這是個天文數字，於是當你將一小塊物質解壓，就會釋放出巨大的能量，這正是氫彈爆炸時發生的事。發生在宇宙早期的則是相反的過程。巨大的能量被壓縮進了少量物質之中，宛如一大片能量之霧中的塵埃。不同凡響的是，我們人類設法短暫地在日內瓦近郊的大型強子對撞機（Large Hadron Collider）中，重新創造了這樣的能量。而且，沒錯，粒子真的開始從那片沸騰的能量之海中迸出。

而我們還在第一秒之中……

最初的結構

就在大霹靂剛過的混沌能量之霧中，開始出現了獨特的形體與結構。儘管能量之霧始終存在，產生於其中的結構卻會為我們的起源故事帶來形狀與主要情節。有些結構或模式會持續數十億年，有些只存在於一瞬間，但**沒有一種**會保存下來。它們就像海面上的浪花般轉瞬即逝。熱力學第一定律告訴我們，能量之海始終存在；它是守恆的。熱力學第二定律則告訴我們，所有從中產生的形體最終都會消解，回歸能量之海。形體像舞步一樣**不會**留存下來。

有些獨特的結構與形體在大霹靂後一秒之內就產生了。為什麼？宇宙為何不只是能量的隨機流變？這是根本問題。

倘若我們的故事有個造物主，要說明結構就容易了。我們只需要設想（像許多起源故事那樣）神明愛好結構而非混亂。但現代起源故事的大多數版本都不再接受造物主這個觀念，因為現代科學找不到神存在的直接證據。許多人都體驗過神明，但這些受到報導的體驗迥異又互相矛盾，而且無法再現。它們太容易被影響、太含糊也太主觀，不足以提供客觀的科學證據。

因此，現代起源故事必須找出其他方式說明結構與形體的產生。而這並不容易，因為熱力學第二定律告訴我們，所有結構遲早終究會瓦解。奧地利物理學家埃爾溫．薛丁格（Erwin Schrödinger）寫道：「我們現在可以了解，這個物理學的基本定律，就是事物接近混亂狀態的自然傾向（就像圖書館的書籍、或寫字檯上成堆的文件和手稿，表現的雜亂情況一樣），除非我們能消除這種傾向。」[13]

要是現代起源故事有反派角色的話，那肯定就是熵了，即結構消解為失序的看似普遍趨勢。熵是熱力學第二定律的忠僕。因此，倘若我們把熵想成故事中的角色，我們就應當想像它是放蕩的、鬼祟的，無視他人苦難，無意直視你的雙眼。熵也非常、非常危險，最終將捕獲我們全體。熵佇立在所有起源故事的結尾。它會消解所有結構、形體，每顆恆星、每個星系和每個活細胞。坎伯在一本神話學著作中詩意地敘述熵的作用：「我們所知、所見的世界只有一個結局，那就是我們的心，將隨著我們所愛形體的逝去而死亡、分裂、肢解和處決。」[14]

現代科學以冷酷無情的統計學語言解釋熵的作用。在事物可被排列的無數種方式裡，壓倒性的大多數都是無結構、隨機且無序的。大多數變化就像是拿出多達十的八十次方張的一副牌（十後面八十個零，約略是宇宙中的原子總數）一再洗牌，期望所有紙牌A連續出現那樣。這種牌型罕見地令人難以置信，罕見到就算你洗牌的次數多過宇宙年齡幾倍都不太可能看到。大多數時候，你只會找到極少的結構，甚至全無結構。倘若你把炸彈丟進充斥著磚塊、灰漿、管線和塗料的建築工地，有多大可能會在塵埃落定之後，看到一座所有管線連接就緒，粉刷一新，準備出售的公寓大樓？魔術的世界可以無視熵，但我們的世界不行。正因如此，大半個宇宙都缺乏形狀與結構，尤其是不同星系之間的龐大空間。

熵是這麼強大，使得我們難以理解任何結構是如何首先產生。但我們知道結構確實產生了。它們似乎是在熵的允許之下產生的。彷彿在允許事物連結起來，組成更複雜的結構之際，熵要求以能量的形式支付一種複雜稅。實際上，我們會看到熵索取的是好幾種不同形式的複雜稅，有點像是俄國沙皇彼得大帝在政府設立特別部門，憑空想出新的課稅對象。熵喜歡這樣的交易，因為所有複雜實體付出的稅，都有助於熵將整個宇宙化作一團爛糊的陰森使命。付稅給熵這個動作就足以創造出更多混亂與廢棄物，一如現代城市的營運產生出大量垃圾和高溫。我們每個人生命中的每一秒都在付稅給熵，直到死去的那天才能停止支付。

那麼，最初的結構究竟如何產生？科學至今對這個問題還沒有完整的答案，儘管有許多值得繼續深究的想法。

---

13 Erwin Schrödinger, *What is Life? & Mind and Matter* (Cambridge: Cambridge University Press, 1967), 73。譯者按：本段中譯參看薛丁格著，仇萬煜、左蘭芬譯，《薛丁格生命物理學講義：生命是什麼？》（台北：貓頭鷹，二〇一六年），頁一九。

14 Campbell, *The Hero with a Thousand Faces*, 25-26。譯者按：本段中譯參看約瑟夫・坎伯著，朱侃如譯，《千面英雄》，頁二三。

除了能量和物質，某些基本運作規則也從大霹靂產生。科學家直到十七世紀的科學革命才開始理解這些規則有多麼根本。今天，我們稱這些規則為物理基本定律。它們說明了何以太初原子失控而混亂的能量並非完全漫無定向——物理定律推動著變化朝向特定途徑發展，封阻近乎無限的其他可能性。物理定律過濾掉那些與它們不相容的宇宙狀態，因此在任一時刻，宇宙都只以和宇宙運行規則相容的眾多狀態之一存在著。這些新狀態從而又產生更多規則，推動變化走向新的途徑。

持續過濾掉不可能的狀態，確保了最少量的結構。我們不知道這些規則為何產生或如何成為這種形式。我們甚至不知道這些規則是不是必然的。或許其他宇宙存在著不太一樣的規則。或許在某些宇宙，重力更強而電磁力更弱。倘若真是如此，這些宇宙的居民（要是有的話）就會說出不同的起源故事。或許有些宇宙只存在百萬分之一秒，其他宇宙則會比我們的宇宙存在更久。或許有些宇宙創造出了許多奇異的生物，其他的則是生物墳場。倘若我們的宇宙確實存在於多元宇宙中，那麼我們可以想像，在我們的宇宙創生時有一場巨大的博弈，隨後是宣告：「好，這個宇宙會有重力，還有電磁力，電磁力將是重力的十的三十六次方倍。」（至少在我們的宇宙中，這確實是重力與電磁力的比例。）這些規則的存在，確保了我們的宇宙永遠不會全然失序。某些耐人尋味的事物必然要在某處產生。

能量一以獨特形體產生，結構和模式就出現了。當能量凝結成最初的物質粒子，它們也有規則。原子的基本成分：中子、質子、電子，在大霹靂後幾秒內就出現了，還有質子與電子的反粒子（即帶有負電荷的質子和帶有正電荷的電子），形成了物理學家所謂的**物質**和**反物質**。隨著宇宙驟降到物質與反物質能夠輕易被創造的溫度以下，一場遍及全宇宙的暴烈破壞大賽隨即展開，物質和反物質彼此毀滅，釋放出巨大能量。對我們來說幸運的是，一小點剩餘物質（或許是那十億顆粒子中的一顆）在這場屠殺中倖存。殘餘的物質粒子在原處鎖定，因為溫度驟降到它們不足以回復成純粹能量的地步。我們的宇宙正是從這些殘餘物質粒子生成的。

隨著溫度下降，物質也分化。電子和中子受到電磁力與弱作用力控制。形成原子核的質子和中子，是由名為夸克（quarks）的三聯體怪異粒子構成，由強作用力束縛在一起。電子、中子、夸克、質子、中微子（neutrino）……就在大霹靂後幾秒間，我們急速冷卻的宇宙將一些獨特的結構固定下來，每一種都有其新生的屬性。但隨著大霹靂的風暴減弱，解放這些太初結構所需的極端能量消失，正因如此，在我們看來，質子、電子等不同形式的能量與粒子才會多少看似永生不滅。

這正是機緣與必然結合，創造出最初簡單結構的過程。物理定律過濾了許多可能性——這是必然的部分。接著，機緣從剩餘的可能性中隨機將事物重新排列組合。這一切運作的方式就是如此。奈米物理學家彼得・霍夫曼（Peter Hoffmann）寫道：「受到物理定律調和，增添些許必然的機緣成了創造力量，是我們宇宙的行動者。從星系到向日葵，我們在身邊所見的一切美好，都是混亂與必然之間這一創造性合作的成果。」[15]

最早的原子

大霹靂過後幾分鐘內，隨著質子與中子結合，出現了更多結構。氫原子的核心是一顆質子，一對質子（和兩顆中子）則組成了氦原子核心，於是宇宙開始創造第一批原子。但融合質子需要大量的能量，因為它們攜帶的正電荷互斥，大霹靂過後的溫度也在驟降，因此不可能再融合更多質子而形成更大的原子核。這解釋了我們宇宙的一個根本面向：宇宙中所有原子的將近四分之三是氫原子，剩下的大多是氦原子。

更多物質則形成了暗物質，這是我們仍不了解的事物，儘管我們知道它存在，因為它的引力決定了星系的構造和分布。因此，大霹靂過後幾分鐘內，我們的宇宙由巨大的暗物質雲團構成，內含質子與電子劈啪作響的電漿（等離子體，plasma），光子從中流瀉出來。今天，我們只會在恆星中心看到電漿。

現在我們得先暫停，等待三十八萬年左右（幾乎是人類物種在地球生存時間的兩倍長）。在這段期間裡，宇宙持續冷卻。當溫度降到攝氏一萬度以下，還會經歷一次相變，像是蒸氣變成水。要說明這次相變，我們需要理解高溫其實是原子活動的計量方法。所有物質粒子都會持續和能量一起四處晃動，宛如緊張的孩子，溫度則是晃動平均程度的計量方法。

晃動是真實的。愛因斯坦在一九〇五年的一篇著名論文中，揭示了原子晃動導致空氣中的灰塵粒子隨機迴轉。隨著溫度下降，粒子晃動減弱，直到最終連結起來。隨著宇宙冷卻，電磁力將帶著負電荷的電子拉向帶著正電荷的質子，直到電子足夠安靜，落入質子周邊的軌道。瞧！我們有了最早的原子，它們是我們周遭一切物質的基本成分。

一般而言，孤立原子是電中性的，因為質子和電子攜帶的正電荷與負電荷會互相抵消。因此當最早的氫原子和氦原子形成，宇宙中大多數物質忽然成為中性，激動的電漿也消失了。做為電磁力載體的光子，如今可以自由流過電中性的原子和暗物質之霧中。如今，天文學家可以偵測到這次相變的結果，因為逸出電漿的光子產生了一層稀薄的能量背景嗡鳴（宇宙微波背景輻射），至今仍遍布整個宇宙。

我們的起源故事跨過了第一道門檻。我們有了宇宙。它已經有了一些具備獨特新興屬性的結構。它有獨特的能量與物質，每種各有特性。它有原子。它還有自己的運作規則。

---

15 Peter M. Hoffmann, *Life's Ratchet: How Molecular Machines Extract Order from Chaos* (New York: Basic Books, 2012), loc. 179, Kindle.

證據何在？

儘管你第一次聽到這個故事可能會覺得怪誕，我們仍必須認真看待，因為這個故事受到大量證據支持。

大霹靂確實發生過的第一條線索，來自宇宙正在擴張這一發現。倘若宇宙此刻仍在擴張，我們從邏輯推理即可得知，在遙遠過去的某個時刻，它必定是無限微小的。我們能夠得知宇宙正在擴張，是因為我們擁有蒙哥湖畔的人們所不具備的工具和觀測技術，即使我們可以確信運用肉眼觀測的他們是傑出的天文學家。

牛頓時代以降的多數天文學家，都設想宇宙必定是無限大的，因為宇宙若不是無限大，重力定律必定會把它的內容物匯聚成一大團汩汩作響的東西，就像油底殼（oil sump）裡的機油。到了十九世紀，天文學家有了夠精確的工具，得以開始標記恆星與星系的分布，而他們製作的天文地圖開始暗示一幅十分不同的宇宙圖像。

製圖工作從星雲（nebulae）開始，這團模糊的斑紋出現在他們的每一張星圖上。（如今我們知道了，大多數星雲都是一整個星系，各有數十億顆恆星。）星雲離我們有多遠？它們究竟是什麼？它們在移動嗎？天文學家漸漸學會了從恆星散發的光亮梳理出愈來愈多資訊。這樣的資訊包括它們和我們之前的距離，以及它們正在接近或遠離我們。

研究恆星與星雲運動最巧妙的方式之一，是運用都卜勒效應（以十九世紀奧地利數學家克里斯欽．都卜勒〔Christian Doppler〕命名）計算恆星或星雲接近或遠離我們的速度。能量以波狀運行，能量波也有頻率，一如海灘上的波浪。它們達到高峰的節奏是規律的，你可以計算出來。但你移動的話，頻率就會改變。倘若你進入海中，游向外海，你遇上波浪的頻率似乎就會增加。音波也是同樣狀況。要是有一件東西（例如機車）發出聲響向你移動，音波的頻率似乎就會增加，你的耳朵會將更高頻率辨識為更高音調。在它經過你之後，音高似乎就會下降，因為音波這時已經拉長了。當然，騎士本人相對於機車並未移動，他聽到的音高一直沒變。都卜勒效應正是物體接近或遠離彼此之際，電磁力釋放頻率的明顯變化。

星光也適用這個原則。倘若恆星或星系向地球移動，其光波頻率似乎就會增加，我們的眼睛將更高頻率的可見光辨識為藍光，因此我們說它向電磁波譜的藍色一極移動。但它若是在遠離地球，光波頻率似乎就會移向電磁波譜的紅色一極；天文學家稱之為紅移（redshifted）。我們可以藉由計算頻率變動，分辨恆星或星系移動的速度。

一八一四年，年輕的德國科學家弗蘭茲．馮．弗朗荷斐（Franz von Fraunhofer）製作出科學史上第一面分光鏡（spectroscope），這面特製的稜鏡將星光的不同頻率分開，一如玻璃稜鏡將光切分為彩虹的顏色。弗朗荷斐發現，日光的光譜在特定頻率有著細細的黑線，彷彿宇宙學的條碼。另兩位德國科學家古斯塔夫．克希荷夫（Gustav Kirchhoff）和羅伯特．本生（Robert Bunsen）則在實驗室中最終展現出，特定元素會在特定頻率散發或吸收光的能量。看來，黑線是太陽核心放出的光線，被溫度較低的太陽外緣不同元素的原子吸收而產生的。這減弱了這些頻率上的能量，在發射光譜（emission spectrum）上留下了黑線。我們將這些黑線稱為譜線（absorption lines），不同元素會產生出不同的譜線形態。比方說，碳和鐵各有典型的譜線。倘若星光出現紅移，所有這些譜線都會移向光譜的紅色端，我們甚至能夠計算出它們確切的移動距離。這是天文學家版本的警方測速照相器。

二十世紀初期，美國天文學家維斯托・斯里弗（Vesto Slipher）運用這些技術說明，為數驚人的天體正在紅移，換言之，它們正在遠離地球，而且速度很快。這種分散現象十分怪異，直到另一位美國天文學家艾德溫・哈伯（Edwin Hubble）將距離計算所得與這些遙遠天體結合起來，其真正意義才被世人清楚得知。

估算與恆星和星雲之間的距離是很棘手的。原則上，如同希臘人的理解，你可以像測量員那樣運用視差法（parallax method）。在幾個月內，隨著地球繞行太陽，觀看夜空中的某幾顆星相對於其他星座是否移動了位置。要是它們真的移動了，你就能運用三角函數算出它們的距離有多遠。不幸的是，就連最近的比鄰星（Proxima Centauri）都如此遙遠（距離地球約四光年），你要是不用精密儀器就無法偵測出任何移動。直到十九世紀，天文學家才得以運用視差法計算出鄰近恆星的距離。但無論如何，斯里弗研究的天體都更遙遠得多。

所幸在二十世紀初期，哈佛大學天文台的天文學家亨麗埃塔・勒維特（Henrietta Leavitt），發現了運用一種特別的造父變星（Cepheid variable），來計算遙遠恆星與星雲距離的方法；這顆恆星的亮度（星等）變化極為規律（其極星是造父一）。她發現了變化頻率與這顆恆星光度之間的簡單相關性，得以算出造父變星的絕對星等。接著，她比較這顆恆星從地球所見的視星等（apparent brightness）變化，由此算出它距離地球多遠，因為恆星光量下降的程度是它移動距離的平方。這項巧妙的技術為哈伯提供了關於我們宇宙兩項重大發現所需的天文學標準燭光（standard light）。

二十世紀早期的大多數天文學家相信，整個宇宙都被包含在我們的銀河系中。一九二三年，哈伯運用洛杉磯威爾遜山天文台（Mount Wilson Observatory）上一架世界最強大的望遠鏡，揭示了當時所知的仙女座星雲（Andromeda nebula）造父變星距離我們太遠，不可能在我們的銀河系之內。這證明了某些天文學家的懷疑：宇宙遠大於銀河系，其中包含的不只銀河系，還有眾多星系在內。

當哈伯開始運用造父變星計算大量遙遠天體與地球的距離，他得到了更驚人的發現。一九二九年，他論證出幾乎所有的星系看來都在遠離地球，最遙遠的天體紅移似乎也最大。換言之，天體距離愈遙遠，遠離我們的速度就愈快。這似乎意味著整個宇宙都在擴張中。比利時天文學家勒梅特早已基於純粹理論而懷疑這點。也正如勒梅特所指出的，倘若宇宙此刻正在擴張，那麼在過去某個時候，宇宙萬物必定被壓縮在一小塊空間之內，他稱之為太初原子。

多數天文學家都被宇宙正在擴張的想法驚嚇，他們認定哈伯的計算出了錯。哈伯自己也無法完全確信，愛因斯坦則堅信宇宙是穩定的，因而改動廣義相對論的等式以預測穩定的宇宙，加上了他所謂的**宇宙常數**（cosmological constant）。

天文學家的疑慮有一部分是因為哈伯的估算真的有問題。他計算宇宙的擴張只在二十億年前開始，但天文學家早就知道地球與太陽系的存在時間更久遠。這是多數天文學家數十年來一直認為宇宙擴張的觀念很有趣、但恐怕不正確的理由之一。許多天文學家更認同一九四八年由赫曼・邦迪（Hermann Bondi）、湯瑪斯・戈爾德（Thomas Gold）和霍伊爾提出的替代想法：穩態理論（Steady State Theory）。主張穩態理論的人們認為：沒錯，星系似乎是在遠離地球，但新的物質同時也被創造出來，所以在大範圍內，宇宙的密度仍大致相同，幾乎沒有改變。

但最終，事證仍然傾向於證明宇宙擴張。一九四〇年代，在洛杉磯威爾遜山天文台工作的華特・巴德（Walter Baade，哈伯也在同一個天文台工作過），揭示了造父變星有兩種，它們會得出不同的距離估算值。巴德的修正計算顯示，大霹靂可能發生在一百多億年前（目前最準確的估計認為，它發生在一百三十八億兩千萬年前）。如此一來就消除了先後順序問題。我們至今尚未得知任何天體的存在時間早於一百三十八億兩千萬年，這是有利於大霹靂宇宙論的強大論證。畢竟，倘若宇宙恆久不變，那麼實際上就該有許多存在時間超過一百三十八億年的天體。

決定性證據出現在一九六〇年代中期，涉及宇宙微波背景輻射的發現。這是在第一批原子形成時釋放出的輻射，約在大霹靂過後三十八萬年。但宇宙微波背景輻射後來成了宇宙擴張的關鍵證據。為什麼？

到了一九四〇年代，有些天文學家和物理學家對哈伯的資料留下深刻印象，於是開始試圖釐清倘若真有大霹靂，可能會發生什麼事。要是一切都被壓縮進一個太初原子裡，宇宙一開始會是什麼模樣？倘若哈伯和勒梅特是對的，早期的宇宙想必極為緻密和炎熱，它也必定迅速擴張和冷卻。物質和能量在如此極端情境下會如何作用？第二次世界大戰期間，製造原子彈的曼哈頓計畫（Manhattan Project）鼓勵了極高溫之下的物理學研究。一九四〇年代晚期，出生於俄國的物理學家喬治．伽莫夫（George Gamow）運用曼哈頓計畫的洞見，釐清了大霹靂過後的宇宙可能發生什麼事。他和同事拉爾夫．阿爾菲（Ralph Alpher）一起預計出宇宙最終會冷卻到足以令原子生成，當第一批原子形成，隨著光子逸出前原子時期的帶電電漿，開始在電中性的宇宙自由流動，必定會釋放出巨大能量。不僅如此，他們還主張這一能量突現至今應當仍可偵測到，儘管隨著能量在擴張中的宇宙延伸，其頻率必定下降到趨近於零。倘若科學家夠仔細觀察，他們會在溫度趨近絕對零度時發現輻射自四面八方而來。許多人認為這種想法很瘋狂，因此沒有人開始尋找瀰漫於全宇宙的低溫輻射。

一九六四年，伽莫夫預測的能量突現意外被偵測到。在新澤西州霍姆德爾（Holmdel）的貝爾實驗室（Bell Labs），兩位無線電天文學家阿諾．彭齊亞斯（Arno Penzias）和羅伯特．威爾遜（Robert Wilson）正在架設高精度天線接收人造衛星的訊號。為了排除干擾，他們將接收機冷卻到攝氏絕對零度以上約三點五度，但仍有一種令人不解的低溫能量嗡鳴。它似乎來自四面八方，因此他們知道這並非來自某顆恆星的大爆炸。他們懷疑接收機出了差錯，於是把角狀天線上棲息的一對鴿子移走，又把鳥糞清乾淨，但結果完全一樣。（悲哀的是，鴿子們一再試圖返回天線，最後只能將它們射殺。）而在鄰近的普林斯頓大學，一個由羅伯特・迪克（Robert Dicke）領軍的天文學家團隊正要開始尋找伽莫夫的背景輻射，就聽說了彭齊亞斯和威爾遜的發現。他們立刻明白自己被搶先一步了。兩個團隊決定合作撰寫報告，說明這次發現。他們認為這大概就是伽莫夫所預測的大霹靂過後遺留能量。

宇宙微波背景輻射的發現，說服了大多數天文學家大霹靂確有其事，因為沒有其他理論能夠解釋這種無所不在的輻射。像這樣做出一個離奇的預測，最終又被證明為真，是說服科學家接受你的理論可靠最有力的方式之一。看來，宇宙確實在擴張，而且真的是由大霹靂創造的。

今天，壓倒性的證據足以證明我們的宇宙始於大霹靂。還有許多細節仍待查明，但就目前而言，這個核心概念已經可以確立為現代起源故事的第一章。那就是宇宙自力生成。而且，由於量子物理學容許事物自真空中產生，整個宇宙似乎真有可能從某種充滿潛能的空無中迸出。[16]

---

16 這個概念的更多說法，請參看Krauss, *A Universe from Nothing*。

第二章　恆星與星系：第二、第三道門檻

人類由星塵組成。

——哈洛德．謝普利（Harold Shapley），《遠星視角》（*View from A Distant Star*）

大霹靂為我們帶來了宇宙，但在數億年間，宇宙仍極其簡單。但在簡單的表面下，耐人尋味的全新可能正在醞釀。最終，恆星與星系開始照亮了黑暗。它們添加了全新的角色、新興屬性，以及新的複雜形式，它們也引領著宇宙跨過複雜性增強的第二道門檻。要說明這些壯麗的新物體是如何產生，我們又得從頭說起。

自由能：複雜性的驅動力

大霹靂過後的分分秒秒之間，宇宙處於熱力學的自由墜落狀態。在某些令人眼花撩亂的

時刻，有足夠的能量足以創造或拆解奇異的新形式能量和物質。但隨著溫度急降，能量與物質被凍結成了某些簡單結構。在大霹靂之窯中，力量和粒子就像被燒烤的陶器那樣穩定。大霹靂的暴烈能量和某些簡單的運作規則，共同創造出質子、電子等等證明了出奇穩定的結構，因為產生它們的溫度在冷卻的宇宙中幾乎不可能再次出現。

接著，急速降溫減緩了，彷彿宇宙從熱力的高山墜入谷底一般。降落梯度趨緩，溫度下降得不再那麼劇烈，隨著早期宇宙的陡峭熱力學表面，轉換成較為平緩、溫度高低起伏的地景，改變的速度隨之下降。此時鎖定新結構變得更難，因為就連適度的熱力增加都會使它們解體。比方說，第一批恆星中的原子在溫度升高到攝氏一萬度以上時裂解。

在這些更難預測的環境裡，複雜結構需要更多的支撐裝置才能固定。這樣的支撐裝置由受到控制的非隨機能量流提供。恆星由其核心生成的能量流匯聚而成。包括你我在內的活機體，則是由微妙且精準導向，由我們細胞錯綜複雜的新陳代謝過程所掌管的能量流維繫起來。在大霹靂後的宇宙中，創造和維繫新的複雜結構都需要工夫。正因如此，形式、複雜性與受到導向或架構的能量流之間才有著深刻關聯。

結構能量流（structured flows of energy）是一種直覺性敘述，而非科學術語。但它要說明的觀念如下：熱力學理論將完全隨機的能量流，和有方向、結構及條理，能做功的能量流區分開來。結構能量流被稱為**自由能**（free energy），無結構能量流則是**熱能**（heat energy）。兩者的差異並非絕對。我們在討論的其實是連貫或隨機的程度。儘管如此，自由能與熱能的區分卻是我們起源故事的根本。

熱力學第一定律告訴我們，宇宙的能量總值永遠不變。它是守恆的。我們的宇宙似乎達成了某種固定的**事物生成潛力**。因此第一定律實際上向我們揭示了太初如汪洋大海般的可能性。熱力學第二定律告訴我們，從這片可能性的汪洋大海中產生的事物可能或多或少具有結構，宛如水流中的漣漪。但我們應當預期大多數事物的結構較不完備，而且會隨著時間愈趨解體。這是因為多數物質和能量的可能排列少有結構、甚至不具結構，即使你碰巧發現結構，它也可想而知會迅速敗壞。

瀑布是個好例子。我們在其中看到了許多結構，但它終將消解。瀑布頂端的水分子不會像空氣瓶裡的分子那樣隨機移動。它們向同一個方向移動，而且像來回逡巡的貓一般盡可能靠近彼此。這是因為液體分子由電磁力凝聚在一起，不像氣體分子那樣個別移動。因此重力得以讓它們以緊密隊形往同樣方向移動，彷彿列隊行進的士兵。當水從崖邊落下，潛能轉換為動能，即運動的能量。這是朝著單一方向運行的協同運動。它是有結構的，因此我們可以將驅動它的能量稱為**自由能**。自由能與氣體分子的隨機熱能不同，由於具備一些結構和形狀而得以做功，得以將事物推向單一方向，而非四處散亂。[1]你想要的話，也可以運用一台渦

1「就分子觀點而言，舉起重物相當於全部原子往同一方向運動……做功正是運用了周遭原子的齊一運動而進行的能量轉移。」引自Peter Atkins, *Four Laws That Drives the Universe* (Oxford: Oxford University Press, 2007), 32。

輪機引導自由能流動而產生電力。自由能是完成工作的力量。它正是我們起源故事中那隻動作飛快、無法阻擋的勁量電池兔子（Energizer bunny）。

但自由能不同於一般能量，它是不守恆的。它就像湧泉一般變動不定。它在作用之際也同時喪失了結構及做更多功的能力。當瀑布的水流撞擊在瀑布底下的岩石上，它就轉變成了散亂無條理的熱能。每一個分子或多或少獨立擺動著。能量還在，仍然守恆（按照熱力學第一定律）；但分子四散推向不同方向，令其能量不足以推動渦輪機。自由能在此轉為熱能。熱力學第二定律告訴我們，在非常久遠的未來，一切自由能都將成為熱能。

熱能就像喝醉的交通警察，任意指揮能量，創造混亂。自由能則像清醒的交通警察，指揮能量沿著特定路徑運行，創造秩序。對我們而言幸運的是，由於我們宇宙的基本運行規則，宇宙創生之初有些自由能。這些規則推動能量沿著特定的非隨機路徑運行，至少確保了最小規模的結構。

星系與恆星：第二道門檻

自由能驅動最初的大型構造產生：星系與恆星。我們起源故事這個段落最關鍵的自由能來源是重力。重力宛如宇宙中的牧羊犬，喜愛將事物聚集起來。而它所聚集的事物，正是大霹靂產生的簡單物質形式。重力與物質共同創造出了星系與恆星產生所需的金髮姑娘條件。

宇宙微波背景輻射的研究顯示，早期宇宙幾乎沒有大規模的結構。想像一層薄如蟬翼的氫原子與氦原子之霧，漂浮在光子瀰漫的溫暖暗物質澡盆上。這一切全都或多或少在相同溫度上。我們知道早期宇宙是同質的，因為我們可以估量宇宙微波背景輻射的溫差，並發現早期宇宙最熱之處只比最冷之處高了零點零一度。這裡沒有可用的溫度梯度，也沒有能夠創造新結構的能量瀑布。你現在用手指在臉上摩擦出的溫差都大得多。

接著，重力開始將這些不堪造就的物質形塑成更有趣的事物。大霹靂將太空推開，重力則來回推擠，試圖將能量和物質聚攏。

重力觀念是牛頓對宇宙理解的核心所在，為科學革命提供了其中一個整合概念。牛頓在有史以來最重要的科學著作之一，一六八七年出版的《自然哲學的數學原理》（*Philosophiae Naturalis Principia Mathematica*）之中，說明重力的運作方式。牛頓將重力看作是運行在一切質量之間的萬有引力。兩百五十年後，愛因斯坦揭示了能量也可以施加引力，因為能量是物質之源。

愛因斯坦也對重力做出了另一個重大預測：它是一種能量形式，因此如同電磁力或聲音，它也應當產生波動。但愛因斯坦恐怕波動幅度太小，無人能夠偵測到。二〇一五年九月，在科學最精采的一次展演中，重力波終於由兩部巨大的儀器偵測出來，一部在路易斯安納州，一部在華盛頓州，由雷射干涉重力波天文台（Laser Interferometer Gravitational-Wave Observatory）操作。二〇一七年，對這項計畫貢獻卓著的三個人獲頒諾貝爾物理獎。雷射干涉重力波天文台偵測到的重力波大約產生於一億年前，當時在南方天空某處遙遠星系有兩個黑洞相撞。（它們相撞時，恐龍還統治著地球。）雷射干涉重力波天文台在地球上的每一台儀器都將光線一分為二，讓它們以正確的角度，沿著兩根四公里長、兩端設有鏡子的管道向彼此往返行進。往復約三百次之後，它們就不會在同一時間相遇。微小的重力波拉長了一個方向的管道，並縮短另一方向的管道，差距遠小於質子的寬度。既然天文學家如今已知重力波存在，他們盼望能運用重力波，以新的方法研究宇宙。

從重力的觀點來說，早期宇宙太過平滑，需要被聚攏起來。重力重新排列宇宙的這種傾向，解釋了我們何以認為早期宇宙處於低熵值狀態（low entropy），這樣的井然有序會在未來數十億年內被熵攪亂。一旦重力啟動，它只用了幾百萬年就把早期宇宙平滑的粒子霧，轉變成更紊亂、更不平整，充滿恆星與星系的太空。

正如牛頓所揭示的，重力的力量隨著質量更多、事物距離更近而增強。正因如此，地球對物體的引力遠大於你，也正因如此，當你離地球表面愈遠，像是在國際太空站裡，它對你的拉力就愈輕。現在我們聚焦於早期宇宙粒子霧中的一個小方塊。讓我們想像一下，暗物質與原子相當隨機地略為密集於方塊一角。牛頓的定律告訴我們，更密集的一角重力會更強，物質在此會被更強力地聚集起來，更密集和更空曠區域的差異也會放大。就這樣，一個方塊接著一個方塊，重力在千百萬年間讓宇宙變得更粗糙、更加團塊叢生。

隨著重力將原子聚集起來，它們的碰撞更頻繁，擺動也更狂亂。團塊密集之處溫度升高，因為更多熱能匯集於更小空間。（同樣的原理也能說明，為何你替輪胎打氣時它會變得更熱。）在大半個宇宙持續降溫之際，團塊密集之處開始再度加熱。最後，有些團塊熱到質子再也無法掌握電子。原子分裂了，一度充滿整個宇宙、電力劈啪作響的帶電荷電漿，再次產生於團塊之內。

隨著重力積累壓力，密集之處更加緻密，核心更熱，重力開始再次創造出早期宇宙的高能量。到了攝氏約一萬度，質子的能量強大到得以激烈衝撞並突破正電荷的斥力。衝破阻礙的質子開始倆倆結合，由僅在短距離運行的強作用力綑綁起來。成對的質子組成了氦原子核，一如先前在大霹靂過後曾經短暫如此。

當質子融合，它們的某些質量轉化成了純能量，也正如我們所見，一小塊物質都含有龐大的能量。同等巨大的能量由氫彈釋放出來，其力量如同每顆恆星一般來自融合。於是，當一片濃密的物質雲核心突破了大約一萬度的關鍵門檻，幾兆顆質子就開始融合成氦原子核，產生一座釋放出巨大能量的熔爐。一旦熔爐點燃，只要還有足夠的多餘質子讓融合持續，它就會燃燒下去。

融合釋出的巨大能量會加熱核心，令其擴張並抗拒重力。此時，這個新結構將會穩定數百萬年乃至數十億年。一顆恆星誕生了。

擁有星系與恆星的宇宙

但恆星不只一顆；每個團塊聚集的區域都有許多恆星，這時，我們稱為星系的廣袤恆星城邦開始閃耀，照亮了年輕宇宙的黑暗。

這個擁有星系與恆星的宇宙，和最早的原子構成的宇宙大不相同。如今宇宙既有大規模的結構，也有小規模的，我們可以說，整個宇宙更加複雜了。星系之間有著黑暗空曠的區域，星系內部則有明亮緻密的區域。星系密布著物質與能量，星系之間的太空則寒冷空寂。這有趣的東西不再像霧一般塗抹開來，而是在星系裡大片及絲狀聚集，更像蜘蛛網的絲線。每個星系都有獨特的結構。大多數是螺旋星系，像是我們的銀河系，數千億顆恆星緩緩圍繞著一個緻密核心（dense core），核心處通常有個黑洞。但與其他星系相撞的星系通常會攪亂而形成「不規則星系」（irregular galaxies）。相對來說，星系被重力束縛成為星團，星團又聚合成星團，創造出橫跨整個宇宙的恆星群島。

如同冷布丁裡的熱葡萄乾一般在整個宇宙中星羅棋布的，則是同樣具有眾多結構與新興屬性的個別恆星。每顆恆星都有熾熱的核心，質子在其中融合，產生能量以抵抗重力。核心之上則是下壓的外層，為其提供質子燃料。恆星的生命史主要取決於它的誕生質量（birth mass）：它在誕生之初含有多少東西。巨大恆星產生出更大的重力壓力，因此它們比質量較小的恆星更熱得多。這說明了它們何以迅速燒盡燃料，數百萬年之內就熄滅。質量較小的恆星燃燒得更慢，許多小型恆星會比宇宙目前的年齡持續燃燒得更久。

這個更多元的宇宙有著更多樣的環境，更大的創造潛力，以及許多的能量梯度。這裡有光、溫度和密度的梯度，自由能順著梯度奔流而下，宛如水從瀑布落下。每顆恆星都向周邊的寒冷太空傾注能量，產生熱、光與化學能之流，足以在鄰近區域創造出新的複雜性型態。這些正是令生命得以在地球上繁衍的自由能流動。

重力藉由克服質子的正電荷阻礙加以融合，啟動了物質成為恆星的轉變過程。這是一個我們將會反覆看見的過程。它有點像是早上幫助你展開一天的咖啡。化學家將這最初的一劑能量稱作**活化能**（activation energy）；這樣的能量是引燃熊熊大火需要點燃的那根火柴。一種能量改變了某些事物，從而釋放出大過活化能許多的其他自由能流動。在恆星形成的故事裡，重力提供了融合、恆星形成，乃至往後一切發展的活化能。

但這裡出現了一個謎題。熱力學第二定律怎麼說？熵討厭結構，那麼它又為何容許更多複雜的事物出現？

倘若你仔細觀察能量流，就會看到恆星之類的複雜結構為了它們的複雜性付出重大代價。看看融合產生的一切能量。能量的第一個作用是撐起恆星，不讓它崩解。這多少像是支付給熵的一筆費用，可說是某種複雜稅。當恆星不再產生能量，它就會崩解。複雜稅的概念有助於解釋天文物理學家艾瑞克．伽森（Eric Chaisson）提到的一個重要現象：大致說來，更多的複雜現象需要更緻密的能量流，每克每秒更多能量。比方說，他估計流過現代人類社會的能量流密度，大約是流過太陽能量流密度的一百萬倍，而流過多數活機體的能量流則落在這兩個極端之間。彷彿一個實體若是試圖變得更複雜，熵就向它索取更多能量；更複雜的實體必須找到及管理更大也更複雜的自由能流動。難怪創造及維持更複雜的事物更加困難，也難怪它們通常比簡單的事物更快崩壞。這個觀念貫穿了整個現代起源故事，向我們透露了關於現代人類社會的許多事實。[2]

熵喜歡這個交易，因為支撐起恆星的能量一如瀑布的能量，釋放到太空之後終將自然分解。因此，儘管恆星變得愈益複雜，它卻也有助於熵將自由能消解為熱能。這是我們即將在整個現代起源故事中看到的情節。複雜性的增強並未戰勝熵。弔詭的是，維持了複雜事物（包括你我）的能量流，也正在幫助熵執行它的陰森使命：慢慢瓦解一切秩序與結構形式。

新元素與化學複雜性增強：第三道門檻

大霹靂後十億年，有如孩童一般的宇宙已經表現得很有意思。但就化學而言，它還很無趣。其中只有氫和氦。我們的複雜性增強第三道門檻，則產生了新的物質形式，即週期表上的所有其他元素。一個擁有九十多種不同元素的宇宙，可以實現的事遠遠多於一個只有氫和氦的宇宙。

氫與氦是最早形成的元素，因為它們最簡單。氫原子核有一顆質子，我們稱之為原子序一（atomic number 1）。氦原子核有兩顆質子，因此原子序數是二。大霹靂過後三十八萬年，宇宙微波背景能量發散時，還有少許的鋰（原子序三）和鈹（原子序四）。只有這些元素產生於大霹靂。

創造出更多原子核更大元素的金髮姑娘條件很簡單：大量質子和極高溫度，但那樣的溫度在大霹靂過後已不復見。那樣的溫度會在垂死恆星劇變而矛盾的世界內部產生，在它們疲乏、蹣跚，最終崩解，無力支付熵的複雜稅之時。

要了解恆星如何在垂死掙扎中製造出新元素，我們得先理解它們如何生存和老化。

恆星存活數百萬年或數十億年，因此我們無法親眼看到它們老化。正因如此，現代的恆星生死故事無法由肉眼觀測天象的馬雅人、蒙哥湖人或古雅典人述說。我們現代的理解，奠基於世界各地運用僅在過去兩百年內發明的儀器及數據庫從事的研究之上。它們讓現代天文學家得以共享千百萬顆恆星在不同生命階段中的資訊。正如英國天文學家亞瑟・艾丁頓（Arthur Eddington）所言，天文學宛如步行穿越一座樹苗、成齡樹與瀕臨死亡的老樹並存的森林。[3]藉著研究這些各自處於生命週期不同階段的樹木，你終能理解其生長、成熟和死亡的過程。

---

2 參看 Chaisson, *Cosmic Evolution* 及 Spier, *Big History*。

3 Andrew King, *Stars: A Very Short Introduction* (Oxford: Oxford University Press, 2012), 49.

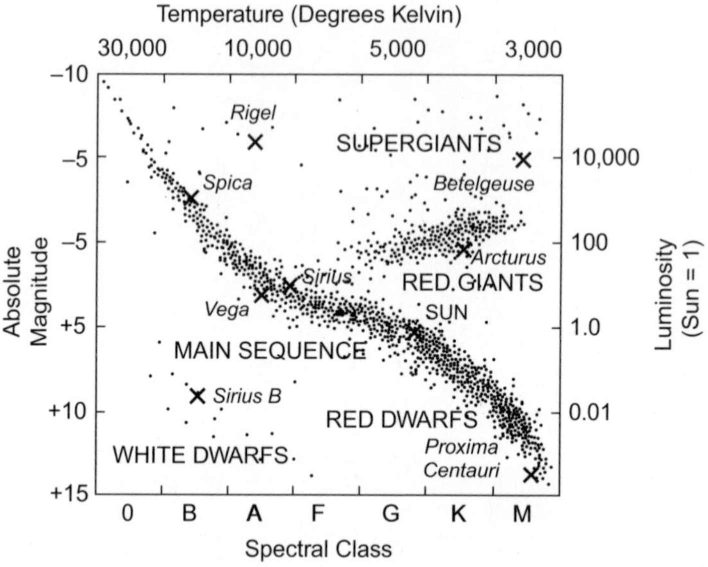

簡明版赫羅圖，標記出不同恆星類型的大致位置

對天文學家來說，有一幅最基本的地圖蒐羅恆星的大量資訊：赫羅圖（Hertzsprung-Russell diagram）。它對天文學家等同於學校教室裡擺放的地球儀，也像這些地球儀一般，幫助我們理解眾多資訊。

大約在一九一〇年製作出來的赫羅圖，按照兩種基本屬性區分恆星等級。繪製在縱軸上的第一種屬性，是它們本身相對於太陽的亮度，或稱光度——實際上是它們釋放到太空的能量值。第二種屬性則是它們的顏色，由此顯示出它們的表面溫度，以克耳文（kelvins, K）計量，通常繪製於橫軸。由於這兩種數量會在恆星的一生中變化，這張圖有助於我們理解不同類型恆星的生平。恆星生命史的重大差異，主要還取決於另一項數據：生成它們的物質雲質量。高質量恆星的生平不同於低質量恆星。[4]

在赫羅圖上，天狼星（Sirius）等發出最多能量的最明亮恆星位於上端。它們通常也是質量最高的恆星。我們的鄰居比鄰星之類最不明亮的恆星則在底下。我們的太陽（Sun，光度是一）位在中央。表面溫度極高的恆星位於左側，表面溫度低的恆星則在右側。

圖上有三個有意思的區域。從右下到左上以一道彎曲寬帶形狀跨越整張圖的，是主序帶（main sequence）。大多數恆星會在主序帶上的某個位置度過九成的生涯。它們坐落在何處取決於質量，但主序帶上的所有恆星都會將質子融合成氦原子核，以產生所需的能量。我們的太陽此時此刻也正在這麼做，它已步入中年，仍在主序帶上。你在圖的右上角則會看到紅巨星（red giants），像是位於獵戶座一角的參宿四（Betelgeuse）。它們是老化的恆星，消耗了核心中的大多數質子，藉由燃燒其他更大的原子核維持熔爐燃燒。它們的表面較冷，因為它們已經擴大到太陽半徑的將近兩百倍。但它們散發的光總量很大，因為它們本身巨大，於是它們的位置趨近於圖表上端。第三個重要區域則在左下角。你在這裡看到的是白矮星（white dwarfs），它們是喪失了大半外層，只剩下炎熱緻密內核的紅巨星。

當恆星變得極老，它們終將耗盡自由質子，核心開始充塞著融合後質子的灰燼——換言

4 前引書，頁五九。

之，即氦原子核。融合氦原子核所需的溫度比單純融合質子高得多，因此它們核心的熔爐終將停止運作。到了這個時候，重力接管一切，恆星在自身質量下崩解。但這還不是故事的結局。恆星崩解之後，隨著重力累積壓力，它又會再次加熱，而在遠離核心之處，恆星的外層擴張並冷卻，將一切維持在平衡狀態。在我們看來，這些冷卻的外層是紅色的，因此我們稱這個階段的恆星為**紅巨星**。當我們的太陽到達這個階段，它會擴張到目前大小的兩百倍，並將包含地球在內的內行星汽化。

倘若紅巨星的質量足夠，重力會將它緊緊壓縮，使其核心前所未有地熾熱，足以開始將氦原子核融合成更重的原子核，像是碳（內有六顆質子）和氧（內有八顆質子）。恆星復甦了，但融合氦原子核卻是比融合質子更複雜的過程，產生的能量也更少，因此恆星在這個階段的預期壽命短了許多。非常巨大的恆星會歷經幾個階段愈益狂亂的擴張與收縮。碳與氧會融合，形成從鎂到矽，最後是鐵的各種元素。隨著恆星加熱，另一項機制也啟動了，將某些中子轉為質子，產生新型的原子核。核心將逐漸成為一個巨大鐵球，由其他元素構成的外層圍繞。

這才是故事的結局，因為你無法再融合鐵原子核產生能量。最終，大多數恆星的外殼都會炸開，結果成為赫羅圖左下角的白矮星。白矮星是星際間的殭屍，它們的核心不再有熔爐。它們極其緻密，通常大小如同地球，但質量如同太陽。倘若你試圖舉起一茶匙的白矮星屑，你是辦不到的，因為它至少有一噸重。[5] 儘管它們的遺骸仍然熾熱，但會在數十億年內冷卻。但它們已經達成了以新生元素為周遭施肥的任務。倘若有些白矮星被吸入鄰近的恆星，就會在巨大的超新星爆炸中更為壯烈地死去。這些爆炸太過熾熱，得以創造出週期表上的多數元素。白矮星壯觀的爆炸滅亡，產生了人們所知的Ia超新星（typa Ia supernovas）。它們全都差不多在同一溫度爆炸，因此當你看到一個，你就知道它有多亮，這意味著你可以估算它真正的距離。Ia超新星讓天文學家得以估算比造父變星更遠千百倍的距離。

質量高於太陽七倍多的恆星，也會在另一種名為核塌縮超新星（core-collapse supernova）的爆炸中壯烈犧牲。當核心成了比太陽更大的鐵球，中央的熔爐終會熄滅。重力會在轉瞬間以極大的暴力將核心撞擊在一起，產生恆星生命史上前所未有的能量與溫度。恆星會在超新星中爆炸，有可能短暫散發出相當於全星系的能量。幾分鐘內，它就產生出週期表上的多數剩餘元素，將它們炸進太空中。核塌縮超新星最有名的例子，或許就位在蟹狀星雲（Crab Nebula）的中央。參宿四在今後一百萬年內也隨時有可能成為超新星。

多數超巨星的外層在超新星中爆裂之後，就會劇烈收縮，使質子和電子傾軋而形成中子。這時，整個巨大的團塊都會壓縮成**中子星**（neutron star），這是由緊密聚集的中子構成的物體，密集程度一如原子核裡的粒子。這是極不尋常且極為緻密的物質形式，因為多數原子的主要結構是空隙。一顆直徑只有二十公里的中子星，重量會是太陽的兩倍，一茶匙中子

5 前引書，頁五九。

星塵則有十億噸重。[6]有些證據顯示，週期表上許多較重的元素，恐怕並非形成於標準的超新星，而是在中子星劇烈併合期間產生。

中子星像警示燈一樣急速旋轉，它們首先是在一九六七年從一連串迅速的能量閃現中被偵測到的。自轉的中子星稱為脈衝星（pulsar）。第一顆脈衝星被發現之後不久，另一顆脈衝星也在蟹狀星雲的中心被偵測到，這是中國天文學家在一〇五四年觀察到的一顆超新星（天關客星）的殘餘。蟹狀星雲脈衝星大小相當於一座城市，每秒自轉三十次。

對於多數巨大恆星來說，還有另一種更怪異的結局。它們的核心劇烈內爆，崩解無可阻擋而成為我們所知最緻密的物體——黑洞。愛因斯坦預測了黑洞的存在，這樣的物體緻密到沒有任何事物能夠逃脫其引力，就連光都逃不掉，因此我們才會對它們的內部構造知道得這麼少。黑洞是非常怪異的天文巨獸，但我們現在有大量證據證明它們確實存在。宇宙中最初的恆星大概是巨大的，因此可能有許多恆星崩塌成了大黑洞，它們或許供應了引力的起源，整個星系圍繞著它們而形成，宛如珍珠圍繞著沙粒生成。如今，天文學家可以在多數星系的中央偵測到大黑洞，包括我們的星系在內。它們的巨大重力場能夠將周遭的恆星吸入口中。當恆星被拉過了黑洞邊界（它的事件視界〔event horizon〕），恆星就會散發巨大的能量，宛如某種死前的哀號。這些垂死尖叫產生了異常明亮的天體，名為類星體（quasar）。

黑洞的邊界（即事件視界）是一段不歸路。它象徵著我們知識的極限，因為能逃出黑洞魔爪的資訊是這麼稀少。我們可以估算構成黑洞的物體質量及其自轉。但多少也到此為止了。不過，霍金揭示了細微的量子效應會讓微量的能量逸出黑洞。或許它們也洩漏了資訊，但即使如此，我們至今仍不知如何判讀。

垂死的恆星經由這些不同方式，使得年輕的宇宙豐富而肥沃。週期表上的元素一旦從垂死恆星與超新星中產生，就聚集於恆星之間的大片塵埃雲中；原子結合形成簡單分子，又經由某種發酵作用醞釀出新的物質形式。

我們對恆星知道這麼多，是因為天文學家研發出技術，查明距離地球數百萬光年之遙的恆星內部究竟發生什麼事。我們已經看到天文學家可以從星光中梳理出多少資訊。但可見光在恆星與星系散發的能量中僅占一小部分。現代的望遠鏡讓天文學家得以研究電磁波譜上所有頻率的放射量，從最長也最舒緩的無線電波，到最細微也最過動的伽瑪射線。電腦讓我們得以極其精確地處理巨量資訊，像哈伯望遠鏡這樣架設於太空的望遠鏡，則讓天文學家得以觀測宇宙而不受地球大氣干擾。這些現代科技玩意向我們透露了所在星系的大量環境資訊。

光學望遠鏡、分光鏡等老式儀器也非常重要。分光鏡上顯示的譜線告訴我們恆星內含元素及其分配比例。想知道太陽裡含有多少金？把你的分光鏡對準太陽，研究金的譜線，估量它們有多黑。你會發現金在太陽的質量中占有不到一兆分之一。但太陽是這麼巨大，將所有這些金提煉出來就足以令你富可敵國，因為它產生的黃金會遠遠多過地球上現有的。

6 前引書，頁六六。

天文學家能從一顆恆星散發的光芒顏色（或頻率）分辨它的表面溫度，於是我們知道了表面溫度可低到兩千五百克耳文，也可高到三萬克耳文。也正如我們所見，他們能經由測量一顆恆星的視星等，算出它所散發的**光總量**（它的光度），而後算出距離接近時亮度會增加多少。表面溫度和光度這兩項尺度為赫羅圖輸入了基本資訊。最後，我們若是知道一顆恆星的光度，通常就能估算它的質量。類似的技法也幫助我們估算整個星系的距離、大小、運動及能量。

這些技法在過去五十年間革新了我們對恆星與星系的理解。它們協助了我們理解恆星與星系的演化及其瓦解的方式，以及恆星與星系如何創造出一個化學元素豐富的宇宙。那正是打造複雜分子，繼而形成如我們的地球和月球般新式天體所需的最重要金髮姑娘條件。

第三章 分子與衛星：第四道門檻

事實上，唯有原子與虛空。

——德謨克利特（Democritus）

你在地球上。這點無可救藥。

——薩繆爾·貝克特（Samuel Beckett），《終局》（*Endgame*）

從星塵到分子

至今為止，我們已經看到了暴烈過程如何運用極端能源，在宇宙基本運行規則導引下，創造出星系、恆星和新元素。它們在宇宙中創造這一切的過程相當於用鏈鋸雕刻，重力則是鏈鋸雕刻大師。在恆星附近，這粗略的雕工創造了新環境，令更精細的雕刻得以產生。要理解這些新的結構形式，我們需要從極大的事物轉向極小。我們需要聚焦於原子之間的關係。

化學複雜性取決於微小的電磁能，它們能夠做到重新排列原子與分子這樣微小的奈米功（nano-work）。但如此細微的自由能流動，僅僅常見於受到庇護且極其罕見的金髮姑娘環境裡。高溫會將原子和分子炸開，因此化學複雜性在恆星內部不可能產生。但化學複雜性確實需要一些能量，因此也不可能發生在太空深處的死區（dead zone）。理想的環境似乎是恆星附近，但距離不太近，在那些自由能流動持久而緩和的區域。

我們人類感受到重力，但在原子活動的奈米世界裡，重力就不是這麼重要。它甚至對細菌、水黽之類的小型事物都不太重要，和它們更有關聯的分別是局部電荷或水的表面張力。分子規模的主宰是電磁力。它是將原子和分子黏在一起，又把它們撬開的力量。分子與原子穿行在電磁力連接、探測、吸引和捕捉的黏性世界裡。

在新元素充塞於星系的塵埃雲之際，化學作用也在其中展開。即使到了今天，星際塵埃雲的質量仍有將近百分之九十八由氫和氦構成。但點綴於氫原子和氦原子之中的，則是週期表上所有其他元素的原子。令人困惑的是，天文學家將一切重於氦的元素統稱為**金屬**。於是他們告訴我們，隨著愈來愈多大型行星消亡，宇宙的金屬含量也更高。同理，我們也可以說太陽現在的金屬特性高於幾個世代以前的恆星，因為它含有更多金屬。

分光鏡可以讓我們看出星雲中存在哪些元素，總量又有多少。分光鏡也能辨識出分子，這是由電磁力結合在一起的原子群。比方說，它們能夠分辨星雲裡是否含有水分子、冰或矽酸鹽分子，這是矽與氧的主要成分，構成了地球上的多數塵埃和岩石。我們如今知道了，星系的塵埃雲中有許多簡單分子，其中包含一些對地球上的生命至關重要的分子，像是胺基酸（蛋白質的基本單位）。

化學正是探討電磁力如何建構分子，以及原子如何結合與再結合，構成我們的世界五花八門物質多樣性的學科。

化學幽會：原子如何結合

原子很小。你可以在這句話的句點裡塞進一百萬個碳原子。但不要以為原子是堅固的球狀物質。它們幾乎全由空隙構成。每個原子中央都有個由（帶正電荷的）質子和（不帶電荷的）中子組成，由強作用力結合在一起的小小核心。除此之外，原子多半是空的。大老遠之外環繞原子核運行的是電子雲，原子核裡每個質子大約對應一個。二十世紀初年，現代核子物理學的先驅之一恩尼斯特．拉塞福（Ernest Rutherford）形容原子核是「大教堂裡的蒼蠅」（the fly in the cathedral）。

拉塞福提到的這個規模大致沒錯。但他是在現代量子物理學發展之前寫下這段話的，量子物理學顯示，他的隱喻也產生了誤導。電子很渺小，質量大約是質子的一千八百三十六分之一。量子物理學揭示，我們不可能確知它們的確切速度或位置。我們可以辨認電子的**大致**

位置，但無法確認其**確切位置**，因為定位電子的任何嘗試都需要用到能量（想像一下把手電筒照向電子），但電子輕到用以偵測它們的能量都會改變其速度與軌跡。正因如此，量子物理學將繞行軌道的電子標示在某種「機率之霧」（probability mist）上，它在原子核之外某些距離加厚，而在其他距離變薄。機率之霧瀰漫在大半個原子大教堂裡，還能滲出它的外牆。[1]

化學完全是關於這些機率之霧中的幽會與戰爭，而且真的發生了很多事。質子與電子之間的鍵形成又斷裂，舊有聯結告終，新的關係開始，結果產生了全新的物質形式。驅動這一切活動的是這個簡單的事實：電子攜帶的負電荷彼此相斥，但與質子的正電荷相吸，無論在自己的原子裡或鄰近的原子皆然。化學家研究它們的調情與競爭，以及在電子勾搭上鄰近原子，形成聯結了好幾個原子的分子時所產生的私通與矛盾，有時連結起數百萬甚至數十億分子，成了遠比最複雜的恆星更加複雜的結構。每個分子模式都有獨特的新興屬性，化學因而看似有著無限可能。儘管如此，求愛過程仍有自身的運作規則（有時和人類的戀愛規則一樣乖張），這些規則支配了電磁力能夠如何打造化學複雜性。

電子是關鍵角色。如同人類的戀人，電子同樣不可預測、反覆無常，永遠向更好的提議敞開大門。它們以獨特的軌道圍著質子轉，每顆各自與不同的能量位階（energy level）聯繫。只要有可能，電子就會奔向最接近原子核的軌道，那裡消耗的能量最少。但每個軌道的空間數有限，要是內圈軌道空間已滿，它們就只能在外圈軌道落腳。倘若軌道上的電子數量剛好，那就皆大歡喜。這正是氦、氬等所謂惰性氣體（noble gases）的狀況，你會在週期表的右側找到它們。它們不和其他原子結合，因為它們或多或少安於現狀。

但倘若原子的外軌道尚未填滿，就會產生尷尬、問題與矛盾，由此導致的無止境卡位戰足以解釋許多化學作用。有些電子跳槽，投奔鄰近原子。要是它們這麼做，它們脫離的原子就會喪失一個負電荷，因此有可能和擁有額外電子的原子配對，形成離子鍵（ionic bond）。鹽就是這樣從最外圍電子總是樂於跳槽的鈉原子，以及不斷尋求額外電子填滿外軌道的氯原子形成的。有時，電子圍繞著兩顆原子核運行時最為自在，因此這兩顆原子核實際上經由共價鍵（covalent bond）共享電荷。氫原子和氧原子就是這樣結合產生水分子的。但它們組成的分子並不平衡，由兩顆短小的氫原子搭上一顆更大氧原子的一側。這怪異的形狀在分子表面參差不齊地分配正負電荷，令通常被鄰近分子的氧原子吸引的氫原子產生混亂。那樣的吸引解釋了水分子何以能聚成水珠，正是利用了這些弱氫鍵。氫鍵在生命化學中發揮了根本作用，因為它們導致了DNA（去氧核糖核酸）之類基因分子的大量行為。電子在金屬中的表現則大不相同。大群電子漫遊在金屬原子核之間，這說明了金屬何以如此擅長傳導電流，因為電流其實是浩浩蕩蕩的電子流。

原子核內含六顆質子的碳原子，則是這些原子戀情裡的情聖唐璜。它的外軌道通常有四

---

1 Peter Atkins, *Chemistry: A Very Short Introduction* (Oxford: Oxford University Press, 2015), loc. 788, Kindle.

顆電子，但那裡足以容納八顆電子，因此你可以從碳原子的外軌道移走四顆電子、增加四顆電子，或讓它與另一顆原子共享四顆電子來滿足它。由此產生了許多選項，碳也因此得以形成環狀、鏈狀，以及其他奇異形狀的複雜分子。碳的精湛技巧說明了它對生命化學至關重要的理由。

化學的基本規則看來通用於整個宇宙。我們得知這點，是因為分光鏡顯示出我們在地球上發現的許多簡單分子，同樣存在於星際塵埃雲裡。但星際化學看來相當簡單；至今為止偵測到的星際分子，沒有一種含有超過一百顆原子。這並不令人意外，畢竟，原子在太空中相隔遙遠，因此不易互相勾連。此外，溫度也寒冷，因此幾乎沒有將原子推向長期夥伴關係所需的活化能。星際化學最驚人之處，在於它不只能產生水和矽酸鹽之類形成行星的簡單分子，也能產生眾多基本的生命分子，像是蛋白質的成分胺基酸。確實，我們如今知道了簡單的有機分子普遍存在於宇宙中，地球以外存在著生命的可能性隨之增加。

第四道門檻：從分子到衛星、行星與太陽系

繞行年輕恆星的簡單化學分子，創造出了複雜性增強的下一道門檻，因為它們提供了行星、衛星、小行星等全新天體的基礎。行星體的化學成分比恆星更豐富，也更冷得多，因此為複雜的化學提供了理想的金髮姑娘環境。至少在一個行星（我們的地球），或許還有許多

其他行星上，化學最終能創造生命。

長久以來，人們都只知道一個太陽系。但在一九九五年，天文學家辨識出了**系外行星**（exoplanet），即銀河系中繞行其他恆星的行星。他們經由偵測恆星運動的微小搖晃，或行星越過恆星前方時恆星亮度的微小變化取得這個發現。從那時開始，我們得知了大多數恆星都有行星，因此光是在我們的銀河系裡，就可能有千百億個不同的行星系（planetary system）。到了二〇一六年中，天文學家已經辨認出三千多個系外行星。今後十年、二十年內，對其他行星系的研究應當能讓我們更了解它們最普遍的格局。很快地，我們應該就能研究它們的大氣，由此可望讓我們認知到其中有多少可能利於生命繁衍。我們已經知道，許多系外行星的大小與地球大致相同，其中許多以適當距離繞行恆星的還有液態水——這是生命的關鍵要素。

系外行星的發現告訴我們，第四道門檻如同第三道門檻，也被跨越過許多次，它有可能在宇宙歷史相當早的階段，就在某一顆我們或許至今仍未偵測到的恆星第一次被跨越。但我們如今對於第四道門檻跨越過程的樣貌知道了不少。

行星系的形成是一個凌亂無序的過程，是恆星由太空中化學元素豐富區域構成的副產品。大霹靂過後數十億年，星際的空隙充斥著內含諸多不同化學元素的物質雲。氫與氦在這些物質雲中仍占了百分之九十八左右，但差別正在於剩下的百分之二。如同早期的宇宙，重力慣於讓這些物質雲更加團塊聚集。在我們的區域裡，重力有可能得到約四十五億六千七百萬年前發生於鄰近的一場超新星爆炸幫助，這場爆炸重組了事物，讓一大片氣體與塵埃之雲開始收縮。超新星的印記留在太陽系內隕石中顯現的獨特放射性物質裡。

當塵埃雲收縮，它裂解成了多個太陽星雲，其中之一構成了我們的太陽。太陽吞噬了自身塵埃雲中百分之九十九點九的物質。但現在引起我們興趣的則是剩餘，即繞行幼小太陽的碎屑環。隨著重力收縮，太陽星雲及其旋轉的大量氣體、塵埃和冰粒子愈轉愈快，直到離心力像披薩麵團那樣弄平它，創造出今天太陽系的薄圓盤。我們現在可以在周邊的恆星形成區域觀察到這樣的原行星盤（protoplanetary disk），因此知道了它們十分常見。

兩個過程將旋轉的物質盤轉變為行星、衛星和小行星。其一是某種化學揀選。帶電粒子從幼小的太陽暴烈地迸出，即太陽風（solar wind），將氫、氦等較輕的元素吹出內軌道，創造出兩個不同區域。幼小的太陽系外圍一如宇宙的大部分，主要由太初元素氫、氦構成；但水星、金星、地球、火星等岩石行星產生的內圈喪失了大量氫與氦，因而有了罕見的化學多樣性。氧、矽、鋁、鐵占了地殼成分百分之八十以上，鈣、碳、磷等元素則扮演次要角色。氧在地球上只發揮中等作用，氦則難得看到。

形成太陽系的第二個過程，則是吸積（accretion）。在幼小太陽周圍的不同軌道內，物質一點點緩慢累積起來。在氣體較多的偏遠區域，這大概是相當緩和的過程。重力將物質聚攏成木星、土星等巨大氣態行星（gassy planet），它們多半由氫、氦構成，有薄薄一層塵埃和冰。但在內面，吸積則是更加暴烈混亂的過程，因為這裡的固態物質多了許多。塵埃與冰的粒子集結起來，形成小小的碎石與冰滴，到處橫衝直撞，有時將彼此撞成碎片，有時結合起來構成更大的星體。最終，流星和小行星等更大星體出現，而在每條軌道裡，這些星體相撞或合併，形成的星體巨大到重力足以掃除大多數剩餘的碎屑。最終，這些過程產生了我們今天所見的行星，排列在太陽周圍各自不同的軌道上。

這樣的敘述幾乎無法說明吸積過程的混亂與暴烈。有些星體跨越軌道，將幼小的行星和衛星撞出隊列，或將它們撞得粉碎。木星巨大的原行星（protoplanet）有可能向內轉移過，其引力粉碎了在今天的小行星帶上任何即將成形的行星。天王星異樣的傾斜與自轉，大概也是與其他大型星體劇烈相撞的結果。許多小行星的崎嶇形狀，也是在太陽系歷史早期的劇烈撞擊中留下的傷痕。

即使在太陽系穩定之後，碰撞仍持續很長一段時間。實際上，我們的月球大概正是幼小的地球在太陽系誕生約一億年後，與一顆火星大小的原行星（忒伊亞〔Theia〕）相撞而產生的。這次碰撞將大片物質雲送進地球周圍的軌道，它們大概在軌道上像土星環（而土星環可能也是一顆衛星被撞毀的碎屑）一般繞行，直到吸積成月球為止。

在五千萬年內，我們的太陽系就取得了今天的基本形狀，從那時以來也證明了相當穩定。我們宇宙中多達數十億的行星系大概也是這樣形成的，即使它們以各種不同的格局存在。但所有行星體都比恆星更冷，化學元素也更豐富多元，它們因此提供了新的複雜性形式得以出現的金髮姑娘條件。最終，這些星體中至少有一個孕育了生命，此外或許還有更多。

地球

我們的太陽系坐落在我們稱作「銀河」（Milky Way）的星系內，位於恆星邊緣銀河系的其中一條螺旋臂——獵戶臂（Orion spur）上。銀河系屬於由大約五十個星系組成，名稱不太浪漫的本星系群（Local Group）。本星系群位於室女座星系團（Virgo Cluster）外圍，這個星系團約有一千個星系，同時又是內含數百個星系團的本超星系團（Local Supercluster）一員。你以光速旅行的話，需要一億年時間才能穿越它。二〇一四年，人們發現本超星系團屬於一個或許擁有十萬個星系的巨大宇宙帝國，要穿越它需要以光速旅行四億年；這個帝國名為拉尼亞凱亞超星系團（Laniakea Supercluster，名稱來自夏威夷語的「無盡天堂」）。至今為止，這是我們所知宇宙中最龐大的有結構實體。我們假設拉尼亞凱亞超星系團是圍繞著一個暗物質架構建立起來的，其引力在宇宙擴張時將所有這些星系聚攏在一起。

現在我們得再回到拉尼亞凱亞的邊緣，回到自己的本星系群、自己的星系，向外移動到獵戶臂，找到我們的太陽和地球。在地球經由吸積作用形成之後，鏈鋸雕刻的最後一次展演帶給它與眾不同的內部結構。地質學家稱這一過程為**分異**（differentiation）。

幼小的地球加熱熔化。讓地球加熱的是吸積過程的暴烈碰撞、放射性元素存在（產生於提供太陽系多數物質的超新星之中），以及隨著大小擴充而增加的壓力。最終，幼小的地球熱到多半熔化成了黏糊糊的一團，在它液化之際，不同地層依照密度區分開來，為它帶來今天的結構。

較重的元素以鐵和鎳為主，也有一些矽，它們在熾熱的黏糊裡下沉到中心，構成地球的金屬核心。隨著地球轉動，地核產生了磁場，保護地表不受太陽風帶電粒子的損害。玄武岩等較輕的岩石則在地核上方聚集，形成第二層，這是由半熔化岩石和氣體、水混合而成，深達三千公里的區域，名為地函（mantle）；火山噴出的岩漿正是由此而來。多半是花崗岩的最輕岩石則浮在表面上，冷卻固化而形成第三層：薄如蛋殼的地殼層，如今由海洋與陸地覆蓋。海洋之下的地殼厚度有時僅五公里，但陸地下方的地殼可厚達五十公里。地殼在化學上尤其耐人尋味。你在地殼中可以發現固體、液體和氣體，它反覆受到火山、小行星撞擊、幼小太陽的眩光，以及地球最初海洋的最終冷凝（condensation）過程加熱與冷卻。在地殼和地函裡，元素的加熱和流通可能產生了兩百五十種新礦物。[2]包含二氧化碳和水蒸氣在內的氣體，則經由火山和地表裂縫冒出，形成了第四層：地球最初的大氣。地殼與大氣也受到小行星和彗星帶來的氣體、水、複雜分子及其他物質充實。

熾熱熔化的地核讓幼小的地球充滿活力，來自中心的能量穿越整個行星產生作用，加熱及翻攪上層，創造出流動的鬆軟岩流，以及火山星羅棋布的地表。來自地核的熱能至今仍在地球的上層驅動著變化。今天，我們可以運用全球定位系統追蹤地表的運動，而我們也知道

---

2 Robert M. Hazen, "Evolution of Minerals," *Scientific American* (March 2010): 61.

地表上的板塊以相當於指甲生長的速度移動：其中最快的每年移動二十五公分。

地質學家將地球的歷史再做細分，其中最大的單位是宙（eon）。首先是冥古宙（Hadean eon），從地球形成持續到約四十億年前，而後太古宙（Archean eon）開始。倘若你在冥古宙造訪地球，你會發現一個仍受吸積作用的毀壞大賽影響的星球。月球及其他行星表面的孔洞和裂縫顯示，大約在三十八億到四十億年前，內太陽系遭受小行星及其他雜散星體劇烈撞擊，這被稱為後期重撞擊（Late Heavy Bombardment），可能是木星及土星軌道移位，將星體隨機噴灑於幼小的太陽系各處所導致的。今天，大多數小行星都出沒於木星與火星之間，因此它們可能是受阻於木星的破壞引力而未能成形的行星殘存的磚瓦與支柱。目前我們已知的小行星約有三十萬顆。儘管多數都很小，但有大量雜散物質隨著它們一起衝撞內太陽系行星。[3]

研究地球：地震儀與放射性定年法

儘管好萊塢電影或許想讓我們相信，但我們其實無法向地球內部深入挖掘。至今為止最深的挖掘是將近十二公里深，大約是地表與地核距離的百分之零點二。這個洞是在俄國西北端的柯拉半島（Kola Peninsula）做為地理探勘一部分而開鑿的。我們能夠得知地球內部的情況，是由於另一項巧妙的科學技法，對地質學家相當於X光。地震會產生微震訊號

（tremor）穿透地球內部。地震儀在地表不同地點測量這些微震訊號。經由對照不同地區的測量結果，你就可以算出微震訊號穿越地球內部的速度和距離。我們也知道，不同形式的微震以不同速度穿越不同物質，有些只能穿過固體，其他則連液體都能穿越。因此，同時以多部地震儀追蹤這些微震，就可以向我們揭示許多地球內部的資訊。

確定地球的年齡及其他散布於現代起源故事各處的重要日期，直到二十世紀後半才成為可能，它取決於某些十分精巧的科學。

通向現代地球故事的第一步，是在十七世紀踏出的。那時有些現代地質學的先驅者了解到，確定地球歷史事件的**順序**是有可能的，即使沒有人確切知道事件究竟發生於**何時**。十七世紀時，定居於義大利的丹麥司鐸尼古拉斯・史坦諾（Nicolas Steno）揭示：你可以經由仔細研究沉積岩，確認不同岩層沉積的次序。所有沉積岩都是層累堆疊起來的，於是我們知道，最古老的一層通常在最底下。切穿它們的任何事物必定年代更晚。

十九世紀初年，英國測繪員威廉・史密斯（William Smith）則揭示，同樣類型的化石組合會出現在不同地區的岩層裡。從相似的化石必定來自大約同一時期的合理推定出發，你就能辨認出世界各地堆疊於同一時間的岩層。合起來看，這些原理讓十九世紀地質學家得以為

3 John Chambers & Jacqueline Mitton, *From Dust to Life: The Origin and Evolution of Our Solar System* (Princeton, NJ: Princeton University Press, 2014), 2.

地球歷史製作相對時間表。這個時間表至今仍是現代地質定年系統的基礎，從寒武紀（Cambrian Period）開始，這是岩層中含有肉眼可見化石的第一個時期。

但沒人知道寒武紀究竟發生於**何時**，許多地質學家對於為不同岩層找出絕對年代都感到絕望。一七八八年，詹姆士．赫頓（James Hutton）寫道：「我們找不到起點的痕跡，也沒有終點的指望。」[4]即使到了二十世紀初年，為某次事件標定絕對年代的唯一方式，仍是找出提及事件的文字紀錄。正如第一次世界大戰結束後，威爾斯嘗試撰寫現代起源故事時所指出的，這意味著絕對時間表頂多只能往回追溯幾千年。

儘管威爾斯不得而知，某些終將提供更精確年代的科學發現卻已實現了。關鍵在於放射性（radioactivity），這是一八九六年由亨利．貝克勒（Henri Becquerel）發現的能量形式。在有著大原子核的原子，像是鈾，眾多帶正電荷質子的斥力足以動搖原子核，直到它最終自行破裂，散發出高能量電子或光子，甚至整個氦原子核。隨著大量原子核被排出，元素被轉換成了擁有更少質子的不同元素。比方說，鈾最終分裂成了鉛。二十世紀最初十年，拉塞福了解到，即使無法辨別一顆特定原子核會在何時分裂，放射分解（radioactive breakdown）在平均超過數十億顆粒子的時候卻是十分規律的過程。同一種元素的每個同位素（同位素質子數量相同，但中子數量不同）在不同卻規律的反應率上分裂，因此有可能精準確認某一同位素中一半的原子衰變需要多久。比方說，鈾二三八（內含九十二個質子和一百四十六個中子）的半衰期是四十五億年，鈾二三五（含九十二個質子和一百四十三個中子）則是七億年。

拉塞福意識到，只要能夠測量出某種樣本是如何衰變，放射分解就可以提供某種地質時鐘。一九〇四年，他試著測量一個鈾樣本的分解，得出地球的年齡大約五億年。基本觀念沒錯，但他對地球年齡的估算卻有爭議，因為這個數字比公認的不到一億年更長得多。

慢慢地，愈來愈多地質學家開始認同，地球的年齡可能比他們原先以為的更久遠。但測量放射分解的技術問題仍然艱巨。直到一九四〇年代晚期，才能運用製造出第一顆原子彈的曼哈頓計畫部分內容開展出的方法解決這些問題。要製造原子彈，就必須將不同的鈾同位素分離，以產生鈾二三五的純化樣本。美國物理學家威拉德・利比（Willard Libby）協助開發出分離及測量不同鈾同位素的技術，這些技術在測量放射分解的任務中證明了至關重要。

一九四八年，利比團隊設法為埃及法老王卓瑟（Zoser）陵墓取出，由大都會博物館提供的物質訂出精確年代。[5]他們運用碳的放射同位素碳十四，半衰期五千七百三十年，這使它在研究木材等有機物質上用處極大。不同放射物質以不同規模和不同物質作用。對地質學家來說，鈾衰變為鉛尤其價值非凡，不同的鈾同位素以不同反應率衰變這一點，令交叉查核

---

4 Doug Macdougall, *Why Geology Matters: Decoding the Past, Anticipating the Future* (Berkeley: Univeristy of California Press, 2011), 4.

5 Doug Macdougall, *Nature's Clocks: How Scientists Measure the Age of Almost Everything* (Berkeley: University of California Press, 2008), 58-60.

得以進行。[6]一九五三年，克萊爾・派特森（Clair Patterson）運用鈾衰變為鉛的過程，確定一塊鐵隕石的年齡。他正確地推定隕石是由幼小太陽系的太初物質構成，因此得以推算整個太陽系的年齡。他的估算指出地球的年齡大約是四十五億年，比拉塞福估計的更長久。派特森的推定至今仍然成立。

隨著放射性定年技術出現的，則是其他可供互相查核的定年法。最近一千年內的年代，有時可經由計算刺果松（bristlecone pine）等壽命長達數千年古樹的年輪確認。天文學家運用自身的方法測定宇宙歷史的年代，生物學家則發現DNA以合理規律的速率進化，因此得以在同一祖先分化出兩個物種時，經由測量基因組的差異推算出大致年代。這些技術奠基於審慎研究放射衰變等過程，以及精準測量的新儀器開發，提供了我們現代起源故事得以確立的時間表。

到此為止，我們已經看到複雜性在引人入勝的無生命實體裡增強。現在我們來到了所有門檻當中最根本的一個：生命出現。有了生命之後，我們遇見了全新形式與層次的複雜性，以及一整套新概念，包括資訊、目的，以及最終產生的意識。

6 Tim Lenton, *Earth Systems Science:A Very Short Introduction* (Oxford: Oxford University Press, 2016), loc. 1297, Kindle.

第二部

生物圈

BIOSPHERE

第四章 生命：第五道門檻

我花了整個下午思忖生命。你仔細想想的話，生命是多麼古怪！這麼不像其他任何事物，你不明白嗎，要是你懂我意思的話。

——伍德豪斯（P. G. Wodehouse），《管家吉福斯》（*My Man Jeeves*）

每一個生物的核心，不是火，不是溫暖的氣息，不是「生命的火花」，而是資訊、字、指令。……如果你想了解生命，忘了有活力的、會跳動的原生質還是什麼，想想資訊技術。

——理查．道金斯（Richard Dawkins），《盲眼鐘錶匠》（*The Blind Watchmaker*）[1]

1 譯者按：本段中譯參看理查．道金斯著、王道還譯，《盲眼鐘錶匠：解讀生命史的奧祕》（台北：天下文化，二〇〇二年），頁一五九。

生命與資訊：複雜性的新形式

我們如今所知的生命，源自約四十億年前幼小地球富含元素的環境中奇異的化學性質。倘若生命也存在於別處，其樣貌恐怕會怪異到我們無從辨認。但在地球上，生命是由數十億錯綜複雜的分子奈米機器創造的。它們在具有保護作用、形狀宛如泡沫的構造中通力合作，我們將這樣的構造看作生命的基礎——一切已知的活機體構造、功能及生命過程的最基本單位。這些受保護的泡沫被稱為細胞（cell），名稱來自拉丁文的「小房間」（cella）。細胞是生命的最小單位，它們可以獨立複製自身。它們藉由汲取周遭的養分及自由能流動維生。

生命對我們的星球有著巨大影響，因為活機體能夠自我複製，複本又能繁衍、擴散、增殖，並且多樣化。四十億年之間，活機體大軍改變了地球，創造了生物圈，也就是地表上由活機體及其形塑、變化、遺留的一切事物所組成的一層薄膜。

生命的奇詭之處在於，即使每個細胞內部看來都是一團混亂，是某種由一百萬個分子共同參與的泥漿摔角，但細胞整體給人的印象卻是帶著意圖行動。每個細胞內部似乎都有什麼驅動著它，彷彿按照著待辦清單工作似的。待辦清單很簡單：（一）在熵和不可預知的環境中存活；（二）複製出功能相同的自我。一個接一個細胞、一代又一代都是如此。就在追求某些結果、迴避其他結果的這個過程中，欲望、關愛、目的、倫理乃至愛也正起源於此。或許還有意義的開始，倘若意義指的是區辨不同事件及跡象重要性的能力。在我背後巡遊的這隻大白鯊具有什麼意義？

目的性的出現（或者也可以說是幻象）是前所未見的。它並非我們至今所見的其他複雜實體的特徵。說恆星擁有目的有任何意義嗎？或行星、岩石？或甚至宇宙？不盡然有，至少在現代起源故事的常規裡沒有。但生物不同。它們並不被動接受熵的規則，反而像倔強的孩子那樣抵抗，試圖討價還價。它們不像質子或電子只將結構鎖在定位。它們不像恆星那樣靠自己儲備的能量維生，誕生時即已充分儲備質子供其大快朵頤，一旦坐吃山空即行瓦解。活機體不斷從環境中尋找新的能量流，好在複雜又反覆無常的狀態中維持生存。岩石的行為並非如此；飛翔的鳥兒才是這樣。活機體藉著吸取自由能，驅動重組原子與分子成為生存所需模式的繁複化學作用，得以（在熱力學意義上）持續飛行。當它們再也付不起熵索求的能量，就會崩毀。

能量與生命！在澳大利亞，我記得我看著自己的孩子們將維吉麥（Vegemite）的能量轉換成暴烈的動能，在花園裡奔跑喧鬧。我們甚至能測出自由能（或許來自一份維吉麥三明治）轉換成說話的能量、奔跑的能量，以及最終成為熱能時的反應率，熵在每一個步驟都逐漸增加。一般人每日攝取兩千五百卡路里，大約相當於一千零五十萬焦耳（能量做功的計量單位，一卡路里約等於四千一百八十四焦耳）；再除以一天的八萬六千四百秒，那麼一個人平均每秒調度一百二十焦耳的能量。這是人類的「功率額定值」（power rating）：一百二十瓦，僅僅略高於許多傳統燈泡的功率額定值。[2]

生命與其永無休止抗拒熵的努力，代表一種全新形式、全新層次的複雜性。複雜性理論家有時形容這個層級的實體為複雜調適系統（complex adaptive system）。不同於我們至今所見，成分行為通常可由宇宙基本運行規則預期的複雜物理系統（complex physical system），複雜調適系統的成分看似具有自身意志。它們看來遵循著某些更難以預測的額外規則。的確，細菌、你養的狗或跨國公司這樣的複雜調適系統，行動起來彷彿每個成分都是具有自身意志的行動者，使得每個成分都在不斷與眾多其他成分的行為互相調適，從而產生出極度複雜且不可預期的行為。[3]

藉由運用「行動者」一詞，我夾帶了一個即將變得愈來愈重要的新觀念：資訊。倘若行動者回應其他行動者，它們回應的是身邊發生的事件相關資訊，包括其他行動者如何作為的資訊。要是我們把資訊想像成現代起源故事中的角色，我們應當想像它從事臥底或偽裝工作，操弄事態發展卻能不受矚目。能量**導致**轉變，因此你通常可以看到它運作，但資訊通常在陰影中**指導**轉變。正如賽斯．羅伊德（Seth Lloyd）所言：「做任何事都需要能量。具體說明要做的事則需要資訊。」[4]

資訊在最普遍的形式中，是由限定可能性以影響結果的規則構成。**資訊**的一個最有名的定義是「產生差別的差別」。[5]從一切可想見的選項中確認一種轉變的規則，事實上在特定時空中是有可能的，差別由此產生。資訊從物理定律，也就是我們宇宙的運行規則開始。物理定律推動轉變沿著特定途徑進行，像是重力創造出第一批恆星的途徑。這種極為普遍意義下的資訊限制了事物的可能，降低了隨機性。正因如此，更多資訊似乎意味著更少的熵，更少熵所期望的混亂潛力。這是宇宙的資訊：內建於每一丁點物質和能量之中的規則。沒人需要告訴重力該做什麼；它就是自行完成工作。

但在口語用法裡，**資訊**一詞的意義不限於規則。它意指被某人、某行動者或某事物**讀取**的規則——實際上，由某種複雜調適系統讀取。這樣的資訊之所以產生，是因為許多重大規則並不普遍適用。它們一如人類社會的法律，隨著不同地點和時間而變動。隨著宇宙演進，深太空（deep space）、星系塵埃雲，以及岩石行星表面等新環境出現。這些環境都各有並非全宇宙通行的局部規則。局部規則必須被讀取、解讀或研究，就像你到蒙古觀光之前可能需要了解當地人在路上靠哪邊行駛（對了，是右駕）。

複雜調適系統唯有在非常特定的環境才能存活，因此它們需要同時具備讀取或解讀局部

2 此處的隱喻和計算都取自Peter Hoffmann, *Life's Ratchet: How Molecular Machines Extract Order from Chaos* (New York: Basic Books, 2012), loc. 238, Kindle。

3 John Holland, *Complexity: A Very Short Introduction* (Oxford: Oxford University Press, 2014), 8。複雜調適系統包含「未固定的元素。這些通常被稱為『行動者』的元素，因應與其他行動者的互動而學習或調適」。

4 Seth Lloyd, *Programming the Universe* (New York: Knopf, 2006), 44.

5 Gregory Bateson, cited in Luciano Floridi, *Information: A Very Short Introduction* (Oxford: Oxford University Press, 2010), loc. 295, Kindle.

資訊及普遍規則的能力。這是前所未見的。所有的生命形式都需要詮釋局部資訊（像是不同化學作用、局部溫度及酸度的存在）以適當因應（**我該擁抱它、吃它還是逃走？**）的機制。哲學家丹尼爾．丹尼特（Daniel Dennett）寫道：「動物不只是草食的或肉食的。它們是……資訊雜食的（informavores）。」[6]實際上，一切活機體都是資訊雜食的。它們全都食用資訊，而它們用以讀取及回應局部資訊的機制（無論是眼睛和觸手、還是肌肉和頭腦），在活機體的複雜性中占有重要地位。

局部環境反覆多變，因此活機體必須持續監控內在及外在環境，以覺察重大轉變。隨著有機體的複雜性增強，它們需要的資訊與日俱增，因為更複雜的有機體有著更多活動部位，各部位之間也有更多聯繫。閱讀這段文字時或許正孳生於你腸道中的大腸桿菌，將大約百分之五的分子資源用在運動和認知上，但你體內的大多數器官都直接或間接地運用於認知或動作，從大腦到眼睛，再到神經組織和肌肉。[7]現代科學位處資訊蒐集與分析體系的巨大譜系之極端，而這個譜系始於最早單細胞有機體的簡單感知器。

當然，熵睜大了眼密切注視這一切。倘若更強的複雜性意味著更多資訊，那麼在增加複雜性和資訊之際，你也降低了熵和隨之而來的不確定或失序。熵也會注意到。隨著複雜性與資訊增加，熵正摩拳擦掌，想要徵收它所能取得的能量稅。[8]確實，有些人主張熵實際上樂於接受生命這一觀念（而且有可能助長生命在宇宙許多地方出現），因為生命將自由能降格的效力遠勝於無生命。

解釋地球上生命的起源，並試圖釐清宇宙其他地方是否存在著類似事物，是現代科學所面臨最困難的幾大問題。此時此刻，我們只知道一個行星擁有生命。天體生物學家正透過「尋找外星智慧計畫」（Search for Extraterrestrial Intelligence）搜尋宇宙其他地方的生命，該計畫從一九六〇年開始，但至今還沒找到。就目前而言，我們只能囿於研究地球上的生命起源。就連這件事都格外困難，因為它也意味著試圖確認我們的地球在將近四十億年前發生過什麼事，那時的地球和今天大不相同。

定義生命

只有一個樣本，使得「生命是什麼」這樣的問題都變得不易理解。生命與非生命如何區

6 Daniel C. Dennett, *Kinds of Minds: Towards an Understanding of Consciousness* (London: Weidenfeld & Nicolson, 1996), 82.

7 David S. Goodsell, *The Machinery of Life*, 2nd ed. (New York: Springer Verlag, 2009), loc. 700, Kindle.

8「任何產生結構的過程都會增加結構內固有的潛在資訊，與熵的減少（微觀態〔microstate〕數量下降）相對應。」引自Anne-Marie Grisogono, "(How) Did Information Emerge?," in *From Matter to Life: Information and Causality*, ed. Sara Imari Walker, Paul C. W. Davies, and George F. R. Ellis (Cambridge: Cambridge University Press, 2017), chapter 4, Kindle。

別？生命和複雜性或資訊一樣難以定義，生命與非生命之間的界線似乎也曖昧不明。

對於地球上生命的多數現代定義，都會包含以下五個特徵：

一、活機體由半透膜（semipermeable membrane）所封閉的細胞構成。

二、它們有代謝能力（metabolism），這一機制從周邊環境汲取與利用自由能量流，藉以重新排列原子和分子，形成存活所需的動力結構。

三、它們能經由體內平衡（homeostasis）適應變動的環境，運用內在、外在環境資訊，以及讓它們得以應對的機制。

四、它們能運用遺傳資訊自我複製，產生出幾乎完全一樣的複本。

五、但複本在細微之處仍與母體有異，歷經許多代之後，活機體的特徵也會隨著進化及適應環境變遷而逐漸轉變。

我們逐一來看看這些特徵。

地球上的一切生物都由細胞構成。每個細胞都含有千百萬複雜分子，它們在黏稠的細胞質內濕潤、鹹性、富含蛋白質的化學糊狀物中推進之際，每秒鐘都互相產生諸多反應。細胞質由某種化學藩籬（細胞膜）約束，進出細胞的物質皆受細胞膜控制。如同中世紀城市的城牆，細胞膜也有城門和守衛，決定能夠進入的分子遊客種類和進入時間。細胞其實就像城市。霍夫曼在一本探討細胞的著作中寫道：

> 那兒有圖書館（細胞核，內含遺傳物質）、發電廠（粒線體〔mitochondria〕）、幹道（微管〔microtubules〕與微絲〔actin filaments〕）、卡車（驅動蛋白〔kinesin〕與動力蛋白〔dynein〕）、垃圾處理場（溶體〔lysosome〕）、城牆（細胞膜）、郵局（高基氏體〔Golgi apparatus〕），以及其他眾多履行重大功能的構造。所有這些功能全都由分子機器執行。[9]

所有活機體都仰賴慎重管控的自由能流動維生。流動一旦停止，它們就會死去，如同被圍困的城市陷入饑荒而投降。但流動要是太過暴烈，它們也會死，如同遭受空襲的城市。因此能量的管控必須極為周到。通常細胞都微量攝取及運用能量，分子接著分子，電子接著電子。這些流動儘管小得不足以產生破壞，卻也大得足以供應驅動眾多有趣化學作用所需的活化能。就詞源而言，「代謝」一詞來自變化這個字義。它提醒了我們細胞絕非靜止不動。如同飛翔的鳥兒，它們運用能量流以持續適應於變遷的環境。

活機體必須持續監控環境變遷，並做出適應。這個持續適應過程被稱為體內平衡。細胞

9 Hoffmann, *Life's Ratchet*, loc. 3058, Kindle.

要在周遭的變動中維持某種平衡，就必須持續取得、下載及解讀內在與外在環境的相關資訊，決定最適當的回應，而後應對。「體內平衡」一詞意指「靜止不動」，正是「變化」的反義。但你想成在細胞環境無止境的分子風暴中靜止不動的話，那就說得通了。

這些能力儘管不同凡響，但活機體若像海上的浪花一般出現又消逝，它們也就不太重要了。某些恆星周邊的行星或許就發生過這樣的事，就連地球歷史初期都有可能如此。但在今天的地球上，活機體並不只是在變化與熵的風暴中站著不動而已。它們也自我複製，因此當特定細胞崩解（它們終究都要崩解），其他細胞就能遞補。生殖正是細胞產生出可存活複本的能力。生殖意味著創造有機體的模板（現代的用詞是基因組）即使在個體死去之後仍能存活。基因組如同說明書，儲存著創造母體複本所需蛋白質的資訊，以及某些基本組裝規則。今天這些資訊大部分儲存在DNA分子中，但在地球生命史初期，它大概儲存在DNA的分子遠親，至今仍在細胞內部從事許多困難工作的RNA（核糖核酸）裡。

儘管模板或多或少永存不朽，複製過程卻並非完美。這是好消息，因為它意味著模板會隨著複製時的小錯誤而逐漸改變，這正是調適與演化的關鍵所在。微小的基因變化賦予生命驚人的韌性，因為它們讓物種得以隨機創造出略為不同的模板，以適應環境。因此，隨著環境變遷，決定模板存續或消滅的規則也會改變。

這正是達爾文稱為「天擇」的機制。天擇是現代生物學的基本觀念，因為它是複雜性增強格外強大的驅力。天擇過濾掉某些遺傳可能性，只容許符合局部規則的可能性存續。因此天擇是一種棘輪，如同物理基本定律，因為它將非隨機模式鎖定在原處。但在生物領域裡，決定何者存活的卻是特定環境下的局部規則，而非物理的普遍規則。生物的規則更吹毛求疵許多。別指望長頸鹿能在水下存活。

如同創造出宇宙最早結構的機制，天擇也將必要和機遇聯繫起來。變異提供了多種可能性；天擇運用局部規則，揀選出局部條件下能夠存續的種類。以下是達爾文在《物種起源》（*The Origin of Species*）一書中的說法：

> ……在廣大而複雜的生存鬥爭中，對於某些生物在某一方面有用的其他變異，難道在連續的許多世代過程中就不可能發生嗎？如果這樣的變異確能發生（必須記住產生的個體比可能生存的為多），那麼較其他個體更為優越（即使程度是輕微的）的個體具有最好的機會以生存和繁育後代，這還有什麼可以懷疑的呢？另一方面，我們可以確定，任何有害的變異，即使程度極輕微，也會嚴重地遭到毀滅。我把這種有利的個體差異和變異的保存，以及那些有害變異的毀滅，叫做「自然選擇」，或「最適者生存」。[10]

---

10 Charles Darwin, *The Origins of Species* (New York: Penguin, 1985), 130-31。譯者按：本段中譯參看達爾文著，葉篤莊、周建人、方宗熙譯，《物種起源》（台北：台灣商務，一九九八年），頁九八。

達爾文的觀念聯繫上現代對基因和遺傳的理解，足以說明生命的創造力，以及在許多世代間探索可能性、汲取能量流，並建立新結構形式的能力。它解釋了生物領域裡複雜性驚人的結構，如何一步步、一代代、歷經千百萬年到數十億年，經由過濾自無數變異的反覆演算過程而得以產生。

天擇的觀念震撼了達爾文的同時代人，因為它似乎揚棄了創世神的需求。[11]神造宇宙的觀念則是維多利亞時代英國多數人認同的基督教起源故事之根本。就連達爾文都感到擔憂，他太太艾瑪則害怕自己來生將與丈夫分隔兩地。但達爾文所敘述的機制，看來的確是生命史的基礎。就讓達爾文青年時代造訪的加拉巴哥群島（Galápagos Islands）某座島嶼上的雀鳥繁衍吧。倘若島上的樹產出外殼堅硬的果實，那麼漸漸地，鳥喙最能敲破果殼的雀鳥，就會比其他雀鳥存活得更好、繁衍更多後代。過了幾代之後，你就會發現島上的所有雀鳥都長了這樣的喙。漸漸地，隨著某些個體被「自然」（實際上是被局部環境的規則）揀選，新物種終將產生。如同達爾文所示，這正是生物演化的基本機制。這是達爾文的複雜性棘輪；生命正是如此一步步創造出愈益複雜的事物。

生命的金髮姑娘條件

生命是如何在幼小地球豐富多變的金髮姑娘環境中某處初試啼聲的？[12]

達爾文有所不知，與天擇相近，由局部規則過濾隨機變化的機制，同樣能以急就章的方式在缺乏生命的世界中運行。在擁有複雜的化學混合體與大量自由能之處，能夠產生分子促進其他分子組成，最終創造出開啟反應所需的分子。這是一種自催化循環（**autocatalytic cycle**），參與反應的成分促成或**催化**了循環的其他成分產生，包括最初的要素，使得循環能自行延續。觸發其中一個循環，它就會在提取愈來愈多食物能量之際，產生愈來愈大量的成分，直到令其他較不成功的反應無以為繼。倘若新的食物形式出現，循環還有可能自行微調。這看來開始像是化學反應的最適者生存了。因此我們在這裡已經得到某些近似生命的事物了，某些能藉由汲取周遭環境能量存續及生殖的事物。丹尼特寫道：「在我們獲得有力的繁殖者之前，必須先具備有力的存留者，也就是能力足以存活夠久，學會修改的結構。」[13]這個化學演化（**chemical evolution**）的觀念，至少在普遍意義上，將有助於我們說明生命的先決條件如何出現在幼小的地球上。

---

11 達爾文的觀念及其震驚世人的力道，由Daniel Dennett, *Darwin's Dangerous Idea: Evolution and the Meaning of Life*（London: Allen Lane, 1995）精湛地描寫出來。

12 豐富化學環境所需的金髮姑娘條件，在Jeffery Bennett & Seth Shostak, *Life in the Universe*, 3rd ed. (Boston: Addison-Wesley, 2011), chapter 7之中有精采的討論。

13 Daniel C. Dennett, *From Bacteria to Bach: The Evolution of Minds* (New York: Penguin, 2017), 48.

化學演化唯有在多樣化學試驗得以進行的環境中才能發生。這樣的環境出奇罕見。那麼，化學試驗的金髮姑娘條件為何？為何幼小的地球展現了這麼多？

首先，我們的太陽系正處於銀河系的適當位置。星系外圍的恆星所能作用的化學物質雲層稀薄，且物質貧乏；太接近星系中心作業區的恆星，則會受到星系中央黑洞猛烈噴發產生的震波重擊。我們太陽系的位置恰到好處。它的軌道位於銀河中心向外約三分之二的半徑，正在銀河系的適居帶（habitable zone）中央。

其次，化學作用唯有在較低溫度才能良好運行。早期宇宙太過熾熱，無法讓原子結合成分子。恆星內部也是如此。豐富的化學作用唯有在小範圍的相當低溫之內才可能存在，你會在接近恆星又不太近的適居帶找到它們。地球的軌道大約就在太陽適居帶的中央。金星與火星分別位於太陽系適居帶的內緣和外緣。但我們得知，有些距離太陽更遠的衛星，或許也有適宜於生命繁衍的內部熔爐和化學性質，像是土星的衛星土衛二（Enceladus）。二〇一七年，科學家發現土衛二的海洋產生氫，它正是在地球上產生食物及某些最早有機體的氣體。[14]

豐富化學作用的第三種金髮姑娘條件則是液體存在。原子在氣體裡宛如過動兒一般飛奔，因此很難讓它們停留足夠時間，勾連其他原子。在固體裡的問題則相反：原子被鎖定不動。但液體就像舞廳，內有氫鍵竊竊私語的液態水則是最好的舞池。原子可以尋花問柳、跳華爾滋或探戈，要是電子瞥見更有魅力的對象，也不難更換舞伴。液體的存在取決於化學作用、溫度和壓力。水以液體性質存在的溫度範圍有限（宇宙中大部分的水呈現為冰的形態）。但在同樣溫度下，你也可以發現氣體與固體，由此產生了十分耐人尋味的化學可能性。因此我們應當預期，最有趣的化學作用會出現在表面平均溫度大約介於攝氏零度與一百度，也就是水的冰點與沸點之間的星球上。這很難得，但我們的地球距離太陽恰到好處，得以擁有液態水。

豐富化學作用的第四種金髮姑娘條件，則是化學多樣性。溫度恰好卻只有氫與氦可供作用也無濟於事。今天，即使是星系內部化學元素豐富的區域，氫與氦仍占有一切原子物質的百分之九十八。化學作用需要的是那些週期表上其他元素更常見的稀有環境。在我們的太陽系裡，如此的多樣性只能在靠近太陽的岩石行星找到，因為幼小的太陽從太陽系的內軌道燒乾了大部分的氫與氦，留下了週期表上所有元素的濃縮蒸餾液。

幼小的地球一凝固，多樣的化學漿液就生成了一塊塊岩石，這是由眾多不同的簡單分子拼湊在一起而構成的固體。地球最初的礦物也出現了，大概是像石墨或鑽石那樣的簡單晶體形式。[15]

在這樣一個化學元素豐富的環境裡，許多創造出生命的簡單分子都可以或多或少自發形

---

14 *Science* 356, no. 6334 (April 14, 2017): 132.

15 Robert M. Hazen, "Evolution of Minerals," *Scientific American* (March 2010): 58.

成。我們說的是內含不到一百個原子的小分子，包括產生出一切蛋白質的胺基酸、產生出一切遺傳物質的核苷酸、通常像電池一樣用來貯存能量的碳水化合物或醣類，以及構築細胞膜的磷脂脂肪酸。如今這樣的分子並不會自發產生，因為大氣中的氧會拆散它們。但在早期的地球大氣中幾乎不存在游離氧，因此這些簡單分子只要得到一些活化能震動就會形成。

一九五二年，年輕的芝加哥大學化學系研究生史丹利・米勒（Stanley Miller）為了證明這點，將水、氨、甲烷和氫放入一套封閉的燒瓶與管線系統中，製造出地球早期大氣的實驗室模型。他加熱這種混合氣體，並注入電荷（實驗室模擬的火山爆發和雷暴）提供某些活化能。數日之內，米勒就得到一片略帶粉紅的胺基酸黏糊。我們如今知道了，包括磷脂在內的其他簡單有機分子，也能在如此環境下形成。今天，米勒得出的基本結論仍然成立，即使我們得知支配早期大氣的並非甲烷與氫，而是水蒸氣、二氧化碳和氮。

從那時以來我們也得知，這些分子之中有許多即使在較為不利於化學的星際太空也能形成，因此大量的簡單有機分子可能是在彗星或小行星之內現成地降落在地球的。比方說，一九六九年落在澳洲默奇森（Murchison）附近的默奇森隕石，就含有胺基酸，以及我們在DNA中發現的多種鹽基。這類隕石在地球史初期遠比今天更為頻繁，意味著早年地球已經種下了生命的諸多原料，還有能力再創造更多。

但細胞內部的多數分子，像是蛋白質或核苷酸，都遠比這些簡單分子更為複雜。它們由聚合物（polymer）組成，這是長而精細的分子鏈。組成聚合物並非易事，你需要正好定量的活化能，以及能用正確方式將分子推在一起的環境。早期地球上一個可能提供正確條件串聯聚合物的環境，可以在海底熱泉（suboceanic vent）找到，地球內部的熾熱物質由此滲出到海床上。這些環境受到保護，不被太陽輻射影響，也不被地表上的猛烈撞擊影響。它們也含有多樣的化學元素，大量的水，在熾熱且化學成分豐富的岩漿滲入寒冷的海水之際，還有熱與酸性的梯度。剛在不久前的二〇〇〇年發現的鹼性熱泉（Alkaline vent），提供了特別有希望的環境，在這些熱泉之處形成的多孔岩石，也為化學試驗提供了受保護的小小庇護所，如同米勒的燒瓶與管線。你甚至可以發現具有規律分子構造的黏土狀表面，這些分子構造能創造出物理或電的模板，使原子得以在其上聚攏成規律模式，並維持到它們組成類聚合物鏈（polymerlike chain）為止。

從豐富化學到生命：盧卡，最終普遍共同祖先

生命出現在地球歷史上的時間很早，這意味著在合適的金髮姑娘條件存在之處，創造簡單的生命形式或許不太困難。但要確認生命究竟出現於何時卻很複雜，因為最早的有機體存活了將近三十億年，因為它們是只能從顯微鏡看見的微體（microscopic），也因為埋藏它們的岩石被侵蝕掉。就目前來說，地球上最早生命的最有力直接證據，包含二〇一二年在澳洲西部偏遠的皮爾巴拉（Pilbara）地區發現的微體化石。它們看來是生存於將近三十四億年前

的細菌。[16]二〇一六年九月，《自然》（*Nature*）雜誌的一篇論文述及發現於格陵蘭，看似珊瑚般的疊層岩（stromatolites）化石，距今三十七億年。[17]倘若它們真是多數人所以為的事物，那麼生命開始演化的時間，必定比人們先前相信的更早千百萬年，而且必定在將近三十八億年前的後期重撞擊結束後不久即已出現。二〇一七年初，科學家憑藉著魁北克省北部發現的化石結構，宣布生命最早可能出現在四十二億年前；我們還得等著看這樣的宣稱能否成立。[18]

生物學家對於最初的活機體如何演化，至今還沒有完整的解釋。但他們理解過程中的許多步驟。

儘管生物學家並不知道最早活機體的具體樣貌，他們仍稱之為盧卡（LUCA），縮寫自「最終普遍共同祖先」（last universal common ancestor）。盧卡當然比我們迄今為止發現的最早生命形式生存得更早，與稱作原核生物（prokaryotes）的現代有機體有著許多共同特徵：原核生物是單細胞的有機體，遺傳物質並不在原子核中受到保護。今天，原核生物在有機體三大群域的其中兩個——真細菌（Eubacteria）和古菌（Archaea）之中都被發現了。（第三個群域是我們的物種做為其中一分子的真核生物〔Eukarya〕。）

我們不可能找到盧卡的化石，因為盧卡其實是假設生物（hypothetical creature），是最早活機體的某種合成圖像，有點像是警察追捕逃犯使用的速寫。儘管如此，這樣一幅肖像仍可能幫助我們理解生命是怎麼開始。

盧卡可能有幾分生機，卻不是完整的生命，落在生命與無生命之間的僵滯地帶內。這個觀念並不像表面看來那樣含糊。病毒不盡然是生命，因為它們並未完全符合我們對生命的定義。它們沒有代謝能力，細胞膜極為脆弱，以至於我們能否稱之為細胞甚至不太確定。它們只不過是附著在更複雜有機體上的遺傳物質小包。它們進入別的細胞，劫奪該細胞的代謝機能，利用它複製自己。當你患了感冒，病毒就從你的代謝管道中抽取能量。但在病毒找不到細胞劫奪的時候，它們就會停擺，以某種假死狀態潛伏下來。有些細胞生存在岩石深處，代謝機能極慢；它們倚靠一丁半點水和營養維生。它們或許能夠長時間完全停擺，如同道格拉斯．亞當斯（Douglas Adams）小說《宇宙盡頭的餐廳》（*The Restaurant at the End of the Universe*）裡的搖滾吉他手迪西亞托，由於稅務需要而死去一年。當然，這些有機體躲避的正是熵所徵收的複雜稅。盧卡有可能也生存在這樣的過渡狀態裡。

---

16 Peter Ward & Joe Kirschvink, *A New History of Life: The Radical New Discoveries About the Origins and Evolution of Life on Earth* (London: Bloomsbury Press, 2016), 65-66.

17 Allen P. Nutman, et al., "Rapid Emergence of Life Shown by Discovery of 3,700-Million-Year-Old Microbial Structures," *Nature* 537 (September 22, 2016): 535-38, doi:10.1038/nature19355.

18 Nadia Drake, "This May Be the Oldest Known Sign of Life on Earth," *National Geographic*, March 1, 2017, http://news.national geographic.com/2017/03/oldest-life- earth-iron-fossils- canada-vents-science/?WT.mc_id=20170606_Eng_ bhptw&WT.tsrc= BHPTwitter&linkId=38417333.

盧卡的合成速寫圖，是經由辨識數百個存在於最晚近原核生物中，可能極為古老的基因而描繪出來的。它們提示了盧卡演化的環境類型，因為它們向我們透露出盧卡為了存活而產生的蛋白質種類。[19]

合成體盧卡（或者該說是盧卡家族，因為我們其實是在討論數十億個盧卡）能夠適應所在環境的變遷。它有基因組，因此能夠繁殖。它也會演化。盧卡或許缺少自身的細胞膜和代謝能力，它的細胞壁大概由多孔的火山岩構成，代謝機能則取決於它幾乎無從掌控的地球化學能量流動。盧卡產生的蛋白質顯示，它生存於鹼性熱泉的邊緣，或許就在熔岩般岩石的小孔裡，自周遭的熱、酸性梯度，以及質子和電子流動汲取能量。盧卡的內部化學構造大概是在來自地球內部的鹼性溫暖液體裡盪漾，這意味著它們含有過剩的電子。就在盧卡棲居的熔岩孔竅之外，則是溫度更低、酸性更強的海水，這意味著其中有過剩的質子。如同充飽了電的電池，盧卡內部和外在世界之間微小的電梯度，提供了驅動盧卡代謝所需的自由能，自外界吸收養分，並排除廢棄物。

早期生命研究的先驅者之一尼克・連恩（Nick Lane）如此描述盧卡：

她（盧卡）應該不是一顆自由生活的細胞，而是生活在岩石迷宮裡的礦物細胞，靠著由鐵、鎳和硫所組成的催化劑牆壁，以及天然的質子濃度梯度而生存。地球上第一個生命是一個多孔的石頭，在裡面一邊合成複雜的分子，一邊產生能量，以準備生產

DNA跟蛋白質。[20]

儘管相較於現代有機體顯得簡單，盧卡本身已經含有許多勻整的生化小玩意，包括現代細胞代謝及繁殖機制的許多訣竅。它可能也有一組以RNA為基礎的基因組，得以繁殖得遠比區區化學物質更加精密準確，這也意味著它可能演化得很快。它也在運用汲取而來的能量流產生三磷酸腺苷（adenosine triphosphate），正是這種分子將能量輸送到現代細胞內部。

從盧卡到原核生物

盧卡和它的親戚們已經做完了許多最早的真正活機體演化所需的困難工作。但盧卡不具備可攜行的細胞膜，也缺少不限於火山裂隙附近能量流的代謝作用。盧卡似乎也缺少多數現

---

19 Madeline C. Weiss et al., "The Physiology and Habitat of the Last Universal Common Ancestor," *Nature Microbiology* 1, article no. 16116 (2016), doi:10.1038/nmicrobiol.2016.116.

20 Nick Lane, *Life Ascending: The Ten Great Inventions of Evolution* (New York: W. W. Norton, 2009), loc. 421, Kindle。譯者按：本段中譯參看尼克・連恩著、梅友芢譯，《生命的躍升：四十億年演化史上最重要的十大關鍵》（台北：貓頭鷹，二〇一六年增訂版），頁六一。

代有機體所具備，以RNA的近親——DNA雙螺旋結構為基礎的更複雜生殖機能。截至目前為止，我們知道有哪些事物必須演化產生，卻還不理解這些事物演化產生的準確途徑。

說明人類保護膜的演化過程並不太難。細胞膜由磷脂的長鏈構成，在適當條件下，要促使磷脂連接成層，構築泡沫狀的半透結構並不難。或許正如泰倫斯·狄肯（Terrence Deacon）所主張的，自催化反應在分子之間逐一演化，並產生磷脂層。真是這樣的話，想像盧卡的某個變體為自己編織專屬的保護膜，或許不算太天馬行空。[21]

說明細胞如何演化出取得能量及生殖的更有效方式就複雜得多，但參與其中的機制既根本又巧妙，運作方式值得我們盡力理解。

演化出汲取能量流，好讓細胞從火山裂隙脫離的新方法，意味著要在細胞間建立起相當於輸電網的裝置，讓分子作業時得以運用。酶（enzymes）在此發揮了關鍵作用。它們是能夠充當催化劑，加速細胞反應，並降低開啟反應所需活化能的專業分子。今天，酶在所有細胞中都發揮基本作用。大多數的酶是蛋白質，產生自胺基酸的長鏈。胺基酸的確切次序很重要，因為次序決定了蛋白質會怎麼疊合成從事特定作業所需的精確形狀。酶穿行於分子糊中，尋找與它們匹配的目標分子，以扳手匹配於特定螺帽或螺栓的方式搭配。接著酶運用微小的能量輕敲、彎曲、打破或割裂分子，或將它與其他分子結合起來。你體內的大多數反應少了酶就無法進行，不然就會需要高到破壞細胞程度的活化能。

酶一旦將目標分子敲擊成形，就會掙脫，繼續去獵捕能令它任意彎曲的其他分子。酶也能被其他相連的分子啟動或關閉，並略為改變形狀，這正是酶主導細胞內部所發生極其複雜反應的方式，一如電腦裡多達數十億的電晶體。

酶從細胞中相當於輸電網的構造裡獲得作業所需的能量。這樣一套體系必定在生命史的極早階段即已演化產生。能量被三磷酸腺苷分子輸送到酶及細胞其他部分，而三磷酸腺苷有可能已在盧卡內部賣力運作。酶及其他分子藉由分離一小群原子汲取三磷酸腺苷的能量，將連結這群原子與分子的能量釋放出來。被削弱的分子（此時稱為二磷酸腺苷）接著向特殊的生成分子進發，由這些分子替代失去的原子為其充電。這些生成分子由一個名為**化學滲透**（**chemiosmosis**）的不尋常過程驅動，這個過程直到一九六〇年代才被發現，但似乎從盧卡的時代就已經在運行著。每個細胞內部的食物分子會破裂，以奪取它們內含的能量，其中一部分能量被用來將個別質子從細胞內部（質子低度密集）抽送到細胞外部（質子高度密集），宛如為電池充電。它在細胞內外產生出了電的梯度，電壓與盧卡在鹼性熱泉可能使用過的相近。嵌在細胞膜內的特殊生成分子（三磷酸腺苷合酶，給科技腦）運用從細胞膜外返回的質子產生的電壓推動奈米轉子（nano-rotor）；轉子如同迴轉式生產線一般，替換二磷酸腺苷喪失的分子群為它們充電。接著，充滿了電的三磷酸腺苷分子返回細胞內部，等待其他分子連接上它們，取得所需的能量以持續運行。

---

21 狄肯稱之為自動細胞（autocell）；參看 Grisogono, "(How) Did Information Emerge?"。

這個巧妙的細胞輸電網如今存在於所有細胞之中。它讓細胞脫離火山裂隙周圍的能量流，使得最早的原核生物得以出沒於地球的海洋，從食物分子索討能量，並運用這些能量，創造出供給細胞內部構造動力所需能量的三磷酸腺苷分子。

這些細小的能量流維持著細胞內部的複雜結構，一如融合維持了恆星的結構。它們和融合一樣，讓最早的活細胞得以支付熵索取的複雜稅，因為在細胞內部，一如恆星內部，龐大的能量用於維持複雜結構運作之上；但也一如恆星內部，許多能量被浪費了，因為沒有一種反應的效率是百分之百，熵當然也樂於虛耗能量。細胞和恆星內部都需要集中的能量流，以繳稅給熵，克服宇宙萬物退化分解的傾向。

而在活機體之內，能量有一項在恆星內部不具備的新功能：它會創造出細胞的複本。這些複本讓細胞即使在個別細胞死後，仍能保存自身複雜結構，得以抵擋熵的破壞。盧卡的後裔演化出了巧妙而有效的生殖方式，至今仍由所有生物沿用。這些方法建立在一個關鍵分子——DNA之上，它的結構在一九五三年首先由弗朗西斯・克里克（Francis Crick）和詹姆士・華生（James Watson），根據羅莎琳・富蘭克林（Rosalind Franklin）先前的研究而描述出來。這麼多的演化都決定於理解DNA如何運作，如此令人嘆為觀止的分子值得更仔細探索。

DNA（去氧核糖核酸）與RNA（核糖核酸）密切相關。兩者都是聚合物，由近似分子構成長鏈。但不同於蛋白質由胺基酸串成、細胞膜由磷脂構成，DNA和RNA是由長串的核苷酸產生，這些醣分子又附帶著稱為鹼基（base）的小群分子。鹼基有四種：腺嘌呤（adenine，簡稱A）、胞嘧啶（cytosine，簡稱C）、鳥嘌呤（guanine，簡稱G）、胸腺嘧啶（thymine，簡稱T）。（在RNA裡，胸腺嘧啶由脲嘧啶〔uracil，簡稱U〕替代。）魔法就從這裡開始。正如克里克和華生揭示的，這四種鹼基可以像字母表裡的字母那樣用來攜帶大量資訊。隨著DNA或RNA分子連結起來構成巨大分子鏈，鹼基從旁探出，構成一長串的As、Cs、Gs、Ts（或是RNA裡的Us）。每一組三聯密碼都轉譯一種特定的胺基酸，或含有一道指令，例如**立刻停止閱讀**。因此，TTA排列的意思是**添加一個白胺酸**（amino acid leucine）**分子**，TAG則是某種標點符號，意指**好了，可以停止複製**。

DNA和RNA分子上的資訊可被讀取及複製，因為鹼基喜歡運用氫鍵彼此聯結，氫鍵相當容易就能創造和切斷。但它們只以非常特定的方式聯結。A總是與T（或RNA裡的U）相連，C則與G相連。特殊酶將對應於特定基因或特定蛋白質密碼的DNA暴露出來，每個鹼基與其對偶相吸，產生新的RNA核苷酸短鏈，補足原有的鏈結。新產生的部分隨即被一個名為核糖體（ribosome）的大分子帶走，它的作用多少像是蛋白質工廠。核糖體讀取三碼字母的順序，逐一壓製相應的胺基酸，以正確次序產生特定蛋白質，蛋白質再進入細胞內工作。經由這種方式，核糖體就能製造出一個細胞所需的數千種蛋白質。

魔法的最後一個片段，則是DNA和RNA分子能夠運用這些複製機制，為自身及內含的所有資訊建立複本。由糖磷酸鏈（sugar-phosphate chains）側邊向外伸出的鹼基伸入細胞糊中，聯結細胞的補充部分。於是Cs總是抓住Gs，As總是抓住Ts（或RNA裡的Us）。新附著的鹼基吸引了新的醣分子聯結起來，從而構成與最初的分子鏈完全互補的新分子鏈。在DNA裡，這兩條互補的分子鏈通常連在一起，因此DNA總是以雙鏈或雙螺旋的形式存在，宛如一對蜿蜒的樓梯。它們可以緊密相連到巧妙地塞進每個細胞內部，只在被讀取或自我複製時解除纏繞。但RNA通常以單鏈形式存在，因此它也能像蛋白質一般疊成特定形狀，像酶一樣作用。

RNA和DNA的這個微小差異大大重要，因為這意味著：DNA通常只有儲存遺傳資訊的功能，RNA卻能同時儲存資訊和進行化學作用。它既是硬體、也是軟體，因此大多數研究者相信，或許在盧卡還存在的某個時候，大多數遺傳資訊是由RNA傳輸的。盧卡有可能生存在這樣的RNA世界之中。但RNA做為資訊載體卻不如DNA安全，因為它的資訊不斷在細胞內部的暴烈世界中遭受衝擊，反觀DNA的雙股鏈則保護了珍貴資訊不受外界風暴影響。在RNA世界裡，遺傳資訊很容易遺失或扭曲，唯有在盧卡的後裔——主宰今日微生物世界的真正原核生物開展了DNA世界之後，演化才算真正開始。

有了自己的細胞膜，獨立代謝作用，以及更為精確穩定的遺傳機制之後，最初的原核生物得以離開孕育它們的火山裂隙，漫遊於早期地球的海洋中。它們大概在三十八億年前就這麼做了。

每個原核生物都是一個驚人複雜性的完整國度。數十億分子游過厚重的化學漿液，每秒鐘被其他分子推拉千萬次，倒像是觀光客置身於充滿攤商、黃牛和扒手的市場中。要是你被注入那樣一個分子之中，你會發現這是個恐怖世界。酶會極力勾搭和改變你，或許還會將你勾連上其他分子組成新團隊，得以漫遊市場尋找新契機。想像千百萬次這樣的互動，每秒鐘在每個細胞裡發生，你對於驅動著即使是生物圈初期最簡單細胞的狂亂活動，也就多少有了概念。

這是全新的世界，全新種類的複雜性。如同混亂的轉變期間形成的恆星與行星，細胞最終也安於某種穩定性，開始管理和抵抗環境中的微小波動。細胞會取得暫時的平衡；整個物種和物種系群也是如此。但這樣的平衡從來不會保持不變。它始終是動態的，總是經由活機體與環境變遷之間的不斷協商而維繫，也總是有突然瓦解之虞。

第五章　小型生命體與生物圈

為了給艾斯莎和瑞海兒一種歷史展望……他（恰克）告訴他們有關大地之母的故事。他讓她們想像地球（四十六億歲）是一個四十六歲的女人……大地之母以她一生的時間創造出地球今日的樣子——分開海洋，讓山聳起。恰克說，當第一個單細胞有機體出現時，大地之母是十一歲。

——阿蘭達蒂・洛伊（Arundhati Roy），《微物之神》（*The God of Small Things*）[1]

地球與生命共同組成了生物圈。[2] **生物圈**（biosphere）這個字是由奧地利地質學家愛德

1 譯者按：本段中譯參看阿蘭達蒂・洛伊著、吳美真譯，《微物之神》（台北：天下文化，二〇一〇年），頁六七。

2 關於生物圈概念，參看 Vaclav Smil, *The Earth's Biosphere: Evolution, Dynamics, and Change* (Cambridge, MA:

華・修斯（Eduard Suess）發明的。修斯將地球視為一連串彼此重疊、有時互相滲透的圈，包括大氣層（atmosphere，即空氣圈）、水圈（hydrosphere）及岩石圈（lithosphere，地球堅硬的上層構造，包括地殼和地函頂層）。但最先揭示生物圈與其他非生物圈同樣有力地形塑了行星歷史的人，則是俄國地質學家弗拉基米爾・維爾納茨基（Vladimir Vernadsky）。我們可以把生物圈想成一層薄薄的活組織包裝（以及活組織的遺骸與痕跡），其深度由海底到地表，再向上進入低層大氣。一九七〇年代，詹姆士・洛夫洛克（James Lovelock）和琳恩・馬古利斯（Lynn Margulis）揭示，生物圈可以被看成一個具有眾多回饋機制，使它在不受重大衝擊之下得以維持穩定的系統。洛夫洛克以希臘神話的大地女神之名，將這巨大的自我調節系統稱為蓋亞（Gaia）。

地質學：地球如何運作

生命需要一段時間才能上路，所以我們一開始會先把地球想成一個純地質系統，如同演員登場前已經架設好的舞台。如此應當更易於理解隨後由活機體演出的複雜劇碼。

製造出幼小地球的暴烈吸積和分異過程，留下一個區分為不同層次、化學元素豐富的物質球。它有一個熾熱半熔化的核心，多半由鐵和鎳組成，在地球周遭創造出了保護性的磁場。包圍著核心的是三千公里厚，由氣體、水和半熔岩構成的地函層。最輕的岩石浮上表面，構成地球的地殼。氣體和水蒸氣從火山口冒出，創造了地球最初的大氣與海洋。流星和小行星運來了新的岩石、礦物、水、氣體和有機分子。

大約三十八億年前，來自太空的撞擊減緩之時，地質變遷的主要動力是埋藏於地核的熱。熱穿越地函滲出地殼、進入大氣，翻攪每一層內的物質，在化學上轉變它們，並經由巨大緩慢的對流循環移動大量的物質和氣體。一如恆星的演化，地球的地質演化主要也是由以初始且不可再生的能量儲備為動力的簡單過程所驅動。隨著地球從地核經由地函、地殼將熱排向太空，地球也轉變了。

來自地核的熱仍然驅動著大量地質變化，今後數十億年也將持續。但直到一九六〇年代，地質學家才釐清這部巨大的地質機器如何運作。他們對地質的全新理解，奠基於現代科學最重要的典範之一：板塊構造論。

人類直到最近五百年來，才隨著第一次能夠航行環繞世界，而得以設想地表的樣貌。但大多數人仍繼續假設地球的大範圍地貌或多或少固定不變。火山可能會爆發，河川也會改道，但大陸與海洋、山脈、河川、沙漠，還有冰帽和峽谷的布局必定恆久不變。但有些人開

MIT Press, 2002)，以及維爾納茨基的先驅之作 *The Biosphere* (Göttingen, Germany: Copernicus, 1998)，由馬古利斯撰寫前言。生物圈歷史的精簡概括，參看 Mark Williams et al., "The Anthropocene Biosphere," *Anthropocene Reiview* (2015): 1-24, doi: 10.1177/2053019615591020。

始產生疑慮。正如達爾文揭示了生命自萬古以來經歷何等重大轉變，地球歷史的劇變證據也逐漸積累起來。

一八八五年，修斯提出在大約兩億年前，所有的大陸都曾連成一片超大陸。我們如今知道他完全正確。三十年後，在格陵蘭從事研究的德國氣象學家阿爾弗雷德·韋格納（Alfred Wegener）採集了大量證據支持修斯的觀點。韋格納在第一次世界大戰期間的一九一五年，在一本名為《海陸的起源》（*The Origins of Continents and Oceans*，書名或許是向達爾文的《物種起源》致敬）著作中發表了這些證據。正如達爾文提出活機體歷經演化，韋格納也提出大陸和海洋同樣來自演化，經由他稱為大陸漂移的機制。它們一度結合為盤古（Pangaea）或泛蓋亞（Pan-Gaia，希臘文字義即「全陸地」）超大陸，隨後逐漸分化，移動到現今的位置。

韋格納提出了許多證據。世界地圖上有許多部分**看來**就像是曾經連接在一起，自從最早的世界地圖在十六世紀繪製完成以來，人們就留意到這點。就在一六〇〇年前夕，荷蘭製圖師亞伯拉罕·歐提留斯（Abraham Ortelius）評論：美洲似乎因為某一次天災地變而從歐洲「撕裂」開來。[3]你查看現代世界地圖，就會發現巴西的肩膀完全貼緊於西非和中非的腋窩，西非則看似密合於加勒比海的巨大臂彎。一九六〇年代，地質學家理解到，要是仔細留意大陸棚邊緣，密合的程度就更高。

韋格納也揭示，南美洲和中非及南非的古代爬蟲類化石幾乎完全相同。十九世紀初期的德國科學家亞歷山大・馮・洪堡德（Alexander von Humboldt），是首先以科學為基礎撰寫現代起源故事的學者之一，他也注意到南美與非洲海岸植物的相似性。[4]還有看似從西非開始，而在巴西東部毫不間斷地接續的地層。身為氣象學家的韋格納，對於氣候證據尤其感興趣。在熱帶非洲可以找到透露出冰河移動跡象的擦痕和鑿口，熱帶非洲是否有可能一度逗留於南極？韋格納在格陵蘭也發現熱帶植物的化石。必定有些事物在遙遠的過往移動了很長距離。

但要產生可靠的科學假說，需要比間接證據更有力的證據。在一戰期間發表成果對韋格納並沒有幫助，而他是德國人，又不是地質學家這件事，更確保了英語世界裡幾乎沒有地質學家會認真看待他的觀點。整片大陸**真的**有可能奮力飄洋過海嗎？韋格納不知道推動大陸的究竟是哪種力量，在大多數專業地質學家看來，找不出這方面的解答就足以完全扼殺他的假說。一九二六年十一月，韋格納的大陸漂移理論遭受影響力強大的美國石油地質學家協會（American Association of Petroleum Geologists）決定性的駁斥。事情看來到此為止了。

除了幾位地質學家仍然為之著迷。英國地質學家亞瑟・霍姆斯（Arthur Holmes）在一九二八年認為，地球內部或許熱到足夠表現得像熔岩之類緩慢移動的液體。若真是如此，地

3 Christian, Brown and Benjamin, *Big History*, 46.

4 Andrea Wulf, *The Invention of Nature: The Adventures of Alexander von Humboldt, the Lost Hero of Science* (London: John Murray, 2015), loc. 2368, Kindle.

球內部物質的運動，或許就有可能推動著大陸漂浮在世界各處。但直到一九五〇年代，才有新證據顯示韋格納、霍姆斯及其他支持大陸漂移觀念的人追隨了正確的地質跡象。

聲納（sonar，「聲音導航與測距」〔sound navigation ranging〕的縮寫）就在這裡進入了故事。聲納技術能藉由以訊號反射水下物體並分析回聲變化，對水下物體偵測及定位。許多動物都運用聲納，包括海豚和蝙蝠。人類的聲納技術一如放射性定年法，也是戰時科學的產物，為偵測敵方潛艇而產生。普林斯頓大學的地質學教授哈利．赫斯（Harry Hess）在第二次世界大戰期間是美國海軍指揮官，運用聲納技術追蹤德國潛艇；他在戰後則運用聲納，描繪當時仍不為海洋地質學家所知的海床樣貌。多數人都預期海床由大陸沖刷下來的平坦淤泥構成。但赫斯反倒發現了貫穿太平洋的火山鏈，出乎所有地質學家預料。一九五〇年代初期發現另一條貫穿大西洋中央的類似火山鏈之後，他開始發展一套理論解釋這些中洋脊。他的使命受益於研究海床磁場的古地磁學（paleomagnetism）。人們當時已經知道，在相隔長達數十萬年的時間內，地磁北極和地磁南極曾多次易位。這些翻轉在滲入海床的熔岩中留下痕跡，隨著熔岩凝固而採取當時盛行的磁場定向。測量海底火山脊兩側岩石磁場的結果顯示，在遠離火山脊之際，火山脊兩旁的岩石經歷過一連串地磁反轉。這令赫斯困惑。

最終，赫斯查明了海底山脊是由海洋地殼裂隙榨出的岩漿構成的。這很合理，因為海洋地殼比大陸地殼薄，可輕易被熾熱的岩漿穿透。當岩漿穿過海床地殼裂隙上升，它也將地殼頂開，產生新的海床，內含形成時期的磁場定向。中洋脊岩石的地磁交替現象，提供了一種標定水下山脈形成年分的方式。

暗藏於這些發現之中的，正是韋格納遍尋不著的大陸漂移驅動力。山脈鏈、大陸和海床都由地函湧出、穿透海床地殼裂隙的大量熾熱岩漿創造及推動。岩漿由放射性物質及地核的熱力加熱，地核保存了在吸積及地球構成的暴烈過程中貯存的大部分能量。遍尋不著的驅動力就在地核之中。如同恆星中心的融合，自地球中心洩出的熱力也驅動了地表上多數重大地質過程。

我們如今有了充足證據證明，海洋地殼和大陸地殼在被它們漂浮於其上的半熔化岩漿來回拖曳之際，斷裂成互相卡位的不同板塊。地球深處湧出的熾熱岩漿流動於地殼之下，一如燉鍋裡的沸水。正是這些半液態岩石和熔岩的對流，推動了漂浮於其上的板塊。對於古地磁帶（paleomagnetic band）的詳盡研究，讓地球科學家得以追蹤數億年間的板塊運動，為我們提供過去十億多年來地球地貌變遷愈益精確的概念。我們如今知道，這些運動可能在始於約莫二十五億年前元古宙（Proterozoic eon）早期的循環過程中，創造出盤古大陸這樣的超大陸，再將它們數度撕裂；在此之前，或許並沒有巨大的陸塊。但某些地質學家主張，板塊機制可能更早就已啟動。來自冥古宙的證據顯示，某種形式的板塊早在四十四億年前即已開始運作，就在地球分異為不同層次之時。[5]

---

5 Jeffrey Bennett & Seth Shostak, *Life in the Universe*, 3rd ed. (Boston: Addison-Wesley, 2011), 130.

如同大霹靂宇宙學，板塊構造論也是強大的整合概念。它解釋及呈現了眾多不同過程之間的聯繫，從地震到造山運動、大陸移動。它解釋了何以這麼多暴烈的地質事件在板塊相遇並摩擦著錯身而過，由上方跨過和下方鑽過時發生。板塊構造論也說明了地表何以如此多變，因為它持續受到來自地函的新物質更新，而表面物質也相應潛入地球深處。

要理解板塊構造論作用的詳情，聚焦於板塊交界處會有幫助。在赫斯描述的那種**張裂板塊邊緣**（divergent margins），物質從地函湧出，將板塊推開。但在其他**聚合板塊邊緣**（convergent margins），板塊則被推擠在一起。倘若兩個板塊密度幾乎相同，比方說，它們都由花崗岩大陸地殼構成，那麼它們就會像兩隻爭相求偶的海象那樣隆起。喜馬拉雅山正是如此形成；過去五千萬年來，快速移動的印度板塊自南極向北行進，撞上亞洲板塊。但倘若兩個聚合的板塊密度不同，比方說，其中一塊由沉重的玄武岩海洋地殼構成，另一塊則是較輕的花崗岩大陸地殼，情況就大不相同。較重的海洋板塊會鑽到較輕的板塊下方，形成隱沒帶（subduction zone）。它會像失控的電梯砸穿水泥地板那樣向下行進，將地殼物質帶回地函，使其消解。隨著下沉的板塊鑽進地函，它會產生大量的摩擦與熱，得以熔化上方的地殼，將地殼劈開，抬升出新的火山鏈。安地斯山正是這樣構成，太平洋板塊鑽入承載著南美洲西海岸的板塊之下。

最後，還有**錯動板塊邊緣**（transform margins）。板塊在此像兩張擠在一起卻往不同方向推動的砂紙一般，摩擦著錯身而過。摩擦力會阻止板塊滑動，直到大量壓力累積，產生突發而暴烈的傾斜。這正是沿著北美洲西海岸聖安地列斯斷層（San Andreas Fault）積累的壓力來源。（我在聖地牙哥住過一陣子，偶爾會感受到微震，如同許多加州人，我也得買地震險。）

物質在大氣、地表與地函之間的流動，對地球上層的化學成分有著深遠影響。它創造了新形式的岩石和礦物。到了生命開始在地上繁衍之時，地函內部的化學過程已經創造出多達一千五百種不同礦物。[6]板塊為地球帶來非比尋常的化學及地質動力。

板塊也影響了幼小地球的表面溫度，而我們已經看到，適當的溫度對於地球的生命歷史何等關鍵。兩大力量決定了地表的平均溫度：來自內部的熱，以及來自太陽的熱。我們可以約略計算出它們。但大氣的成分有助於決定多少熱被保留在地表上，又有多少熱散失在太空。溫室氣體的比例尤其重要；它們是諸如二氧化碳、甲烷之類的氣體，吸收陽光的能量而不反射回太空。大量的溫室氣體通常意味著更溫暖的地球。那麼，控制溫室氣體濃度的因素是什麼呢？

天文學家卡爾・薩根（他也是現代起源故事的偉大先驅之一）指出，解答這個問題至關重要，因為它可以破解另一個謎團。像太陽這樣的恆星會隨著年齡增長而放射愈來愈多能量，於是到達地球的熱量也在緩緩增加。地球初生之時，太陽放射的能量比今天少了百分之

6 Robert M. Hazen, "Evolution of Minerals," *Scientific American* (March 2010): 63.

三十。那麼，早期的地球何以不至於像今天的火星那樣，成為一顆太過寒冷，遠不足以讓生命形成的冰球？薩根將這個問題稱為「早期黯淡太陽悖論」（early faint sun paradox）。

結果發現，答案在於早期大氣中溫室氣體的含量。它們的濃度高得足以溫暖幼小的地球，令生命得以演化。地球最初的大氣中幾乎沒有游離氧，但有大量的溫室氣體，特別是水蒸氣、甲烷和二氧化碳，它們經由火山從地函冒出，或由小行星運來。溫室大氣是生命在幼小地球上繁衍又一個重要的金髮姑娘條件。

但這樣的早期溫室大氣有多穩定？或者更廣泛地說，當太陽開始發射更多能量，確保地表溫度維持在攝氏零度到一百度之間這個神奇溫度範圍的因素為何？一九七〇年代，洛夫洛克和馬古利斯主張，似乎有些強大的自我調節機制，將地表維持在金髮姑娘範圍之內。正如前文所見，他們將這樣的事物稱為蓋亞。蓋亞由地球地質與活機體之間維持地球適於生物繁衍的關係總和構成。許多科學家仍對蓋亞假說存有疑慮。但明確可見的是，生物圈內確實有回饋機制，其中許多也確實發揮了恆溫器的功能，部分地調節了地表溫度。有些是地質機制，但其他則透過活機體作用。

這些恆溫器當中最重要的一個純粹是地質的，因此它有可能在生命誕生於地球之前就已經開始運行。它將板塊與行星變遷的另一個驅動力聯結起來：侵蝕（erosion）。板塊隆起山脈，侵蝕則把山脈磨低。風與水，還有多種化學物質流動將山上的岩石瓦解，順著重力梯度將它們流入海洋。侵蝕解釋了山脈何以不比現在更高；板塊則解釋了山脈何以沒有全部消退成一整片涵蓋全球的巨大平原。當然，侵蝕本身就是板塊的副產品，因為風與雨都是從地球內部發出的。造山運動也能加速侵蝕，因為重力將高山中的河川轉為毀滅性的激流，鑿空土地，將土壤迅速送往海洋。

以下是地質恆溫器的運行方式。最強大的溫室氣體之一——二氧化碳溶解在雨水中，以碳酸形式降落在地球。它溶解岩石中的物質，這些反應的副產品含有大量的碳，被沖刷到海洋裡。在此，有些碳被鎖在碳酸鹽岩裡。在板塊沉入地函的隱沒帶中，這些碳的一部分（多半呈現為石灰岩形態）可能被埋在地函中長達數百萬年甚至數十億年。透過這種方式，板塊做為輸送帶從大氣中去除了碳，如此一來，最終二氧化碳濃度應當減少，從而產生更寒冷的氣候。如今我們知道，埋藏在地函中的碳，遠遠多於地表或大氣中存有的碳。

當然，倘若有太多二氧化碳被如此埋藏，地球就會結凍。這種狀況（大多數時候）由於地質恆溫器的第二種特徵而得以避免。在板塊驅動下（這一機制在結冰的火星大概不起作用），二氧化碳可以從張裂地帶回歸大氣，來自地函的物質在此經由火山湧出地表，包括被埋藏的二氧化碳在內。[7]這項機制的兩個半面得以達成平衡，是由於更高溫度產生更多降雨，加速侵蝕，將更多碳送回地函。但地球要是降溫太多，降雨就會減少，被埋藏的二氧化碳更少，二氧化碳經由火山噴發而增加濃度，萬物又會再次暖化。這個地質恆溫器已經調節

7 Bennett & Shostak, *Life in the Universe*, 134.

太陽持續增加的熱度長達四十多億年之久。[8]

我們知道，太陽系內的其他行星不曾發生過這樣的事。金星提示了要是大氣中的二氧化碳含量過高，地球可能發生的狀況。今天的金星大氣含有大量的二氧化碳，整個星球看來苦於失控的溫室效應。它的表面熾熱到能將水蒸發、將鉛熔化。火星則走上另一條岔路。它太小，重力不足以留住溫室氣體，於是溫室氣體散失；星球因而降溫，火星上大部分的水如今都以冰的形式存在。好奇號探測車（Curiosity Rover）爬過火星表面時，顯現出大約數十億年前一度有水流淌於火星表面，簡單的生物形式也曾蓬勃發展。但時光早已不再。不管怎麼說，火星或金星看來都沒有板塊運動，這讓它們缺少了我們地球恆溫器的一個關鍵成分。火星太小，保留不住推動板塊所需的內在熱力，金星則燒乾大部分的水，恐怕讓板塊喪失了彼此交錯、跨越和下沉所需的液體潤滑劑。[9]

地質恆溫器遠遠不夠完善，不時也有崩潰之虞，如此將為生物圈帶來嚴重後果。但最終出現了其他備援的恆溫器。它們是活機體的活動所創造的。因此，隨著活機體步入地球的地質階段，開始探索並最終轉變地球生態的諸多不同角落，我們現在必須回到生命在生物圈中的角色。

生命的統一狀態

儘管暴龍和大腸桿菌兩者天差地遠，但在重要方面上，生命其實出奇統一。生存於今日的所有生物體在基因上全都有關聯。它們共享許多基因裝置，這些裝置如同電腦軟體裡的子程式，處理最基本雜務的裝置。在細胞中，這些任務包含分解食物分子，取得能量或化學成分，或者挪動能量與原子之類的工作。正因如此，倘若你聚焦到細胞層次，你很難分辨人類和變形蟲的細胞。

今天，生物學家能夠藉由對照DNA中As、Cs、Gs、Ts四種鹼基的大序列，追蹤一切活機體在基因上的關聯。基本規則是：兩個基因組差異愈大，這兩個物種系出同源的時間就愈遙遠，而我們大略知道不同類型基因組的分化速度。因此我們多少可以篤定地說，人類與黑猩猩在大約七、八百萬年前系出同源，而人類與香蕉的基因走上不同路徑約有八億年之久。對照不同活機體的DNA，令我們得以繪製出的譜系圖遠比僅憑化石記錄的更加詳盡，或許也更精確。

---

8 David Grinspoon, *Earth in Human Hands: Shaping Our Planet's Future* (New York: Grand Central Publishing, 2016), 204.

9 關於這些機制的討論，參看前引書頁四四及其後。

今天，生物學家將一切活機體分為三大群域：全由單細胞原核生物構成的古菌、真細菌，以及由更複雜單細胞有機體，還有像我們這樣的多細胞有機體構成的真核生物。現代分類體系是由十八世紀瑞典生物學家卡爾．林奈（Carl Linnaeus）的生物分類（分類法）成果演化而來。他將一切有機體分成巢狀類別，最低一級的「種」只有一類，其上一級的「屬」是一群關係密切的種。比方說，人類屬於人屬智人種，人屬還包括我們如今已絕種的祖先巧人（Homo habilis）和直立人（Homo erectus，又名匠人〔Homo ergaster〕）。分類層次由此向上愈趨廣闊，依序為科、目、綱、門、界、域。因此我們可以說，人類屬於真核生物域、動物界、脊索動物（脊椎動物）門、哺乳綱、靈長目、人科、人屬、智人種。

最初的活機體必定隨著它們進入新的演化範圍而迅速分化。其中可能也存在許多殭屍。以下是最近一部地球生命史對這個早期生命怪異世界的敘述：

> 我們可以設想一個生物、近似生物（near-living），以及朝著生物演化之物的巨大動物園。動物園裡有什麼？大量五花八門的核酸生物，早已不復存在，因此也沒有名稱的事物。我們可以想像複雜的化學混合物。而所有這些生物及近似生物的龐大展品，必定存在於一個繁榮、混亂且競爭的生態系中——地球上生命最為多樣的時代。[10]

太古宙（自四十億年前開始）早期某個時候，生殖機能變得更精確，基因更穩定，生物與近生物（almost-living）之間的界線更明確。這正是達爾文定義下的天擇真正發生的時間點。生命一旦啟動，能否存續仍在未定之天。火星和金星或許都曾有簡單的生命形式棲息；但即使有過，生命在這兩個星球上也迅速消亡。即使在地球上，一丁點生命浮沫能夠存續將近四十億年，仍取決於大量事物順利進展。

原核生物：單細胞有機體的世界

最早的活機體大概屬於古菌域，儘管來自第二域，即真細菌域的有機體也早已出現。這兩域都完全由原核生物構成，它們是微小的單細胞有機體，既無明顯的核心，亦無其他專門的細胞器。原核生物將會主宰生物圈八分之七以上的歷史，直到大約六億年前為止。倘若我們在太陽系其他地方遇見活機體，我們大概不會和它們握手，而是會透過顯微鏡端詳它們。

原核生物微小到這句話最後的句點足以容納十萬個開派對。原核生物基因在細胞質的鹹性分子糊中以環狀和絲狀自由漂浮，因此它們的ＤＮＡ也如同細胞質裡的其他一切，不斷遭到衝擊，能夠輕易被破壞或改變。少許的遺傳物質甚至能漂過細胞膜，遷移到其他細胞。在

10 Peter Ward & Joe Kirschvink, *A New History of Life: The Radical New Discoveries About the Origins and Evolution of Life on Earth* (London: Bloomsbury Press, 2016), 64.

原核生物的世界裡，許多的遺傳概念在眾多不相干的個體之中向兩旁傳播，同時也從親細胞垂直傳向後裔。原核生物互換基因，一如我們人類買賣股票，因此獨特物種的概念做為定義，在原核生物的世界比起我們的世界更難適用。

今天，原核生物仍然主宰著生物圈。在你身體上和體內，原核細胞大概多於承載著你DNA的細胞。但我們忽視它們（在它們讓我們胃痛或感冒之前），因為它們比我們自己的細胞小得多。我們和原核生物共享的這個巨大的陰影世界，名為微生物群系（microbiome）。

直到最近為止，我們都禁不住以為單細胞有機體的歷史很無趣，因此得以幸運地跳過生物圈歷史的最初三十億年。如今我們得知，我們若不理解微小生命更漫長許多的歷史，就無法搞懂生物圈最近的歷史。隨著原核生物演化，它們發展出許多新方法，得以利用不同環境，而我們至今仍在運用一些它們首創的生化技術。

所有的原核生物都能處理資訊。某種意義上，它們甚至能學習。嵌入它們細胞膜之中的是成千上萬的分子感測器，能偵測光與酸性梯度，感知周遭潛在的食物或毒物，並分辨是否撞上硬物。感測器由蛋白質構成，它和所有的酶一樣，有著勾連細胞外特定分子，或是回應光、酸性或溫度改變的結合位置。這些蛋白質一旦偵測到什麼，形狀就會略為改變，向細胞內部傳送信號。比方說，受到不少研究的大腸桿菌，就有四種不同形式的感測分子嵌入細胞膜內，它們相加起來可以偵測周遭大約五十種不同的有益或有害事物。[11]一旦感測器有所感應，細胞就能做出選擇。比方說，它可以決定讓特定分子穿越細胞膜（因為它們看來像食物）或把它們擋在外面（因為看來像毒物）。決策過程可以很簡單。它可能是以少量輸入資訊為基礎，答案只需是或否。「我該讓這個分子進來還是留在外面？」或是「這邊太熱了，哎喲！我該移動嗎？」但實際上，就連最簡單的感測器都在為細胞環境建立基本速寫。一旦決定移動，控制細胞運動的任何配備都會啟動。對許多細菌來說，它們有某種旋轉的觸手或鞭毛可以發揮螺旋槳的作用。大腸桿菌的細胞膜內嵌有六個像鞭子一樣的這種附著物。每一個都由二十種不同成分構成，每秒可旋轉數百次，由細胞膜內外質子梯度產生的能量驅動。必要時，鞭毛可以一同旋轉，使其更為定向運動。[12]細胞膜內的感測器與鞭毛之間的聯繫，意味著大腸桿菌實際上具有短期記憶。它或許只會持續幾秒，但已強大到足以表示「沒問題，沒事！」或「不好了，鞭毛，停止擺動！」這樣的短期記憶乃是基於感測器的微小變動，以及它們放出的化學物質。

這是簡單的資訊處理裝置，但我們已經具備了一切生物資訊處理的三項關鍵要素：輸入、處理和輸出。

資訊管理讓原核生物更能掌控局部的能量流動。漸漸地，原核生物進化到能在地球海洋

---

11 Dennis Bray, *Wetware: A Computer in Every Living Cell* (New Haven, CT: Yale University Press, 2009), loc. 1084, Kindle.

12 敘述參看 Gerhard Roth, *The Long Evolution of Brains and Minds* (New York: Springer, 2013), 70。

裡的眾多多樣環境中獲取、掌控及管理能量。最早的原核生物大概是化能生物（chemotrophs）。這意味著它們從水與岩石之間釋放硫化氫、甲烷等簡單物質的地球化學反應中取得能量，這些化學物質是它們所能汲取的。[13]但容易消化、能夠釋放點滴能量的化學物質，在最早的海洋裡含量有限；它們唯有在罕見的環境裡才能隨時取得，像是海底熱泉。這樣的限制會限縮地球上生命的可能性。自從很早以前，有些原核生物就學會了吞噬其他原核生物。它們是生物圈中最早的異營性生物（heterotrophs），在原核生物中相當於暴龍等肉食動物。你我也是異營性生物；我們藉由食用其他有機體取得食物能量，而不是食用化學物質。但如果整個生物圈都取決於在海洋裡支撐起來的能量鏈，那麼，就算吞食其他有機體也有其限度。

光合作用：能量大豐收與革命

將近三十五億年前，一項全新的演化創舉——光合作用，讓某些有機體得以運用來自太陽的能量流。這是生命的第一次能量大豐收，對於原核生物的影響一如人類挖到金礦。

來自太陽光的光子含有的能量，多過來自宇宙背景輻射的舊有光子數千倍。對如此巨大能量流的運用，改變了事物的格局。從這時開始，儘管生命會繼續循環利用一切使用過的物質（因此科學家才會對碳、氮、磷的流動感興趣），但能量看來多少是無窮無盡的。[14]活細胞如今有了以前所未見的規模重組自身及周邊環境的能量。它們擴散得更廣，生命的總量想必也增加了好幾個數量級。

活機體如何運用陽光？有幾種類型的光合作用反應，各自以不同效力將陽光轉換成生物能量，並釋出不同的副產品。它們全都運用新近來自太陽、能量飽足的光子，刺激葉綠素之類感光分子內部的電子。電子受到的衝擊強大得令它們跳脫原先所在的原子，而後被蛋白質騎劫，整個過程都在不停扭動。蛋白質以某種接力遞水桶（bucket brigade）的方式，傳遞著高能量電子通過細胞膜，由此在細胞膜內外產生電梯度，得以為三磷酸腺苷之類攜帶能量的分子充電。這又是一次化學滲透，但這次，為三磷酸腺苷分子充電的能量來源並非食物分子，而是空中的巨大發電機——太陽。

這是一切光合作用形式的第一階段。到了第二階段，取得的能量在一連串效力大相逕庭的複雜化學反應中得到運用，在細胞內部運作，或形成碳水化合物（carbohydrate，即醣類）這樣能夠貯存能量供日後使用的分子。最早的光合作用形式並未產生氧這種副產品，它們在

13 參看 Andrew Knoll, *Life on a Young Planet: The First Three Billion Years of Evolution on Earth* (Princeton, NJ: Princeton University Press, 2003), 20；該書對於原核生物代謝系統的驚人多樣性做了絕佳探討。關於最早機體所汲取的能量流，參看 Olivia P. Judson, "The Energy Expansions of Evolution," *Nature: Ecology and Evolution* 28 (April 2017): 1-9。

14 Tim Lenton, *Earth Systems Science: A Very Short Introduction* (Oxford: Oxford University Press, 2016), 18.

缺乏游離氧的世界裡也能順利運行。它們可能運用取自陽光的能量，從硫化氫（臭蛋氣）或早期海洋裡分解的鐵原子竊取電子。

就連最簡單的光合作用早期形式都提供了革命性的新能量來源，早期海洋中的生命總量可能因此增加到多達今日水準的百分之十。[15]靠著光合作用維生的原核生物必須接近海面或在海岸上。其中許多形成了如同珊瑚的構造，名為疊層岩，隨著無數有機體在不斷增厚的一層層死去祖先遺骸上積累，而在大陸邊緣形成岩礁。疊層岩至今仍存在於一些特殊環境中，像是澳洲西部外海的鯊魚灣（Shark Bay）。如今它們難得一見，但從它們首次出現的三十五億多年前，到將近五億年前為止，這明顯超過地球歷史的一半，它們大概是地球上最顯而易見的生命形式。倘若外星生物來過地球尋找生命，他們會找到疊層岩。或許當我們在其他星系的岩石星球上初次偵測到生命，找到的也是它們。

最終，新的光合作用形式在一群名為藍綠菌（cyanobacteria）的有機體中演化出來。這些光合作用形式能以水和二氧化碳為主要原料，萃取更多能量。從水分子中撬走電子，更難於從硫化氫或鐵取得電子。但只要能做到這點，就能取得更多能量，當然，水中的能量來源更豐富得多。這些精密的光合作用系統運用從陽光取得的能量破壞水分子，從氫原子中奪走電子；接著它們將取得的電子附加於二氧化碳分子，產生碳水化合物分子，做為巨大的能量庫。水分子破裂產生的氧則做為廢棄物而釋出。這種產生氧的光合作用通式如下：水＋二氧化碳＋取自陽光的能量→碳水化合物（CH_2O，做為能量倉庫的碳水化合物分子）＋氧（釋放到大氣的氧分子）。氧光合作用遠比早期的光合作用形式效力更強，但還是只能萃取陽光能量的百分之五左右，比效率最高的現代太陽能板還要少。在細胞內部浪費的能量，以及被氧帶走的能量與物質之中，光合作用支付給熵一筆可觀的垃圾稅（garbage tax）。

被一切現代藍綠菌運用的這種製氧光合作用，可能早在三十億年前即已演化產生。二十五億年前的太古宙尚未結束前即已出現的含氧量增加「跡象」證據說明了這點。但在一開始，任何由它們釋出的氧必定迅速被鐵、硫化氫或游離氧分子吸收，因為氧是竊取電子的賊，會飢渴地與任何帶有多餘電子的元素結合。正因如此，電子被竊取的原子才被說成受到氧化。（帶有多餘電子的原子據說縮小了，包含這兩種過程的大多數化學反應則稱為氧化還原反應〔redox reaction〕。）最早藍綠菌演化的有力證據，在於富含黃鐵礦（pyrite，又名愚人金）的沉積岩自三十億年前消失，它們像鐵一樣，暴露於流離氧就會生鏽。但這些機制能夠吸收的氧含量有限，大約從二十四億年前起，大氣中的氧濃度開始迅速升高，從今日含量的十萬分之一不到，增加到百分之一左右或更高。

始自大約二十五億年前的含氧豐富大氣出現（「大氧化事件」〔the "great oxygeneration event"〕）轉變了生物圈。含氧量升高改變了生物圈、甚至地殼上層的化學作用。流離氧不

---

15 前引書，loc. 1344, Kindle。

同凡響的化學能量驅動了新的化學反應，創造出今日地球的許多礦物。[16]而在大氣層高處，氧原子結合成為三氧分子臭氧，開始屏障地表不受危險的太陽紫外線輻射侵襲，且持續至今。在臭氧層保護下，某些藻類或許第一次開始在陸地繁殖。在那時之前，地球的大陸籠罩於太陽輻射之下，任何敢於登陸的細菌都有可能遭到摧毀，這使得大陸幾乎可說是不毛地帶。

氧的增加強烈震撼了活機體，因為氧對於它們大多數而言是毒物。因此，含氧量升高導致了生物學家馬古利斯所謂的「氧化大屠殺」（oxygen holocaust）。許多原核有機體消滅了，倖存的也遁入海洋深處、甚至岩石內部缺少氧的受保護環境中。

含氧量升高也擾亂了地球的恆溫器，因為直到當時都沒有機制能夠吸收多餘的氧，因此氧的增加有失控之虞。游離氧破壞了大氣中最有力的溫室氣體之一——甲烷，藍綠菌的光合作用則耗去大量的另一種關鍵溫室氣體——二氧化碳。隨著含氧量升高，溫室氣體濃度下降，地球在元古宙早期第一次凍結成了雪球地球（snowball-earth）。冰河從兩極延伸到赤道，讓地球成為一片雪白，雪白的地球則反射更多陽光，使它在駭人的正回饋循環中更加冷卻。最終，地球上的大多數海洋與大陸都被冰層覆蓋。馬克甘尼耶冰河期（Makganyene glaciation，即休倫冰河期〔Huronian glaciation〕）持續了一億年，從大約二十三億五千萬年前到二十二億兩千萬年前。

這是千鈞一髮之時。將氧視為毒物的有機體滅亡，或藏匿於海洋深處；但就連能夠處理氧的有機體，也在冰河覆蓋陸地與海洋，封阻了光合作用所需陽光的世界裡受苦。生命危在旦夕，因為大多數生命形式都退到冰層之下，擁擠於海底火山的溫暖火焰周圍。

但地球並未重蹈火星的覆轍，沒有變得太冷而不適於生命。這是由於板塊推動的地質恆溫器如今受到仰賴於有機體光合作用活動的生物新技術更新及補強。冰河封阻了光合作用，大幅降低了氧的製造。同時在冰河之下，海底火山持續將二氧化碳及其他溫室氣體噴湧回到海洋中。溫室氣體開始在冰層之下積累，直到它們最終衝破冰河，地表再次溫暖。大氣含氧量下降到百分之一到二左右，隨後則是將近十億年的漫長時期，含氧量保持低下，氣候維持溫暖。地球古老的恆溫器似乎重新設定，以應對大氣中由藍綠菌所製造的大量氧。

真核生物拔刀相助

這是長期解決之道嗎？這些機制豈不是確保了生物圈會在極熱與極冷之間波動？如果是這樣，為何氣候在大約二十億年前到十億年前，又有十億年的時間相對穩定？此時生物拔刀相助，演化出了能夠將氧吸出大氣，從而補強地球恆溫器的新式有機體。這些有機體就是最早的真核細胞，它們不只幫忙將地球溫度穩定下來；它們還標誌著一場生物革命，最終令你

16 Robert M. Hazen, "Evolution of Minerals," *Scientific American* (March 2010): 63.

我這般的大型生物體得以演化產生。

到這時為止的一切活機體，都是屬於古菌域或真細菌域的單細胞原核生物。生命形式第三域——真核生物的出現對我們意義重大，因為包括我們自己在內的一切大型生物體，都是由真核細胞建立的。這是第一批能夠有系統地運用氧的細胞，在稱作呼吸（respiration）的過程中利用氧的強大能量，我們呼吸時正是在做這件事。呼吸是光合作用的逆反，其實是釋放光合作用取得並貯存於細胞內部之太陽能的一種方式。在光合作用運用來自太陽的能量，將二氧化碳與水轉換成儲藏能量的碳水化合物，氧做為廢棄物被排出之際，呼吸則運用氧的化學能量，竊取碳水化合物所貯存的能量，排出的廢棄物是二氧化碳與水。呼吸的通式是碳水化合物＋氧→二氧化碳＋水＋能量。

正如光合作用，呼吸由真核生物演化產生也算是能量的大豐收，因為它使這些新式有機體得以取得氧的龐大化學能量，但又以微小而溫和的劑量攝取而不至迸裂。呼吸為你帶來火的能量，同時去除了它的殺傷力；呼吸藉由巧妙運用氧，從有機分子萃取的能量，多達早期不含氧的裂解食物分子方式至少十倍。[17]有了更多能量推動代謝作用，活機體生產能量的初級生產（primary production）速率，可能也提升了十倍到千倍不等。[18]

基因證據顯示，最早的真核生物大約從十八億年前演化而來。[19]隨著它們增殖，攝取愈來愈多的氧，它們又將二氧化碳做為廢棄物注入大氣。我們由此看見一個受到生物控制的全新行星恆溫器開始運作。真核生物開始去除藍綠菌為大氣製造的大量氧。這或許有助於解釋氣候何以在大半個元古宙都相對穩定。的確，它們穩定到了讓某些古生物學家將二十億年前到十億年前之間稱為「沉悶十億年」（the boring billion）的地步。

現代生物學家認為，真核細胞與原核細胞的區別是生物學最根本的分水嶺之一。真核細胞遠大於多數原核細胞，它們的寬度可達十倍到百倍不等，因此總體積可達數千倍大。在真核生物裡，細胞膜同時形成於細胞內部和周圍，創造出不同隔間，像屋子裡的房間那樣，讓不同活動分頭進行。這促成了原核生物不可能做到的內部分工——特化（specialization）。隔間的其中之一——細胞核，保護著所有真核生物的遺傳物質。事實上，**真核生物**一詞正是來自希臘文的「殼」或「核」。受保護的細胞核容器，確保了真核生物的DNA通常比原核生物更穩定。它也能以更大數量被儲存，更容易複製，因此真核生物通常有更多基因玩具可供運用。這就說明了它們何以終究會演化得比原核生物更茂盛。真核生物內部也含有許多細胞器，就像動物心臟、肝臟和頭腦的縮小版那樣；其中最重要的是某些真核生物用以汲取氧的豐富能量的粒線體（mitochondria），以及其他真核生物用以透過光合作用汲取陽光能量的

---

17 Lenton, *Earth Systems Science*, loc. 1418, Kindle.

18 Donald E. Canfield, *Oxygen: A Four Billion Year History* (Princeton, NJ: Princeton University Press, 2014), loc. 893, Kindle.

19 Lenton, *Earth Systems Science*, loc. 1438, Kindle.

葉綠體（chloroplast）。

真核生物也有新的資料處理與軀體控制能力，這意味著它們能以更複雜方式應對周遭環境的變化。[20]單細胞的真核生物草履蟲（paramecium）有一套對付障礙物的巧妙把戲。要是遭遇障礙，它就會退後，調轉幾度再前進，如此重複往返，宛如蹩腳的駕駛嘗試路邊停車那樣，直到再也碰不到障礙為止。實際上，它是在勘查自己所在的環境，確定自己的下一步。它在運用周遭環境的資訊讓自己適應這個世界，避開危險，並找到能量與食物。

最早的真核細胞是如何演化的？生物學家琳恩·馬古利斯揭示，它們的演化並非透過競爭，而是經由兩種既有原核物種的某種合併。不同物種經由名為共生（symbiosis）的關係合作，可謂司空見慣。今天的人類與小麥、稻米、牛、羊及眾多其他物種都有至關重要的共生關係。但馬古利斯說的是另一種更加徹底的共生型態，包括現代粒線體始祖在內曾經獨立的細菌，最終存活於另一種古菌細胞之內。馬古利斯將這個機制稱為**內共生**（endosymbiosis）。她的想法起初看似瘋狂，因為這與天擇演化的某些最基本概念互相牴觸。但多數生物學家如今都接受了她的論證。

內共生的最重要證據是一個怪異的事實：真核生物內部的某些細胞器含有自己的DNA，這些DNA與細胞核內的遺傳物質大不相同。馬古利斯意識到，在動物體內控管能量的粒線體，以及在真核植物內部控管光合作用的葉綠體等細胞器，**看來**彷彿曾是獨立的原核細胞。它們最終究竟是如何進入其他細胞內部的，詳情至今仍不明，也有些人主張這種合併必定極為罕見。如果是這樣，這大概意味著即使細菌般的有機體在宇宙中很常見，像我們這樣的大型生物體或許極其稀有，因為至少在我們的地球上，只有真核生物才能建立大型生物體。

馬古利斯發現內共生，向我們透露了關於生命史的更多訊息。演化不只是競爭問題；它也不只是新物種產生這樣的持續分化問題。我們還看到了合作、共生甚至會聚（convergence）。這意味著我們必須重新斟酌約定俗成的生命之樹隱喻，因為就算我們仍然想著生命體的三個域，如今看來，第三域的真核生物似乎並非經由增強分化，而是經由古菌與真細菌的會聚演化產生——彷彿古樹的兩條分支再次結合。

彷彿這一切還不夠怪異，真核生物還有最後一手：性。原核生物一如所有物種，也將基因傳給後代。大多數只是一分為二，藉由無性生殖傳遞基因。但正如前述，原核基因也會向兩側移動，少許DNA和RNA脫離細胞，踏上旅程，在其他細胞內找到新家。原核細胞分享基因的方式，一如人類分享圖書館的藏書。但真核生物以一種更複雜的不同方式傳遞基因，而它們只將基因傳給後裔，絕不傳給外人。

在真核生物內，遺傳物質鎖在受保護的細胞核金庫裡。這種物質只有在最嚴格條件下才會釋放，運用的規則比起原核生物更不紊亂且更有秩序，而這些規則影響了真核生物演化的

---

20 Roth, *The Long Evolution of Brains and Minds*, 73-75.

方式。當真核生物創造出生殖細胞（germ cell，形成它們後裔的卵或精子等細胞），它們**不只是**複製DNA而已。它們首先攪動DNA，將某些遺傳物質與同物種的另一個體互換，使得兩個母體產生的後裔獲得隨機選擇的基因，每個母體各自提供一半。這複雜的舞蹈所涉及的遺傳與物理機制都出奇複雜，但結果是為演化增添新的變數。每一代都確定會產生輕微但隨機的基因變異，因為即使大多數基因相同（畢竟，兩個母體都來自同一物種），總有極少數基因略微不同。可供選擇的變異愈多，演化的選項也就愈多。因此，演化看似在過去數十億年間加速了。元古宙的沉悶十億年為更加刺激的時代做好了準備——顯生宙（Phanerozoic eon），大型生命體的年代。

第六章　大型生命體與生物圈

動物或許是演化的糖霜，但細菌才是蛋糕本身。

——安德魯．諾爾（Andrew Knoll），《年輕星球上的生命》（*Life on A Young Planet*）

大型生命體

小型生命體統治生物圈長達三十五億年，如今仍統治著生物圈的大部分。從盧卡到最初的大型生命體標本——最早的多細胞動物，即後生動物（metazoan），歷經了三十億年。這告訴我們，演化中的多細胞有機體遠比演化中的原核生物更加複雜。這也顯示出倘若宇宙中有大量生命，後生動物必定稀有。後生動物象徵著活機體中全新層次與形式的複雜性。

在能夠創造出多細胞有機體之前，許多分子機制必須準備就緒。你需要將千百萬分子以準確結構結合在一起的可靠方式；你需要細胞之間新的通訊管道，訓練細胞發揮特定作用的新方法，在數十億細胞中間管理及分享資訊與能量的新方法。你還需要機制以建立翅膀、眼睛、爪子、心臟、觸鬚、觸手、鰭肢、外殼、骨架，以及大腦——因為大型有機體吸收、處理並回應的資訊遠遠更多。有很多新的基礎架構。

這樣的機制演化需要時間，因此要建立後生動物的話，地球還需要一個金髮姑娘條件：穩定性（stability）。有利於生命的環境還不夠，你還需要可以長久持續的條件，好讓生命持續演化及實驗。穩定的太陽有所助益，而我們的太陽恰好符合需求。按照恆星標準，太陽是可靠的公民，不至於做出太不可預測的行動。不規則的軌道意味著氣候的劇烈起伏，因此穩定的行星軌道是有益的，我們的地球也符合這項條件。我們出奇龐大的月球有助於穩定地球的軌道及傾斜。而且正如前文所見，板塊、侵蝕及生命本身提供了恆溫器，制止地表溫度過於劇烈變動。

太多事都有可能出錯。鄰近恆星系的一顆超新星就有可能炸毀一切。或者，我們也有可能致命地撞上另一顆行星。不知怎麼地，我們的地球避開了這些危險，保持對生命有利三十多億年。這麼長的時間足以讓大型生命體演化。大型生命體也確實龐大。我們與細菌相比，正如杜拜八百三十公尺的哈里發塔（Burj Khalifa）與一隻從門房鞋子上爬過的螞蟻相比。

大型生命體一旦出現，也會像小型生命體那樣大大改變生物圈，但方式是全新的。後生動物繁殖於大陸之上，改變了大陸。大型植物將岩石絞碎為土壤，加速風化，將早期地球枯燥而崎嶇的表面，及疊層岩鑲邊的海岸線，轉變成了過去五億年來蒼翠奇異的花園、森林和草原。隨著陸上的綠色植物將氧注入大氣，它們也改變了大氣。從大約四億年前開始，地球就習慣了高含氧量（相對於不到百分之五的原有常態，此時約占大氣百分之十五）與低二氧化碳濃度（相對於先前的百萬分之數千，此時是百萬分之數百）的新大氣常態。動物悠遊於大型植物創造出的新天地中，真菌和細菌則將死者的遺骸清除、分解和循環利用。後生動物同樣轉變了海洋，以奇怪的新生物填滿海洋，從蝦到海馬，章魚到藍鯨不一而足。

實現大型生命體的分子裝置

過去數十億年間，最重要的細胞創新並不在細胞**內部**（原核生物在此完成了大部分工作），而在於細胞**之間**變遷的架構關係。最早的多細胞有機體是由聯結微弱的細胞組成，像是疊層岩中的數十億細胞。它們其實是細胞群，不是有機體。的確，許多細菌都表現出群聚行為，這意味著某種初步的通訊系統。實際上，這意味著每個細胞內部的計算系統都連結到一套由眾多不同細胞構成的計算系統。

有些早期的後生動物可能是兼職的後生動物，如同現代的黏菌（slime mold）。**網柱細胞黏菌**（dictyostelium）是一種變形蟲。大多時候，它的細胞各自獨立生活。但在食物短缺時，數千個細胞就會匯集成蛞蝓，這種更大的實體可以移動覓食。而蛞蝓能做個別細胞做不到的事，像是朝向光和熱長距離移動。在蛞蝓移動時，個別細胞可能改變，各自發揮不同作用，有些做為孢子，有些做為肉柄或腳。網柱細胞黏菌向我們透露幾件重要的事。首先，多細胞生物歷經多次演化，至今仍在某些有機體群中演化。其次，多細胞生物一如生命，有一片難以分類的有機體灰色地帶。[1]第三，多細胞生物將個別細胞的計算能力加乘，增強了它們管理所在環境相關資訊的能力。

在完全的多細胞有機體中，每個細胞都特化且相互依存，因此無法獨自存活。真正的多細胞生物其實是共生的極端形式。但由於後生動物的大多數細胞基因完全相同，合作變得更容易。它們是一家人。因此，每個細胞都為了支持整個有機體而運作，有時為了整體利益而犧牲自己的生命。的確，細胞宛如神風特攻隊員，往往在它們無法良好運作或不再被需要時自我毀滅，生物學家將這個過程稱為**細胞凋亡**（apoptosis）。今天，你的身體內多達五百億個細胞會經由凋亡過程而自殺。

資訊交換對於多細胞有機體的至關重要程度，一如對於現代科學。多數細胞間的通訊，是由相當於郵政服務的機制進行；擔任信差的分子擠出個別細胞的細胞膜，攜帶養分、警報、資訊及命令循環於各細胞之間。投入合作的後生動物基因組有多少，在一九九八年第一個後生動物基因組完成測序時真相大白。這個有機體是秀麗隱桿線蟲（caenorhabditis elegans），其神經系統含有三百零二個神經元。結果發現，它的一萬八千八百九十一組基因，有將近百分之九十不存在於單細胞原核生物中，因為這些基因的任務是協助細胞分工合作。[2]

大型有機體的細胞能夠合作愉快，因為它們具有相同基因，但各自分工不同，因為不同細胞啟動的基因各不相同。隨著受精卵的單一細胞分化及相乘，新細胞各自啟動共有基因組的不同部分，這取決於它們在演化胚胎中各自所處的位置。形形色色的基因決定了它們具有的構造，以及它們將在有機體內部扮演的角色。這非凡的發展過程，是由一小群稱為工具組基因（tool-kit genes）的基因所掌管，例如兩百組左右的**同源異形**基因（Hox genes）。[3]工具組基因宛如工地主任。在一般基因形成這種蛋白質、啟動那種酶，從事標準建築工作之際，工具組基因則運用儲存於細胞DNA裡的建築計畫，決定特定分子工人在何時前往何處。它們會說：「好，到那裡去，你要開始長出一隻腳。」或者「不，你是骨細胞，不是神經元。」肌肉細胞就是這樣建立的，還有神經細胞、皮膚細胞、骨細胞，以及所有兩百多種構成人體的不同形式細胞。

---

1 Michael J. Benton, *The History of Life: A Very Short Introduction* (Oxford: Oxford University Press, 2008), loc. 766, Kindle，另參看Dennis Bray, *Wetware: A Computer in Every Living Cell* (New Haven, CT: Yale University Press, 2009), loc. 2008 & following, Kindle。

2 Siddhartha Mukherjee, *The Gene: An Intimate History* (New York: Scribner, 2016), loc. 5797, Kindle.

3 Sean B. Carroll, *Endless Forms Most Beautiful: The New Science of Evo Devo and the Making of the Animal Kingdom* (London: Weidenfeld & Nicolson, 2011), 71 & following.

工具組基因在不同物種中非比尋常地相似，這顯示出它們是大型生命體最早的道具。從鳳頭鸚鵡（cockatoo）分化出蟑螂的並非工具組基因本身，而是它們從事啟動基因的方法變異。按照這樣的方式，某個物種的腳在另一個物種可能就成了翅膀，起初看來像蝌蚪的事物或許最終成了藍鯨。倘若工具組基因啟動基因的順序有誤，你就會得到怪獸，像是從額頭長出腳的果蠅。工具組基因使用不同建築計畫，有助於解釋今天後生動物有機體驚人的多樣性。

大型生命體起飛：埃迪卡拉紀與寒武紀

後生動物直到約十億年前才開始蓬勃發展。最早的大概是能行光合作用的藻類，它們形成了海草般的構造。但在六億年前左右元古宙結束時，隨著千百萬後生動物物種開始探索多細胞生物所開啟的大量新天地與全新生活方式，大型生命體就此起飛。

大型生命體的興起是由元古宙晚期的極端氣候變異驅動的。在含氧量上升驅動下，大概還發生過兩次雪球地球事件。大約七億年前開始的那次寒流是如此重大，使得地質學家在一九九〇年為地質時間軸增添了新分期：成冰紀（Cryogenian period）。它大約始於七億兩千萬年前，歷時八千五百萬年。深達數公里的冰河覆蓋了陸地和海洋，地表溫度可能降到了攝氏負五十度，光合作用也多半停擺。再一次，所有活機體的命運危在旦夕。

地球為何凍結？在陸地上擴張的藻類或許吸走了大量二氧化碳，[4]但陸地構造的改變可能也發揮了作用。從元古宙早期以來，板塊就定期聚合成超大陸。哥倫比亞大陸（Columbia supercontinent）在將近十八億年前擴展到最大面積。[5]十億年前，多數大陸結合成了另一片超大陸，今日稱為羅迪尼亞（Rodinia）。羅迪尼亞的分裂產生了更複雜的全球地貌，加速風化作用。由此必定又消耗了大量二氧化碳。可能還有更暴烈的過程在運行。可能性之一是地球的自轉軸突然偏移，由此會改變所有大陸相對於兩極的位置。這樣的事件被稱為**真極漂移事件**（true polar wander events），過去三十億年來至少發生過三十次。如此規模的地質故障，可能起因於地球內部大片熔岩的移動，或者有可能是因為小行星撞擊。[6]

無論原因為何，這些暴烈的轉變可能都迫使生命加速演化。在冰層下方，倖存的有機體再次擁擠於滲出熾熱岩漿的地殼裂隙周遭。在這些生物難民營裡，演化可以探索出離奇的途徑，因為新的基因能在小而孤立的群體中快速傳播。實際上，這些怪異的世界可能見證了某

4 以下討論大多根據Peter Ward & Joe Kirschvink, *A New History of Life: The Radical New Discoveries About the Origins and Evolution of Life on Earth* (London: Bloomsbury Press, 2016), chapter 7。

5 Doug Macdougall, *Why Geology Matters: Decoding the Past, Anticipating the Future* (Berkeley: University of California Press, 2011), 132.

6 Ward & Kirschvink, *A New History of Life*, 119.

些多細胞生物最早的實驗。

極端寒冷結束於約六億三千五百萬年前，而且是突然結束的。火山冒出的溫室氣體在冰層之下積累，而後爆炸性地釋放進入大氣。二氧化碳濃度遽增，含氧量則驟降到遠低於今日水準。氣溫升高，冰層融化，生物圈隨之轉變。令多細胞生命得以實現的生物新徵（biological novelties）有許多已在成冰紀的寒冷、黑暗世界中醞釀，這時向暖化的世界釋放出來。

我們在埃迪卡拉紀（Ediacaran period，大約六億三千五百萬年前到五億四千萬年前）早期獲得了大量多細胞有機體的第一批有力證據。這是第一次，我們看到了三個熟悉的大型有機體群：仰賴光合作用，得以一直端坐著吸收陽光的植物；以腐爛有機物質為食的真菌；以及必須保持警戒與機動的動物，因為它們藉由獵殺及食用其他有機體維生。隨著大量藉由吞食其他有機體取得能量的有機體出現，生物圈變得更複雜、更多樣，也隨著來自陽光的能量從植物到動物、真菌穿過不同的攝食階層（trophic level），而更為階序分明。像我們人類這樣的動物獲取的是二手能量。我們運用植物首先取得的能量，當它到達我們時，其實已經散失許多。生態學家談到了食物鏈，這是由能量消費者排成的隊列，最前面是植物、其次是草食動物（或食用植物的生物）、再其次是能夠食用草食動物的肉食動物，最後是飽餐死屍壓陣的真菌。這整個過程都令熵歡喜，它在其中每個過程都徵收垃圾稅。光合作用取得的能量在每個攝食階層都會損失百分之九十左右，於是在食物鏈後段可用的能量大減。正因如此，你在地球上找到的動物遠少於植物，肉食動物又少於草食動物。但真菌不管怎樣都能過得好，因為它們將屍骸循環利用。

最早的多細胞有機體大概是植物，因為它們的細胞內有葉綠體，得以進行光合作用。多細胞動物較晚演化產生，因為它們在食物鏈位置更高，可用能量更稀少，也需要更多能量獵捕食物。最早的多細胞**動物**證據，來自埃迪卡拉紀的海洋。

埃迪卡拉紀得名於澳洲南部的埃迪卡拉山丘（Ediacaran Hill），這個時期的第一批化石一九四〇年代在當地出土。古生物學家在埃迪卡拉紀的生物群中發現至少一百個不同的屬。這在出土之初成了驚奇，因為一百多年來，生物學家都假定最早的大型有機體出現於寒武紀，大約介於五億四千萬年前到四億九千萬年前。生物學家錯失了埃迪卡拉紀生物，因為它們多半是軟體動物，如同今天的海綿、水母或海葵，因此不易石化。今天，我們主要是從它們跋涉、滑行和鑽洞穿過埃迪卡拉紀海洋淤泥的痕跡與孔穴認識它們的。最早的刺胞動物（cnidarians）和櫛板動物（ctenophores，想想水母，儘管這些群體不只包含水母）大概悠遊於埃迪卡拉紀的海洋裡。它們對我們很重要，因為它們是第一批擁有神經細胞的大型有機體，即使這些神經細胞尚未集合成為單一神經系統或腦部，而是如同現代無脊椎動物一般分布於全身。

生物學家將大量新物種突然出現描述為輻射適應（adaptive radiation）。這個觀念很重要。新的生物裝置發現了（即多細胞生物），這時，它的可能性受到眾多不同的演化譜系探索。一如原形的發展方式（想想最先不用馬拉的內燃引擎車輛），大多數新模式都無法存活。只有極少數的埃迪卡拉紀物種在今天留下了可茲辨識的後裔，大多數都在約五億五千萬年前消亡。為防範你忍不住把這看成是演化失敗的跡象，應當記住，我們人類生存至今只不過二十萬年。

埃迪卡拉紀是多細胞生物的某種試運轉。其後的寒武紀則標誌著生物學家所謂顯生宙，也就是大型生命時代的開端，從那時一直持續到現在。在寒武紀中，後生動物發生了第二次輻射適應。

寒武紀化石首先在十九世紀中葉由英國科學家亞當・賽吉威克（Adam Sedgwick）辨識出來。當時，寒武紀地層是顯現任何生命證據的最古老地層。它們含有許多大型化石，以三葉蟲（trilobite）為主。三葉蟲是節肢動物（arthropods），如同現代昆蟲和甲殼綱一般具有外骨骼的構件生物體（modular organism）。寒武紀化石保存良好，因為太多化石都擁有骨架和外殼。在十九世紀的古生物學家看來，生命彷彿突然迸出且完全成型，相信神造萬物的人們因此雀躍。如今我們知道，生命已經存在了三十五億年之久；只是不容易看到證據。寒武紀所標誌的並非生命開端，而是多細胞生命形式一次活力充沛的輻射適應。

寒武紀結構證明了比埃迪卡拉紀結構更為成功，可以說，彷彿某些重大故障得到修正。這一時期最成功的結構巧思之一是模組結構（modularity）。你將十分近似的身體模組結合起來，形成某種蠕蟲般的生物；接著，工具組基因開始修改每個模組，使得某些模組長出腿或翅膀，其他則轉換成擁有嘴或觸鬚，可能還有腦袋的頭部。就連你我都是模組構件，即使我們的模組如今已然特化到難以看出彼此之間的相似性。

寒武紀結構是如此成功，以至於現存一切大型有機體的重要群體（或稱門〔phyla〕），都是從寒武紀首先出現的。大多數都出現在五億三千萬年前開始那段驚人的一千萬年間隔。匯聚於這段時期（古生物學家看來只是一剎那）的，或許是過去六億年間生物創新最迅速的一段。[7]

寒武紀物種包含第一批脊索動物，或稱脊椎動物。這正是我們所屬的大型動物門類。脊椎動物外形似管，每一隻都有脊髓、正面（包含嘴）和背面（包含肛門）。它們也有初步的神經系統。最早的脊椎動物還不具備我們稱為腦部的球狀神經元集叢，但它們確實有神經系統，由數百或成千上萬個神經細胞構成網絡，可處理感測細胞輸入的大量資訊，再將決定傳向其他器官，使其採取適當行動。具有更簡單神經系統的後生動物，能夠讀取及回應的資訊都遠遠多於單細胞有機體。因此，寒武紀也標誌著新時代的開始：資訊處理變得更複雜也更重要的時代。名為文昌魚（lancelet）的現代海洋無脊椎生物具有神經系統而沒有腦部，它們或許和我們最初的脊椎動物始祖有些相似之處。

不穩定的氣候或許足以解釋寒武紀非比尋常的演化速度。含氧量再次升高，供給了建立多細胞有機體所需的某些能量。但二氧化碳濃度攀升更快，達到遠高於今日濃度的地步。這

7 前引書，頁一二四。

是個溫暖潮濕的溫室世界。無論確切的轉變為何，劇烈的氣候及地質變動都有可能加快演化速度，驅使許多物種走向滅絕，也迫使許多新形式的大型有機體演化產生。

演化的起落：大滅絕與演化的雲霄飛車

如同跨越山間隘口進入新地方的探險家，多細胞生物的創造也開啟了生命的全新可能。後生動物則在許多次適應輻射中探索這些可能。隨著碳酸鈣構成的骨骸與甲殼累積成為深厚的白堊層（想想多佛的白崖），新的生命形式改變了地殼。大型動物與植物移居陸地，加速風化與侵蝕，將岩石瓦解，創造出地球最早的真正土壤。最終，植物細胞中的葉綠素將大部分陸地變成一片翠綠。

這些轉變並未採取達爾文與他的同代人所預期的那種平順而莊重的演化型態。相反地，大型生命體的歷史是不可預期又危險的雲霄飛車之旅。小行星撞擊，地球內部構造的突變，地球大氣的改變，以及巨大的火山爆發，都令演化奔向不可預期的全新路徑。演化被「間斷」（punctuated）了，尼爾斯・艾崔奇（Niles Eldredge）和史蒂芬・傑伊・古爾德（Stephen Jay Gould）在一九七二年發表的一篇著名論文裡這麼說。[8]就像那個關於軍人生活的老生常談，顯生宙的演化意味著漫長的沉悶時期，其間由恐怖時刻及危害生命的暴力所分斷。暴力在大滅絕時期最為明顯。

我們再一次看到機遇和必然性發揮作用。在任何時候，許多不同的物種混合在理論上都有可能發生。隨機事件則決定了這些物種裡有哪些能確實存活。在大滅絕期間，成群物種突然且明顯隨機地消失。如同人類的戰爭，大滅絕也造成了駭人損失。特化物種的災情尤其慘重，因為像現代無尾熊這樣的極度特化物種，在劇變時期幾乎沒有迴旋空間。大滅絕對於需要更多食物，生殖速度相較於遽變又緩不濟急的最大型有機體也很艱困。大滅絕事件為基因重新洗牌，為生存者開闢新的演化空間，也建立新的演化實驗。在它們之後總是緊接著輻射適應，也就是新的生物產品在劇變生物圈的巨大市場中推出的急速實驗時期。許多更奇異的實驗不久就會消失，只留下最成功的。

最初的大滅絕發生在太古宙。二十五億年前的大氧化事件必然消滅了許多細菌有機體，氧對它們而言是毒物。實際上，這或許是所有大滅絕之中最大的一次。許多物種群也在元古宙晚期的雪球地球事件中消亡，我們也知道有許多物種在埃迪卡拉紀結束時消失。從那時以來，我們知道至少還有五次大滅絕事件，既有的物種形式每一次都消失了一半以上。

寒武紀的物種激增在大約四億八千五百萬年前開始的一連串滅絕事件中告終。許多三葉蟲物種遭到淘汰。還有許多更奇異的寒武紀物種也是如此，它們的化石在加拿大的伯吉斯頁

8 Niles Eldredge & S. J. Gould, "Punctuated Equilibria: An Alternative to Phyletic Gradualism," in *Models in Paleobiology*, ed. T. J. M. Schopf (San Francisco: Freeman Cooper, 1972), 82-115.

岩（Burgess Shale）和中國雲南省的澂江地區都有發現。[9] 奧陶紀（Ordovician period）同樣結束於四億五千萬年前的一次大滅絕事件，當時所有的屬可能絕跡了百分之六十。

最嚴重的一次大滅絕發生在兩億四千八百萬年前的二疊紀（Permian period）末期。這一次，包括最後的三葉蟲在內，超過百分之八十的屬被滅絕。這次大滅絕的確切原因至今仍不得而知。它可能起因於岩漿上升，在巨大的火山爆發中衝破地殼，將適量的火山灰排入空中阻斷光合作用。我們在西伯利亞一處名為西伯利亞暗色岩（Siberian Traps）的巨大火山地帶，找到了這個起因的現代證據。火山爆發將大量二氧化碳排入大氣，因此在塵埃落定時，二氧化碳濃度增高，含氧量下降，海洋隨之暖化。當地球打嗝，生物圈隨之顫慄。依據某些估計，海洋當時可能暖化到攝氏三十八度，熱得足以殺死多數海洋生物體，同時幾乎阻斷海中的一切光合作用。暖化的海洋能留住的氧更少，支持的生命也更少，而在海底深處，名為晶籠化合物（clathrate）的凍結甲烷球融化，可能釋放出大量的甲烷泡沫。這是一次**溫室大滅絕**；它消滅生物是經由加熱，而非凍結。[10] 在一個極端的溫室世界裡，大型有機體唯有在廣袤的盤古大陸遙遠北方和南方較冷的極地環境中才能存活。

綠化陸地、氧化大氣

在顯生宙早期的暴烈變動之下，新的生物圈正在建立。植物、真菌和動物擴展到陸地上，轉變了地表。尤其重要的是光合作用植物擴展到陸地上，因為它們消耗了大量二氧化碳，排出大量的氧。這重新設定了地球的恆溫器，創造出含氧量比過去更高，二氧化碳濃度比過去更低的大氣新體系。這一體系帶著它必不可少的特徵持續至今。

移棲於陸地極為困難，有點像是殖民新的行星。生命在水中演化與繁衍了三十億年。每個細胞都在鹹水池中演化。有機體漂浮在水中，從水中萃取所需的氣體和化學物質，也在水中探尋食物。離開水之後，它們需要和太空衣一樣複雜的支持系統。它們需要能在水中支撐，防止身體乾涸的結實皮膚；但這些皮膚也必須具備可滲透性，能讓二氧化碳或氧進入。在此呈現了微妙的平衡。葉子藉由名為**氣孔**（stomata）的小孔兼顧這兩項相反的需求，它們允許二氧化碳進入，也讓水滲出。氣孔的數量和大小，取決於周遭溫度、濕度及二氧化碳濃度而變動。

有機體離開了水如何生殖？它們如何保護卵或幼蟲免於乾化（desiccation）的噩運？水也提供了浮力，但陸地上沒有多少浮力。這對跳蚤等微小昆蟲來說並不要緊，它們太輕而無需顧慮重力，因此跳蚤可以輕易跳下懸崖。但對於大型有機體，**重力**就是一大問題。它們要

9 探討伯吉斯頁岩化石的一部精采著作（即使內容不無爭議），是Stephen Jay Gould, *Wonderful Life: The Burgess Shale and the Nature of History* (London: Hutchinson, 1989)。

10 Ward & Kirschvink, *A New History of Life*, 222用了這個詞。

站立起來的話，就需要骨架或木架支撐。一旦站立起來，還需要複雜的管線，使液體抗拒重力，流通到體內每個細胞。植物經由根部及內在管道流通液體，運用水藉由毛細作用沿著窄小通道向上攀升的能力。動物則發展出了特殊的幫浦（即心臟）以流通液體及養分，並移除毒素。

後生動物認真移殖於地球，一直要到四億五千萬年前奧陶紀晚期滅絕事件之後才開始。正是在這時，第一次有些勇敢無畏的植物和動物群體躡手躡腳走出海洋，登上陸地，或許是受到大氣氧濃度增加所帶動的能量增長所刺激。

最早的維管束植物（vascular plant）大約在四億三千萬年前出現於陸地，它們具有能夠流通液體及養分的組織。真菌與動物很快也隨之出現。簡單的蠍狀節肢動物在陸地繁衍的時間，可能和第一批維管束植物一樣早。早期的兩棲動物必定在四億年前即已行走於陸上，愛爾蘭和波蘭發現的兩棲動物般化石足印都是這個年代的產物。兩棲動物由離開水也能呼吸的魚類演化而成，它們走在乾涸的湖泊和河流陰涼處，如同今天的肺魚。但一切兩棲動物都必須停留在水邊，並在水邊產卵。最早的兩棲動物是第一批在陸上生活的大型脊椎動物，其中某些大小與你我相同。

陸棲植物對大氣的影響尤其巨大，因為它們吸入二氧化碳、吐出氧氣。大氣含氧量在奧陶紀之後迅速上升，從大氣的百分之五到十增加到遠高於今天的水準，可能高達百分之三十五，然後才穩定下來。從大約三億七千萬年起，大氣含氧量多半維持在百分之十七到百分之三十之間。[11]我們知道這點，是因為研究者們在這整個時期裡都看到自燃的證據，要是含氧量低於百分之十七以下，火就無法點燃。含氧量大概在二疊紀（距今三億年至兩億五千萬年前）達到顛峰。

含氧量升高的指標之一是珊瑚礁出現，這需要大量的氧。最早的大型珊瑚礁出現於奧陶紀。珊瑚其實是基因相同之微小無脊椎動物的巨大共生群落。我們可以將連綿不絕的它們想成是龐大而蔓生的動物，骨骼很硬但有些不成形狀。每個珊瑚都棲息著單細胞的光合作用有機體群落，為它提供能量。珊瑚礁為包括三葉蟲、海綿和軟體動物在內的許多大型有機體提供了舒適的住所。

含氧量升高在從約三億七千萬年前開始的泥盆紀（Devonian period）期間，刺激了第二波後生動物移殖陸地。第一批具有木質骨架、得以抵抗重力直立的植物，出現於約三億七千五百萬年前，最早的森林不久也隨之出現。它們經由光合作用固定了大量的碳，因此隨著地球綠化，二氧化碳濃度也下降到先前濃度的十分之一左右。[12]第一批森林的影響尤其重要，

11 Tim Lenton, *Earth Systems Science: A Very Short Introduction* (Oxford: Oxford University Press, 2016), 44.

12 前引書，頁四八：「顯生宙時期大氣中二氧化碳最顯著的改變，是由於植物移棲於陸地。這大約始於四億七千萬年前，隨著三億七千萬年前第一批森林出現而加速。據估計，由此導致的矽酸鹽風化加速，將大氣中二氧化碳的濃度減少了一個數量級，使得星球冷卻，進入石炭紀與二疊紀的一連串冰期。」

因為迄今為止，還沒有任何有機體能夠分解森林中的木質素。正因如此，石炭紀（大約三億六千萬至三億年前）的森林多半連同它們從大氣吸收的碳，一起被埋在土壤之下。漸漸地，它們石化成了煤層，煤層日後成為工業革命的動力。今日煤藏量的大約百分之九十是在大氣含氧量高時期被掩埋的，從大約三億三千萬至兩億六千萬年前。有了大量的氧，雷擊很容易就引發森林大火。因此，石炭紀和二疊紀早期的世界即使寒冷，但它大概瀰漫著森林大火的辛辣味，這味道在太陽系的其他行星大概都偵測不到，因為它們缺乏讓火延燒所需的高含氧量及木質燃料來源。

石炭紀森林可能倍增了光合作用的速率，實際上加倍了生物圈的總能量收支（energy budget），使更多其他的有機體產生。[13]植物稍稍調整了地球的地質恆溫器，因為它們將岩石磨碎和分解成土壤，加速了岩石風化，而土壤能更輕易地將掩埋的碳帶入海洋；從海洋又有些碳潛沒到地函深處。被掩埋的碳無法再與氧反應形成二氧化碳，因此氧濃度上升。正因如此，游離氧的含量大致取決於沒入地函的碳量，於是大氣的含氧量與二氧化碳濃度趨於背道而馳。含氧量升高也讓新的化學反應在地殼內部發生，創造了今日地球所發現的四千種不同礦物質的多數。[14]

大約在四億五千萬至三億年前之間，從奧陶紀末期到二疊紀初期，森林和生活於陸地的後生動物改變了地球表面，將大陸綠化，重新設定了生物圈的恆溫器，創造出顯生宙晚期含氧量高、二氧化碳濃度低的大氣體系。

長期趨勢：更大的身體和更大的腦

如同複雜性的整體歷史，大型生命體的歷史也是由機遇與必然性形塑而成。大滅絕說明了機遇所發揮的戲劇性作用。少了它們，今天的生物圈樣貌必定大不相同。但演化從來就不只是機遇問題。有些變遷就是比其他變遷更容易發生。因此，儘管機緣巧合形塑了大型生命體的歷史，仍有不受到小行星撞擊、火山爆發和大滅絕帶來的震盪影響，仍然持續下去的大趨勢。對我們來說，長期趨勢和突來的災變一樣重要。

長期趨勢之一是走向大型化。這個趨勢首先帶給我們後生動物。它也刺激了體型愈來愈大的後生動物演化，因為巨大在演化上通常說得通。畢竟，有機體愈大，掠食者的威脅就愈少。試著用你的牙齒咬藍鯨看看！大型有機體每一單位體重所需的食物也愈少，它們一般來說也更容易避免乾化的災難。[15]此外，顯生宙早期產生的高含氧量大氣體系，也提供了驅動巨型後生動物（megametazoans）所需的額外能量。實際上，極大型有機體看來很有可能在

13 前引書，頁七二。

14 關於碳埋藏與大氣含氧量的關係，參看前引書，頁二一四。Robert N. Hazen, "Evolution of Minerals," *Scientific American* (March 2010): 58主張，到了四億年前，地球已經擁有全部四千多種礦物成分。

15 Gerhard Roth, *The Long Evolution of Brains and Minds* (New York: Springer, 2013), 229.

含氧量最高時繁衍得最好，這通常意指二氧化碳濃度低、氣候較冷的時期。這在海洋中和陸地上同樣屬實，因為冷水含有的氧比溫水更多。

隨著含氧量升高，幾條不同的演化路線也在更大的身體裡實驗。在石炭紀與二疊紀中，我們開始看到巨型昆蟲和巨型脊椎動物。你正是在此時有可能看到翼展五十公分的蜻蜓，或九十公分長，二十公斤重的蠍狀生物。最早的爬蟲類出現於大約始自三億兩千萬年前的石炭紀。它們是一群新型動物——羊膜動物（amniote）的一部分，其中包括爬蟲類、鳥類和哺乳類。羊膜動物不同於兩棲動物，它們能夠遠離水而生殖，因為它們的幼兒在受到保護的卵、育兒袋或子宮中發育。爬蟲類最終包含了某些曾在陸地上漫步、蹣跚、閒坐或飛奔的最大型動物。

二疊紀末期的大滅絕之後，是三疊紀（距今兩億五千萬至兩億年前）的新一次輻射適應。我們正是在此時看見第一批大恐龍。（恐龍不一定都是大的！）但在三疊紀晚期，大氣含氧量再度下降，地球開始暖化，大型後生動物的生存更為艱難。三疊紀世界在兩億年前的另一次溫室滅絕事件中突然結束。存活下來的恐龍家族在氧氣匱乏的世界裡，演化出了高效能的呼吸機制。這些機制可能助長了雙足行走（想想暴龍和現代鳥類），因為兩足爬蟲類的胸部更開敞，呼吸不像四足爬蟲類那樣受到蹣跚行走的阻礙。到了侏羅紀（距今兩億至一億五千萬年前），含氧量再次上升，直到趨近於今日世界的濃度。恐龍也再次變大。最大的恐龍在侏羅紀晚期和白堊紀（距今一億六千萬至六千五百萬年前）踏遍地球。它們配備了比三疊紀的祖先們更有力的肺，得以運用含氧豐富的大氣擁有的巨大能量，驅動龐大的身軀。

第一批真正的鳥類在侏羅紀晚期演化產生。它們也受到大氣中高濃度的氧決定，因為每個飛行員都知道，飛行需要大量能量。所有似鳥生物最古老的其中一種——始祖鳥（archaeopteryx）留下了化石，一八六一年在德國出土，這時正是達爾文《物種起源》出版後兩年。它大約生存於一億五千萬年前，大小趨近於牛。在達爾文看來，它的出土為他的天擇演化理論提供了有力證據，因為它顯示出爬蟲類與鳥類之間還有過渡物種存在。始祖鳥有許多近似於鳥的特徵，但它也保留許多爬蟲類的特徵，像是爪子、骨質的尾巴和牙齒。最近的發現顯示，許多帶有牙齒的鳥類物種都在白堊紀演化，並與翼龍共存。

哺乳類如同其他的羊膜動物（爬蟲類和鳥類），同樣出現於二疊紀大滅絕之後。哺乳類最終會產生出某些巨大物種，但得經過將近兩億年之後。在那之前，它們多半沒沒無名地生活在恐龍統治的世界暗處。在整個三疊紀、侏羅紀和白堊紀裡（從兩億五千萬年前到六千五百萬年前），多數哺乳類是小型穴居生物，有點像今天的嚙齒動物。

哺乳類是由與爬蟲類、鳥類等其他羊膜動物有關的溫血動物構成的綱。但哺乳類與爬蟲類和鳥類有著至關重要的差別。哺乳類的腦部具有新皮質（neocortex），使它們成為絕佳的計算者。它們有毛皮（沒錯，就連人類也有毛皮，即使不如多數哺乳類濃密），大多數情況下，哺乳類也更用心照顧子女。正是現代生物分類學的創始者林奈，首先根據另一個與眾不同的特徵，將與我們同一綱的動物稱為**哺乳類**：所有哺乳類都以乳腺分泌的乳汁餵養幼兒。

對於古生物學家來說，哺乳類化石最清楚可見的特徵是牙齒。就連最早的哺乳類牙齒都有牙尖，使得上下排牙齒得以咬合，讓它們能夠咀嚼新型態的食物，比多數爬蟲類更有力地將之磨碎。

哺乳類說明了另一個強大的演化趨勢，那就是資訊處理趨於更加複雜。這在整個顯生宙都很明顯，但在動物之中尤甚，哺乳動物尤其驚人。

我們已經看到，所有活機體都是資訊雜食的。它們蒐集資訊、加以處理，並憑藉資訊行動。在最簡單的有機體，包括原核生物之中，第二道（處理）階段是初步的，往往不過等同於某種開關，比如在這種情況：「這裡太熱了，順時針擺動你的鞭毛，趕快離開。」即使是在簡單的後生動物裡，簡單的疼痛與歡樂反射也導引了許多有效的資訊處理。

但隨著有機體變得愈大愈複雜，它們需要更多關於環境的資訊。天擇為大型有機體配備了尋求更多資訊的欲望，因為可靠資訊對它們的成功至關重要。正因如此，當人類解開一個謎題，腦部得到的興奮一如來自食物與性愛的。[16]天擇也賦予大型有機體更多的感測器與感測**形式**：對於聲音、壓力、酸性及光亮。天擇同時讓愈來愈多的可能反應劇碼不斷演化。隨著輸入與輸出的數量和範圍增加，處理階段變得更為繁複，因此有更多神經細胞投入這項任務。在動物體內，神經聚集於結節、神經節與腦部，構成了宛如電晶體一般的轉輸器網路，聯繫起千百個、千百萬個或數十億個能夠同步計算的神經元。這讓它們得以模擬外在世界的重要特徵，甚至模擬可能的未來。沒有一種具有頭腦的生物與環境直接接觸（就連你我都不是）。我們反倒全都活在腦部所建構的豐富虛擬實境裡。我們的腦部創造並持續更新身體及周遭環境最顯著特徵的地圖，一如今天的氣候學家模擬環境變遷。[17]這些地圖令我們得以維持體內平衡。它們大多時候幫助我們適當回應周遭永無休止的變遷漩渦。

決策在擁有頭腦的生物體內幾個不同層次運行。倘若無暇審慎考慮，某些決定就必須儘快做出。其他決策機制則更緩慢、更笨拙，但提供更多選項。疼痛感測器的簡單開關即使在最複雜的後生動物體內都控制了大量行為。把你的手放進火裡，你還沒想到這件事就會自動把手移開。邊緣系統（limbic system）所支配的情緒也藉由創造傾向及偏好，驅動許多重要決定，使之在大多時候發揮正確作用，而令決策得以迅速做出。達爾文理解，情緒是經由天擇演化，幫助有機體存活的決策者。想要擁抱獅子的羚羊不太可能將基因傳給任何後裔。最不受意識控制的最基本情緒，似乎就從我們體內湧出，其中包括恐懼與憤怒，驚訝與憎惡，或許還有喜悅感。它們使我們傾向於以某些方式回應，發出化學信號讓我們的身體準備逃跑

---

16 Daniel Cossins, "Why Do We Seek Knowledge?," *New Scientist* (April 1, 2017): 33.

17 神經科學家安東尼奧・達馬吉歐（Antonio Damasio）在*Self Comes to Mind: Constructing the Conscious Mind* (Calgary, Alberta: Cornerstone Digital, 2011) 一書中主張，我們的知覺內嵌於這些不斷變動的實境地圖中，而這些地圖起始於我們自己身體的感官、視覺及情感地圖。

或專注、攻擊或擁抱。[18]情緒驅動著一切具有大腦動物的決策，而某些情緒，像是恐懼，大概存在於所有脊椎動物和某些無脊椎動物中，尤其像是章魚這種最聰明的生物。情緒為特定結果及行為創造出的傾向，是人類意義感與道德感的真實原因。

我們經常說成理性的那種**機能**，只是眾多生物決策機制的其中一種。倘若腦部夠大，時間充足，其他系統陷入僵局無法提供明確答案，它就對重大決策做出裁決。如果那不是真獅子，我真的需要浪費這麼多精力逃跑嗎？我的敵人在虛聲恫嚇，還是我必須回應？

感覺、情緒和思想共同創造了所有人類，或許還有其他具有大腦的物種所體驗的內在主觀世界。我們稱作**意識**的狀態似乎是由大腦提交的一種明確聚焦的注意力，彷彿在全新、困難且重要的決定必須做出時提交給法庭。這顯示出意識也以某種程度，存在於許多腦部大得足以為真正複雜決策提供必要工作空間的有機體內。[19]但例行的決定不需要它。

將記憶加入這些決策系統，我們就得到了複雜學習的基礎，這是記載先前決定的結果，並運用這些紀錄在未來做出更好決定的能力。比方說，一種名為裂脣魚（cleaner wrasse）的魚類物種，為足以輕易吃掉它們的魚清理牙齒。但它們得學會怎樣的客戶不會吃掉自己，或許還能從牙縫間提供免費食物。記憶可以儲存有意識做出的決定結果，並運用它們採取快速而自動化的反應。你一旦學會如何開車，你看到紅燈時就不需要思考一整張長長的待辦事項清單。你的身體就是會繼續動作。你甚至不會留意到腳已經踩上煞車。

這些繁複的決策與模擬系統在顯生宙中演化而成。它們在動物體內演化得最為壯觀，因為動物需要做的決定比植物更多。在多數脊椎動物體內，神經元網路仍然遍布於身體各處，儘管它們通常集中於特定結節或神經節。某些無脊椎動物，像是章魚，經由這樣的網路建立了強大的資訊處理系統；一隻章魚的大多數神經元都在手臂上。而在脊椎動物一支，多數神經元也深入體內，與感測細胞及執行決定的運動細胞聯繫。但隨著感測器加乘，資訊處理愈益緊要，愈來愈多神經元匯聚於腦部，成為特化的資訊處理者。資訊處理在複雜又大量消耗能量的鳥類與哺乳類系群中尤其重要，即使這些極為不同的有機體型態演化出不同的子系統處理巨量資料。[20]

在哺乳類體內，資訊處理的愈發重要，有助於解釋腦部皮質、灰質、外層的演化與成長。皮質提供大量空間用於計算及更多運算能力，在陌生情況或其他決策系統陷入僵局時得以更好地解決問題。最終，最聰明的哺乳類會演化出普遍的資訊處理與問題解決系統，它們與細菌世界的同類機制相較，一如網際網路與算盤的差異。加強的問題解決與資訊處理系統演化，終將導致我們這個不同凡響的物種所引發的資訊爆炸。

---

18 Dylan Evans, *Emotion: A Very Short Introduction* (Oxford: Oxford University Press, 2001), loc. 334, Kindle.

19 Roth, *The Long Evolution of Brains and Minds*, 15-16.

20 前引書，頁一六二至一六三。

小行星墜地——哺乳類時來運轉

長久以來，恐龍的肌肉似乎都壓制著哺乳類的腦袋。然後，在六千五百萬年前，一切在剎那間轉變。

當一顆十到十五公里寬的小行星撞上地球，恐龍世界在區區幾小時內絕跡。[21]這次撞擊引發了大滅絕事件，大約有一半的屬在此時滅亡。地質學家將這次事件稱為白堊紀—第三紀滅絕事件（K/T event），因為它發生在白堊紀（通常由德文的白堊〔kreide〕簡寫為K）與第三紀（Tertiary period）的交界，後者是六千五百萬年前開始的新生代（Cenozoic era）舊稱。

小行星撞擊時的移動速度是每秒三十公里（每小時約十萬公里），只用了數秒就飛越地球大氣層。我們知道它墜落的確切位置：現代墨西哥猶加敦半島的希克蘇魯伯（Chicxulub）隕石坑。小行星擊穿地殼時就汽化了，留下直徑將近兩百公里的隕石坑。熔化的岩石被拋入空中，形成塵雲，遮蔽陽光長達數月之久。石灰岩汽化，將二氧化碳灑進大氣中。碰撞點方圓數百公里內的生命全被滅絕。碰撞區外數百公里的森林則在巨大的火風暴中燃燒。而在海洋裡，海嘯形成的水牆衝上墨西哥灣海岸，殺死數百公里外的魚類與恐龍。而在蒙大拿州和懷俄明州的地獄溪地層（Hell Creek Formation），你還能找到魚鰓中因為小行星撞擊而充滿玻璃的魚類化石。[22]

到了更遠處，直接衝擊就不再如此極端。但在數週之內，整個生物圈都變了樣。塵灰遮蔽陽光，產生了我們今天可稱為核冬天（nuclear winter）的狀態。硝酸雨從天而降，殺死了它所接觸到的多數有機體。地球表面有一兩年時間陷入完全黑暗，生命與太陽之間的生命線——光合作用完全中斷。當塵埃變薄，光線開始穿透塵霧，地球迅速暖化，因為此時的大氣含有大量二氧化碳和甲烷。撞擊後數年，不幸的倖存者終於可以開始光合作用和呼吸了，但卻是在炎熱的溫室世界裡。

生物圈必定經過了成千上萬年時間，才能回復到近似正常的狀態。在此同時，先前存在的動植物屬約有一半滅亡。如同這類危機中常見的狀況，大型物種遭受的打擊尤其慘重，因為它們需要更多能量，數量更少，生殖速度也比小型生物緩慢。大型恐龍因此滅絕。但現代鳥類則是某些倖免於難的小型恐龍後裔。像是囓齒哺乳動物這樣的小型有機體處境較好，其中有一些成了我們的祖先。

最早的小行星撞擊證據是由地質學家華特·阿瓦雷茲和他的團隊在義大利的岩石中取得。地質學家已經知道在白堊紀末期分界線前後的岩石有著明顯差異。名為有孔蟲（foraminifera）的浮游生物化石常見於那個年代前夕的古老岩層中，卻從更晚近的岩層消失。但這樣的改變

21 本段討論將密切參照地質學家阿瓦雷茲對這次事件的敘述，他論證一次小行星撞擊就將恐龍一舉掃除；參看他精采的小書 *T. Rex and the Crater of Doom* (New York: Vintage, 1998)。

22 *Science News*, https://www.sciencenews.org/article/devastation-detectives-try-solve-dinosaur-disappearance.

是歷經數萬年、還是只用一兩年則尚未確知。一九七七年，阿瓦雷茲團隊在義大利古比奧（Gubbio）附近的一處地點發現含量極高的稀有元素銥（iridium），年代來自白堊紀終了之時。這很不尋常，因為銥在地球上極為罕見，儘管它在小行星中很常見。阿瓦雷茲及其同僚在義大利其他許多地點也發現同樣高含量的銥，我們如今知道，這樣的地點在世界各地至少還有一百個。情況看來開始趨近於銥必然是由小行星帶來地球的。這意味著發生過天災地變。

當時，多數地質學家堅信一切地質變遷都是漸進而來，因此幾乎沒有人認同這種看法。他們要看到直接證據，地質上的確鑿證據。這樣的證據在一九九〇年出現，那時得知了希克蘇魯伯隕石坑的大小正好相符，產生時間也吻合。從那時開始，多數地質學家不只接受了一次小行星撞擊滅絕恐龍的觀點，也接受了這樣的天災地變在地球歷史上可能發生過很多次。確實，白堊紀和第三紀交界前後也留下了巨大火山爆發的證據，這些火山爆發也有可能損害了生物圈的健康，但如今幾乎無需懷疑，致命一擊來自小行星撞擊。

希克蘇魯伯之後的世界，正是我們的哺乳類祖先演化的世界。這是新生代的世界，也就是地球歷史的最近六千五百萬年。

小行星之後：哺乳類的輻射適應

身為哺乳類，我們人類有百分之九十的基因，也就是DNA裡大約三十億個鹼基對，與從老鼠到浣熊的其他哺乳類共享。讓我們不同於它們的基因，則包含在DNA剩下的百分之十。

如同所有哺乳類，我們也是溫血動物，這意味著我們維持體溫暖和及腦部運轉所需的能量大於多數爬蟲類。我們的腦部必須強大，因為它們得創造出許多生態手段，以維持這些巨大的食物流和能量流。儘管最早的近似哺乳類生物不比老鼠更大，它們大概已經像今天的哺乳類一般養育幼兒，也有著相對於體型而言大得不尋常的腦。有袋類（marsupials，幼兒需要特殊保護與滋養，通常在育兒袋裡的哺乳類）與胎盤哺乳類（placentals，幼兒經由胎盤在子宮中獲取營養的哺乳類）的基本區分，至少可回溯到一億七千萬年前。

在侏羅紀和白堊紀漫長的一億五千多萬年間，多數哺乳類物種仍是小型的，疾行穿過月光照耀的灌木叢。[23]它們呈現出多種不同型態。有些像狗，如強壯爬獸（repenomamus）這種龐大到能夠吃掉小恐龍及其幼兒的生物。有些會游泳的回到海洋中。有些像蝙蝠，有些以昆蟲為食，有些爬上樹。大約一億五千萬年前，哺乳類的世界由於新品種植物演化而成，與至今為止支配植物世界的針葉樹和蕨類分庭抗禮而轉變。它們是擁有果實和花的**被子植物**（angiosperms），這種植物支配了今天的森林與林地、公園與後院。開花植物為那些擁有牙齒可供咀嚼果實與種子，或咀嚼以開花植物為食或協助授粉的許多昆蟲之哺乳類，帶來了豐

23 Stephen Brusatte & Zhe-Xi Luo, "Ascent of the Mammels," *Scientific American* (July 2016): 20-27.

盛的食物。

消滅恐龍的小行星撞擊，可能也滅絕了既有哺乳類物種的四分之三。但多數哺乳類仍是小型的，因此有一些得以漏網於這場演化危機。地球回復到近似正常狀態之後，希克蘇魯伯小行星撞擊的倖存者發現自己置身於奇異的新世界。恐龍消失帶來了新的契機。哺乳類在新的演化輻射中分異，如同今天的中小企業在所有大財團一夕宣告破產之後那樣。許多哺乳類物種變大了。在五十萬年之內，就出現了體型如牛的草食動物，以及同樣大小的肉食哺乳類。還有靈長目（primate），它們是生活在樹上、以果實為食的哺乳類，這一目也是我們人類的祖先。儘管最早的靈長類已經存在於恐龍的世界裡，但它們直到恐龍退場之後才能蓬勃發展。

但在哺乳類能夠接掌地球之前，它們還得從另一次危機中存活。那就是古新世—始新世氣候最暖期（Paleocene-Eocene Thermal Maximum，愛好首字母縮略的人稱之為ＰＥＴＭ），發生在大約五千六百萬年前古新世與始新世交界時短暫而劇烈的溫室暖化震盪。它的破壞力量足以造成許多物種滅絕。古新世—始新世氣候最暖期攸關於今日，原因在於它是地球歷史上最晚近的一次劇烈溫室暖化期，因此或許有助於我們理解今天的氣候變遷。兩者的相似之處令人毛骨悚然。古新世—始新世氣候最暖期釋放進入大氣的二氧化碳量，與今日燃燒化石燃料所釋放的量相近，而在五千六百萬年前，導致的結果是全球平均溫度上升攝氏五到九度。[24]

驅動這次突發暖化的力量為何？在五千八百萬至五千六百萬年前，火山活動異常激烈，火山釋放的二氧化碳可能增加了大氣的二氧化碳濃度。但在大約區區一萬年間，某個事件迅速發生了，這大約相當於人類歷史從農業誕生至今的長度。當這段時期結束，許多植物、動物及海中生物物種已經消滅。目前最可靠的說法是，地球兩極的海洋暖化到一定溫度，甲烷晶籠化合物（凍結的甲烷球，外型像冰，但你向它們點燃火柴，就會引燃它們）突然融化，釋出大量甲烷，這是比二氧化碳更強大的溫室氣體，能迅速將萬物加熱。倘若這個說法屬實，我們就必須極其戒懼地注意今日南北極海洋中的甲烷晶籠化合物。

歷經為時二十萬年之久的氣溫攀升，全球氣溫開始漫長而緩慢地下降回到較冷的溫度，其間又經過幾次短暫逆轉。二氧化碳濃度開始再次下降，含氧量同時上升。赤道與極地之間的溫差擴大，冰層遍布南極與北極，將水鎖在冰河之中，於是海平面也下降。

這次冷卻有一部分是由於地球公轉週期與傾角本身的改變。這些改變以首先描述它們的科學家之名，稱為米蘭科維奇循環（Milankovitch cycles）。隨著地球的公轉與傾角改變，從太陽傳到地球的能量總值也產生微妙的變動。板塊運動過程可能也發揮作用，大西洋變得更寬，南半球巨大的岡瓦納大陸（Gondwanaland）也分裂成了不同的現代大陸。南極大陸在南極固定下來，提供了巨大冰蓋形成的平台，而北半球的大陸則圍繞著北極的海洋，將北極

24 Ward & Kirschvink, *A New History of Life*, 315.

區域隔絕於赤道暖流之外。同時，印度板塊與亞洲板塊的碰撞隆起了喜馬拉雅山脈，加速了風化，也加快了碳從空氣中被吸入海洋，進入地殼的速率。

活機體可能也有助於冷卻生物圈。過去三千萬年來，隨著二氧化碳濃度下降，新品種的植物演化產生，包括覆蓋著今天的草原與郊區草坪的草。它們運用一種新形式的光合作用——四碳光合作用（C_4 photosynthesis），比起樹和灌木運用的三碳光合作用更有效率。由於效力更強，它也從大氣吸出了更多碳。[25]

無論確切原因為何，大約五千萬年前開始的冷卻趨勢一直持續到了今天。從大約兩百六十萬年前的更新世起點開始，世界進入了現今的定期冰河期階段。在二疊紀末期盤古大陸分裂之後，世界有兩億五千萬年不曾如此寒冷。五千萬年前，在這個恐龍消失、古新世—始新世氣候最暖期過後，氣候變遷寒冷而無常的世界裡，我們的靈長類祖先演化產生了。

25 前引書，頁三一六。

第三部

我們

US

第七章 人類：第六道門檻

共通語言將社群成員連結在一個具有強大集合力量的資訊共享網路之內。

——史蒂芬·平克（Steven Pinker），《語言本能》（*The Language Instinct*）

人類全體具有一種共性（commonality），歷史學家或許會想要了解，如同他們想要理解團結少數群體的事物那樣堅決。

——威廉·麥克尼爾，〈神話歷史〉（Mythistory）

人類在我們的起源故事裡出現是一件大事。我們不過在數十萬年前到來，但如今我們已經開始轉變生物圈。過去曾有一整群有機體改變過生物圈，像是藍綠菌，但從來沒有單一物種行使過這麼強大的力量。我們還做了其他前所未見之事。由於我們人類能夠分享各自對於周遭環境的地圖，我們得以建立起隱藏在整個起源故事之後，對時間與空間豐富的集體理解。這一成就顯然是我們這個物種所獨有，它意味著宇宙的一小部分今天開始理解自己了。

我們對人類歷史的敘述，幾乎不會觸及歷史學家經常談論的內容：戰爭與領袖、國家與帝國，或是不同藝術、宗教及哲學傳統的演化。我們反倒會繼續談論我們現代起源故事的主要課題。我們會關注新的複雜性形式出現，這次由一個以全新方式運用資訊，汲取愈來愈大能量流的新物種創造。我們會看見首先與在地社群連結，但最終與全世界連結的人類，是如何開始轉變生物圈，起初緩慢，而後愈來愈快，直到我們如今成為改變星球的物種。我們人類將如何運用自己的力量，至今仍不得而知。但我們已經知道，人類——實際上是整個生物圈，正處於深切轉變、或許是動盪劇變的當下。[1]

我們如何走到這一步？我們的現代起源故事可以經由將人類歷史放進更廣大的地球及宇宙整體故事之中，協助我們找到出路。從山頂向下鳥瞰有助於我們看見自身與眾不同之處。

冷卻世界中的靈長類演化

在文化上，我們人類驚人地多元，這也是我們力量的一部分。但在基因上，我們的同質性卻大於現存最近的親戚——黑猩猩、大猩猩和紅毛猩猩。我們生存的時間還不足以分異太多。此外，我們出奇愛好社交，又喜愛旅行，因此人類基因在群體之間的移動頗為自由。

我們屬於哺乳動物靈長目，其中還包含狐猴、猴子和大猿。而我們和靈長類的親戚們有許多共通點。最早的靈長類幾乎可以確定住在樹上，而年輕的人類（在此我也包括了年輕時的自己）喜愛也擅長爬樹。要想爬上樹，你需要能夠防滑抓地的手和手指，或腳和腳趾。要是你想在樹枝間跳躍，擁有立體視覺以判斷距離是個好主意。這意味著臉部正面有兩隻眼睛，雙眼視線重合。（別想閉著一隻眼睛在樹枝間跳躍。）因此，所有靈長類都有能夠抓地的手和腳，以及略顯平坦、雙眼在前的臉蛋。

靈長類的頭腦出奇發達。它們的頭腦相對於身體大得不尋常，腦部前上層的新皮質（neocortex）更是碩大。在多數哺乳類物種裡，皮質占了腦容量的百分之十到四十。而在靈長類，它則占了百分之五十以上，在人腦中更占了高達百分之八十。[2]人類光是皮層神經元的數量就多得非比尋常。他們約有一百五十億個，相當於黑猩猩（約六億個）的兩倍多。[3]皮層神經細胞數量僅次於人類的鯨魚和大象約有一百億個，但它們的頭腦相對於體型更小一些。龐大的頭腦意味著靈長類是獲取、儲存及運用周遭環境資訊的高手。

靈長類的腦部為何這麼大？這或許是個不花腦力（no-brainer，抱歉一語雙關）的問

1 David Grindspoon, *Earth in Human Hands: Shaping Our Planet's Future* (New York: Grand Central Publishing, 2016) 一書生動有力地論證了這點。

2 Robin Dunbar, *The Human Story: A New History of Mankind's Evolution* (London: Faber & Faber, 2004), 71.

3 Gerhard Roth, *The Long Evolution of Brains and Minds* (New York: Springer, 2013), 226.

題。腦袋豈不顯然是個好東西嗎？未必，因為它們大量消耗能量。它們需要的能量相當於肌肉組織的二十倍。在人類體內，腦部用去了可取得能量的百分之十六，即使它只占身體質量的百分之二。正因如此，要從肌肉和頭腦二選一的話，演化多半更常選擇肌肉而非頭腦。也正因如此，頭腦十分發達的物種就這麼少。有些物種是這麼輕視頭腦，它們把頭腦當成可有可無的奢侈品。某些海蛞蝓物種小時候有著小型的頭腦。當它們穿越海洋，尋求棲息之處以濾取食物時，它們會運用頭腦。但一找到棲息之處，它們再也不需要這麼昂貴的裝備，於是……就吃了自己的頭腦。（有些人殘酷地開玩笑說，這有點像取得教職的學者。[4]）

然而，靈長類的腦部似乎真能自食其力。它們是掌管靈巧的手和腳所必需的。而在極為仰賴視力的物種，它們則是傳遞影像所必需（三棵樹之外有一株成熟的李子樹嗎？）因為影像會大量消耗腦部的處理能力，如同在電腦裡那樣。更重要的是，靈長類愛好交際，因為群體生活能提供保護與支援。生活在大團體中的壓力，在開闊而暴露的地勢隨之增加，像是PETM（古新世—始新世氣候最暖期）後冷卻世界裡擴張的草地與林地。要成功地和物種其他成員共同生活，你必須隨時了解家人、友人與敵人之間不斷變動的關係。誰勝誰敗？誰友善、誰不友善？誰欠我人情，我又虧欠誰？這些都是計算工作，複雜性隨著群體擴張而呈指數增長。要是只有三個他者，你大概還能應付。要是有五十個或一百個，計算就複雜得太多了。

要過群體生活，你還需要多少洞悉其他人的腦袋運作。憑直覺感知他者的想法與感受，可能是邁向意識，也就是對我們自身心智運作增強覺知的重要一步。[5]對靈長類社群的仔細觀察顯示，倘若你在這些社群計算上出錯，你大概更難吃得下、更不受保護、更常被打，身體健康和養育健康子女的可能性也會減少。[6]因此社交能力、合作和腦力看來在靈長類的歷史裡是一同演化的。實際上，靈長類群體的大小與它們的腦部尺寸之間似乎有某種粗略的關聯。顯然，許多靈長類支系都樂於再向熵支付一種稅，即腦力稅，只要熵容許它們在更大的群體生活。

最早的靈長類大概是在恐龍滅絕前演化的，但現存最早的靈長類化石則來自希克蘇魯伯隕石撞擊之後數百萬年。我們屬於名為猿的大型無尾靈長類群體。猿大約在三千萬年前演化產生，兩千萬年前在非洲和歐亞大陸繁衍及分異。大猿（或稱**人科動物**〔hominid〕）在今天包括紅毛猩猩、大猩猩和黑猩猩，還有人類。它們的祖先在ＰＥＴＭ後二氧化碳濃度下降，

4 這是個老笑話了。我在Daniel Dennett, *Consciousness Explained* (London: Penguin, 1991), 177讀到它；丹尼特認為這個與教職的類比，出自哥倫比亞裔的美國神經科學家羅多佛·里納斯（Rodolfo Llinás）。

5 最後這個觀念參看Michael S. A. Graziano, *Consciousness and the Social Brain* (Oxford: Oxford University Press, 2013)。

6 猿與猴政治生活的複雜性，在弗蘭斯·德瓦爾（Frans de Waal）和珍·古德（Jane Goodall）的著作中都有探討，最近則是在Dorothy L. Cheney & Robert M. Seyfarth, *Baboon Metaphysics: The Evolution of a Social Mind* (Chicago: University of Chicago Press, 2007) 一書中對狒狒社會的研究。

氣候更寒冷也更不可測的世界裡演化。氣候不穩定強力按下了演化加速器，迫使眾多不同物種快速且頻繁地適應。大約從一千萬年前開始，大猿生活的大部分區域氣候變得更乾更冷，猿的支系也隨著居住的森林被草地取代而受到汰除，或許相當嚴重。我們的祖先是這次演化強迫行軍的倖存者。

一九七〇年代之前，多數古生物學家都確信，化石證據顯示人類至少在兩千萬年前就與其他猿類分異。但在一九六八年，文森・薩里奇（Vincent Sarich）和艾倫・威爾遜（Alan Wilson）兩位遺傳學家揭示，我們可以藉由比對現存物種的DNA估算兩個物種分異的時間。這是因為大型的DNA片段，尤其那些未編碼成基因的部分，會以相對穩定的速度隨機變化。運用這些洞見的基因比對，揭示出人類、黑猩猩和大猩猩系出同源，直到大約八百萬年前，現代大猩猩的祖先才與人類分道揚鑣。人類與黑猩猩則一直到六、七百萬年前都共享同一個祖先。換言之，六、七百萬年前在非洲某地，曾有一種生物是現代人類與黑猩猩的共同祖先。我們至今尚未發現這種生物的化石遺骸，但現代遺傳學告訴我們它確實存在。

現代黑猩猩與人類的基因組仍有超過百分之九十六相同。但每個基因組內各有三十億個鹼基對，這意味著約有三千五百萬個基因字母或鹼基對是不同的。在這些相異的基因字母之下正潛藏著線索，足以向我們說明人類與黑猩猩的歷史為何如此大不相同，尤其在最近數千年間。為何我們最近的親戚如今僅存數十萬，人類卻已超過七十億，並且支配著生物圈？

早期人科動物史：最早的人類何時出現？

在人類與黑猩猩的演化分異中，一切屬於人類這方的物種皆是人科動物。過去五十年間，古生物學家發現了大約三十幾種人科動物化石（有時只是一截指骨或幾顆牙齒）。我說**大概**是因為，要決定什麼是獨立物種，端看你詢問的古生物學家而定。有些是分割派（splitters），人科動物在他們看來有許多不同物種。其他則是統合派（lumpers），在他們看來物種更少，每個物種內部倒是有許多變異。今天，我們是唯一存活的人科物種。這非比尋常，因為最晚到了兩萬或三萬年前，仍有幾個不同的人科物種同時漫遊於非洲及歐亞大陸草原上。其他人科物種在晚近時期隨著人類取得愈來愈多土地及資源而消失，這正表現出我們有多麼危險。

過去五十年間，古生物學家獲得許多新的鑑識道具和技法，協助他們補充了人科動物歷史的諸多細節。成為化石的牙齒尤其提供了大量資訊。這是好事，因為牙齒往往是我們唯一能找到的遺骸。如同你的牙醫能判斷你有沒有吃玉米、巧克力和冰淇淋，優秀的古生物學「牙醫」也能判斷我們的祖先吃的是肉還是植物。牙齒的形狀能讓我們辨別它是用來為主人切斷還是磨碎食物的，這樣的資訊大有幫助。核桃需要像臼齒那樣用來磨碎的牙齒，肉則需要像犬齒那樣用來切斷的牙齒。

從骨頭和牙齒發現的化學訊號，也能向我們透露許多飲食與生活方式的資訊。比方說，草和莎草等進行四碳光合作用的生物，吸收略微更重的碳同位素——碳十三，多於更常見的碳十二。分析大約兩百五十萬年前非洲南猿（Australopithecus Africanus）的牙齒，則顯示出高於預期的碳十三比值，而既然它們想必不吃草（沒有一種猿類能吃草），這就意味著它們吃的是其他吃草的動物。肉食則暗示它們若非採集就是狩獵，或許也使用石器。

分析骨頭中的鍶（strontium）同位素，更能讓我們知道個體遊走的範圍有多廣。[7] 對一群名為南猿（australopithecines）的早期人科動物骨頭進行的研究顯示，雌性走得比雄性更遠，這意味著雌性與雄性結伴，而非雄性與雌性結伴。換言之，它們的社群是從夫居的（patrilocal），一如現代的黑猩猩，這讓我們對它們的社群世界認識了很多。這些都是很強大的偵探工具。只可惜，它們帶來的問題往往多過解答，也提醒我們人類演化的故事實際上有多麼複雜。

人科動物的化石資料，如今比以往更豐富得多。一九〇〇年時，人類學家只有兩種古人類的化石遺骸：尼安德塔人（Neanderthals），一八四八年首先發現於德國；以及直立人，一八九一年由荷蘭古生物學家歐仁・杜波瓦（Eugène Dubois）首先發現於爪哇。這些發現顯示，人類可能是從歐洲或亞洲演化的。但在一九二四年，任教於南非的澳洲解剖學教授雷蒙・達特（Raymond Dart）發現了第一具重要的非洲人科動物化石。這是在一批其他化石中間的一具頭骨，這具孩童的頭骨屬於今日被稱作非洲南猿的物種，是大約五百萬年前首次出現的一大群南猿物種的一部分。在這次發現之後，愈來愈多的人科動物化石開始在非洲出土，如今多數古生物學家都相信我們的物種從非洲某處演化產生。自一九三〇年代起，路易斯・李基和瑪麗・李基夫婦（Louis and Mary Leakey）開始在非洲大裂谷發現人科動物化石和人工製品，這裡正是自地函湧出的岩漿將板塊與大半個非洲所在的板塊分裂之處，最終產生出一片新的海洋。同時，非洲板塊的裂口也讓化石蒐集者得以一瞥我們物種的遙遠過往。

一九七四年，唐納・約翰森（Donald Johanson）在衣索匹亞發現另一種南猿——阿法南猿（Australopithecus Afarensis）一副剩下百分之四十的骨架。這副骨架被命名為露西（Lucy），年代追溯至三百二十萬年前。還有其他將近四百萬年之久的南猿遺骸被發現。從那時候起，更早的人科物種也在非洲其他地區出土，年代可回溯到四、五百萬年前的地猿（Ardipithecus），甚至六百萬年前的圖根原人（Orrorin tugenensis），或大約七百萬年前的查德沙赫人（Sahelanthropus tchadensis），這已經很接近一切人科動物的最後共同祖先假定的生存年代。

我們擁有的極早期人科動物化石太少，只要一個全新發現就足以完全改變故事走向。就連最古老的化石是不是人科動物都無法確定，化石遺骸是否屬於獨立的不同物種也未必清楚。巧人和直立人這兩個腦容量極為不同的物種，應當被劃入不同屬嗎？還是應該把巧人視為晚期南猿？我們對早期人科動物歷史的理解仍屬簡略，但故事的某些部分愈來愈清晰了。

7 參看Christopher Seddon, *Humans: From the Beginning* (New York: Granville Books, 2014), 42-45。

就連最早的人科物種似乎都以雙腿行走，至少有些時候是這樣。這跟以指背行走（knuckle-walk）的黑猩猩與大猩猩極為不同。你可以從骨頭分辨一個物種是否經常以雙腿行走。雙足行走物種的大腳趾不再用於抓地，因此與其他腳趾排列得更近，脊椎則從下方連接頭骨，而不是從後方（雙手雙腳著地趴下，你就明白原因了）。以雙腿行走需要重新排列背部、臀部甚至腦殼。這也有利於更窄的臀部，令分娩更加困難與危險，或許也意味著許多人科動物如同今天的人類，生下的嬰兒無法自力更生。這想必意味著它們的幼兒需要更多撫養，或許助長了社交行為，使得人科動物的父親參與更多撫養子女的工作。雙足行走還有更多間接影響，但我們仍無法確定人科動物究竟為何轉向雙足行走。或許雙足行走讓我們的祖先能在過去三千萬年來冷卻世界裡四處伸展的陸地草原上走或跑得更遠。它也解放了人類的雙手，使它們得以專精於用手處理的工作，包括最終製造出工具。

按照靈長類的標準，沒有跡象顯示最早的人科動物頭腦特別發達。它們頭顱內含的腦部遠小於我們，更像是黑猩猩的腦，體積約三百到四百五十立方公分。相形之下，我們的腦部平均體積約有一千三百五十立方公分。比絕對尺寸更重要的，則是特定生物群體之內既定體重預期應有的腦容量與實際腦容量之間的偏差值，儘管這不容易計算。這個數值稱為腦化指數（Encephalization Quotient，簡稱ＥＱ）。大猩猩的腦化指數約為二（相較於其他哺乳類），現代人類的腦化指數是出奇高的五點八。南猿的腦化指數則是二點四到三點一不等。[8]但腦部極端發達**並非**人科動物的第一項鑑別特徵。雙足行走才是。

目前被歸類於我們所在的**人屬**最早的化石，是一個名為巧人的物種，大約兩百五十萬年前至一百五十萬年前生活在非洲。這個物種的第一批證據只有一塊下頷骨和幾塊手骨，一九六〇年在非洲大裂谷中的奧杜韋峽谷（Olduvai Gorge）由瑪麗・李基及其子喬納森發現。它們與石器的密切關聯，說服了李基母子將這個新物種歸類為人屬，按照古生物學家的說法：「我想它們真的是人類，因為它們製作工具。」

但它們是我們嗎？這就是人類歷史的開端嗎？今天，多數研究者對一個同時包括我們和巧人在內的獨立人屬都心存疑慮。畢竟，巧人的腦僅僅略大於南猿，體積在五百到七百立方公分不等，腦化指數不過略高於三。而它們的石器也只不過是把石頭敲碎，並運用碎石。既然某些南猿物種大概也製作了石器，黑猩猩也能製作工具（即使不是石器），由此看來，巧人似乎更近似南猿，足以和它們列為同類。使用工具還不夠讓它們成為人類，因為我們如今知道了，製作工具不是人類獨有的能力。

晚期人科動物：過去兩百萬年來

到了兩百萬年前的更新世之初，我們發現人科物種變得更大，腦部也更大，製作的石器

---

8 關於腦化指數，參看前引書，頁二二五以下，以及Roth, *The Long Evolution of Brains and Minds*, 232。

更精緻，並且利用各式各樣的環境。它們隨著氣候愈來愈寒冷乾燥而出現，大概並非巧合。這些物種一般被歸類為直立人或匠人，但我在此使用「直立人」之名稱呼整個群體。

直立人的龐大腦部引人注目，因為正如前文所見，腦部是要價高昂的演化機器。實際上，人科動物腦容量對體重比率的增加，更快於演化史上任何其他物種的比率。[9]或許驅動力來自社交能力。社群計算的重要性清楚展現在人類腦部構造中，它把多得非比尋常的神經元路徑用於社群計算。或許更多神經元意味著更多朋友、更多食物、更好的健康，以及更多生殖機會。當然，更大的頭腦也讓人科動物得以生活在更大的群體和網絡中。[10]包括黑猩猩和狒狒在內的多數靈長類，生活在不到五十個個體構成的群體中，大致說來，頭腦愈小、群體就愈小。但隨著腦容量在過去兩百年內增加，人科動物群體的規模也擴大了。直立人大概是第一個生活在相關人數超過五十人群體中的人科物種。

最早的直立人遺骸一八九一年由杜波瓦在爪哇發現。當時他正在印尼尋找，因為他直覺認為人類不只從非洲黑猩猩演變而來（達爾文的猜想），也從亞洲紅毛猩猩演變而來。他錯了。但他找到的遺骸確實有著體積將近九百立方公分的頭腦，更接近於現代人腦將近一千三百五十立方公分的平均體積。他們的腦化指數則是三到四。遺骸從爪哇出土一事，同時顯示出直立人擁有從非洲遷移到歐亞大陸南部大半地區所需的技術與能力。但我們不應對這點太過刮目相看。許多其他物種，像是獅子、老虎、大象，甚至我們的近親紅毛猩猩都有過類似的遷徙，這是因為歐亞大陸南部的許多環境與非洲的環境並沒有多大差異。實際上，近年發現的證據顯示，與巧人密切相關的物種可能最遠走到了印尼，成為小型人科動物弗洛瑞斯人（Homo floresiensis，或稱哈比人〔Hobbit〕），它們最晚到了六萬年前仍生活在弗洛瑞斯島上。[11]

直立人比巧人更高，其中有些跟現代人類一樣高。它們製作的石器也比巧人更精緻。那就是人稱阿舍利手斧（Acheulean axes），精心設計而成的漂亮石器。更好的石器或許讓直立人取得了更多的肉，這是補給擴張的頭腦所不可或缺的高能量食物來源。它們或許也學會了照管、控制和使用火，這令它們得以取用巨大的新能量來源。靈長類學家理查・蘭罕（Richard Wrangham）認為，直立人用火烹煮（換言之，調理幫助消化及去毒）肉類及其他食物。這想必增加了可供它們食用的食物種類，因為許多食物未經烹煮則無法消化或有毒。烹煮也會減少它們咀嚼及消化食物所花費的時間。

火的使用可能還有其他重大後果。比方說，烹煮減少了腸胃所需的消化工作，因此腸胃縮小（沒錯，有化石證據可證明這點），釋出一部分運行更大的腦所需的代謝能量。至今為

---

9 Roth, *The Long Evolution of Brains and Minds*, 228.

10 參看John Gowlett, Clive Gamble, and Robin Dunbar, "Human Evolution and the Archaeology of the Social Brain," *Current Anthropology* 53, no.6 (December 2012): 695-96，關於腦容量與群體大小關聯的部分。

11 *New Scientist* (April 29, 2017): 10.

止，這個耐人尋味的假說尚未得到證明，因為有系統地控制火的有力證據，直到八十萬年前才出現，也只從大約四十萬年前開始才變得頗為常見。[12]我們也知道，直立人的石器技術在一百多萬年之間改變極少，因此直立人看來缺少了我們這個物種的技術天賦與創造力。

過去數百萬年來，人科動物加速演化。大約六十萬年前，新物種出現在化石資料中，它們具有愈來愈像現代人的頭腦與身體。無需意外，它們顯然也生活在更大群體中，這個群體聯結了多達一百五十個個體，而這個數字看來是我們人科動物祖先的上限。[13]

關於五十萬年前的世界上有多少種不同的人科物種，有著錯綜複雜的爭論。我們知道有很多。但更重要的是更大的趨勢：這時人科動物出現在冰河期的歐洲與北亞，都是與非洲大草原大不相同，需要新的能力與技術的環境。因此它們的工具比直立人更為精密、多樣和專門，也就不令人意外了。人科動物第一次在削尖的石頭上加裝木柄。考古學家在德國的舍寧根（Schöningen）發現了四十萬年前的木製長矛，製作得既準確又精細。某些人類學家甚至察覺到了藝術與祭祀活動的證據。杜波瓦發現的文物中有雕飾過的貽貝殼，來自五十萬年前，看來疑似某種簡單的藝術形式。

儘管是這樣……所有這些仍然不是重大變革。真正驚人的轉變直到大約二、三十萬年前才開始，在我們自己的物種——智人出現以後。

我們因何而與眾不同？跨越第六道門檻

想像有一組外星科學家團隊繞行著我們的星球軌道，在一項持續數百萬年的縱向研究計畫中尋找智能生物及研究地球生命形式。二十萬年前，它們大概不會在我們的祖先身上看出什麼不尋常。在非洲與部分的歐洲和亞洲，它們可能會發現幾種雙足行走的大型靈長類物種，包括我們稱為尼安德塔人和海德堡人（Homo Heiderbergensis）的物種。它們甚至有可能看到一位現代人類古生物學家稱為智人的個體，因為通常被歸於我們物種的最古老頭骨至少有二十萬年歷史。它是在非洲大裂谷中，衣索匹亞的奧莫河谷（Omo Valley）發現的。（二〇一七年六月在摩洛哥發現的人類遺骸可追溯至三十萬年前，但它們與我們的確切關係仍然不明。）但這些早期人類與其他許多大型或中型的靈長類及哺乳類物種幾乎沒有區別。它們生活在小而分散的游動群體中，總人口頂多只有數十萬個體。如同一切大型動物，它們也從周遭環境採集或獵捕所需的食物與能量。

今天，在二、三十萬年後（對於古生物學家只是一會兒），繞著我們運轉、尋找智能生物的外星人想必已經在這個特定種族的行為裡看到足夠的轉變，可以在學術上擊掌慶祝了。

12 Robin Dunbar, *Human Evolution* (New York: Penguin, 2014), 163.

13 Gowlett, Gamble, and Dunbar, "Human Evolution," 695-96.

它們必定看到了人類向全世界散布。然後，從一萬年前最後一次冰河期結束起，它們必定留意到人類數量迅速增加。它們想必也會看著人類焚燒森林、將河流改道、耕種土地、興建市鎮，將環境改造得更適合自己。過去兩百年來，人類數量增加到超過七十億，我們的物種開始轉變海洋、土地與天空。人造的道路、運河和鐵道蜿蜒穿越大陸，連接成千上萬個多達千百萬人口的人造城市。巨大的船舶航行於海洋，飛機載運著貨物與人穿越天空、橫跨大陸。僅僅一百年前，地球開始在夜晚以絲狀和塊狀發光。外星人的儀器想必也會顯示出海洋變得更酸、大氣正在暖化、珊瑚礁不斷死亡，南北極的冰冠也在縮小。生物多樣性衰落得這麼快，某些外星生物學家恐怕要擔心另一次大滅絕是否正要展開。

就古生物學說來，如此快速的轉變相當於一場爆炸。事先未經計畫，我們已經成了改變星球的物種。要是我們夠愚蠢，甚至擁有在數小時內摧毀大半個生物圈的力量，只要我們發射今天仍在高度警戒狀態的一千八百多枚核彈其中一部分。在生物圈四十億年的歷史裡，沒有任何單一物種擁有過這樣的力量。

顯然有一道新的門檻被跨越了。我們的外星科學家必定要捫心自問：這奇怪的物種是怎麼回事？

歷史學家、人類學家、哲學家及眾多其他領域的學者，始終費盡心力想要解答同一個問題。某些人覺得這個問題太複雜、太誘導、面向太多，無法以科學解答。但說也奇怪，當我們把人類歷史看做更大的生物圈及宇宙歷史的一部分，我們的物種與眾不同的特徵也就更清楚地凸顯出來。今天，許多不同領域的學者對「我們因何而與眾不同」這個問題，看來都不約而同地獲得相近的答案。

當你看見像這樣突然而急速的轉變，開始去找那些產生巨大後果的微小變化。複雜性理論及其相關領域——混沌理論（chaos theory）充滿了這樣的轉變。通常它們被說成蝴蝶效應。這個隱喻出自氣象學家愛德華．羅倫茲（Edward Lorenz），他指出在天氣系統裡，微小的事件（或許像是蝴蝶拍動翅膀？）可以經由正向回饋迴路而增強，產生一連串的變化，有可能在數千英里外釋放出龍捲風。那麼，是怎樣的微小變化釋放出了人類歷史上的龍捲風？

許多不同特徵構成了一整個人類，從靈巧的雙手到龐大的頭腦與社交能力。但令我們大不相同的，則是我們對周遭環境資訊的共同控制能力。我們不只像其他物種那樣蒐集資訊而已。我們似乎還能培養及馴化資訊，一如農民耕種作物。我們製造及共享愈來愈多資訊，並運用資訊汲取愈來愈大的能量與資源流動。新資訊為人類帶來改良的長矛和弓箭，使他們能更安全地獵捕更大的動物；它帶來更好的船舶，讓他們前往新漁場和新土地，它也提供了新的植物知識，讓他們得以從木薯之類可能食用的植物中過濾毒素。到了更晚近的時代，新資訊成為技術的基礎，使我們得以運用化石燃料的能量，並建立電力網絡，將我們聯結成單一世界體系。

如此規模的資訊管理並非個人成就。它取決於共享，取決於諸多世代之間千百萬個人洞見的積累。最終，這樣的共享在一個又一個社群之間創造了俄國地質學家維爾納茨基所謂的心靈空間（noösphere），這是心智、文化、共有思想與觀念所構成的單一全球領域。麥可・托瑪塞羅（Michael Tomasello）寫道：「只有一種已知的生物機制，能在這麼短時間內導致行為與認知的這般改變……這種生物機制是社會或文化傳遞，在時間尺度上的作用比生物演化更快上許多數量級。」托瑪塞羅稱為「累積文化演化」（cumulative cultural evolution）的這個過程，是我們的物種獨有的。[14]

使人類得以共享及積累這麼多資訊的微小轉變，是語言上的。許多物種都有語言；鳥類和狒狒能在掠食者逼近時警告群體中的其他同類。但動物的語言只能共享最簡單的觀念，幾乎全部都與直接存在的事物有關，有點像默劇（想像你嘗試用默劇教生物化學或釀酒）。幾位研究者試著教黑猩猩說話，黑猩猩也確實能學會和運用一兩百個詞彙；它們甚至能以新的形式連接一組字詞。但它們的詞彙量少，也不會使用句構或文法，而這兩者正是令我們得以從少量語言符號創造出大量意義的規則所在。它們的語言能力似乎從未超過兩到三歲的人類，不足以創造出今天的世界。

這正是蝴蝶振翅之處。人類語言跨越了一道幽微的語言門檻，令全新的溝通形式得以產生。最重要的是，人類語言讓我們得以共享關於抽象實體的資訊，或並非直接存在、甚至只存在於我們想像之內的事物或可能性之資訊。而且它們讓我們能夠快速有效地做到這點。除了蜜蜂能以舞蹈告訴其他蜜蜂花蜜的位置，算是部分例外，我們不知道還有哪種動物能對並非直接存在眼前的事物傳遞準確資訊。沒有一種動物能夠交換關於過去或現在的故事，或警告彼此北方十英里之外有隻獅子王，或是告訴你神鬼之事。它們或許能想到這樣的事，但它們無法談論。或許正因如此，要在任何其他物種中找到教學的任何證據才會如此困難，就連我們最近的親戚——猴子和猿類也不例外。[15]

這些語言上的強化讓人類得以如此準確而清晰地分享資訊，使得知識開始在世代間積累。動物的語言太局限也太不精確，無法達成這樣的積累。倘若任何早期物種真有這般能力，它必定會留下痕跡，包括擴張的行動範圍，以及對環境不斷增強的衝擊。事實上，我們會看到能在人類歷史裡找到的這類證據。人類語言強大到足以在文化上發揮棘輪的作用，將一個世代的觀念固定下來，保留給下一代，令下一代得以再行增補。[16]我將這個機制稱為集體學習。集體學習是驅動改變的新力量，驅動能力能夠和天擇一般強大；但由於它讓資訊得以即時交流，作用也就快得多。

---

14 Michael Tomasello, *The Cultural Origins of Human Cognition* (Cambridge, MA: Harvard University Press, 1999), loc. 39, Kindle.

15 James R. Hurford, *The Origins of Language: A Slim Guide* (Oxford: Oxford University Press, 2014), 68; Cheney & Seyfarth, *Baboon Metaphysics*, loc. 2408, Kindle:「非人靈長類教學的證據……可一言以蔽之：極少。」

16 Tomasello, *The Cultural Origins of Human Cognition*, loc. 5, Kindle：「忠實的社會傳遞……能夠發揮棘輪作用，防止倒退——使得新發明的器物或習俗多少如實地保存其新穎而改進的型態，直到進一步的修改或改進發生。」托瑪塞羅將這個過程稱為**協同學習**（collaborative learning）。

我們的物種是如何、又是為何獲得這種語言力量，成為釋出強大的改變新驅力之所需，至今仍不清楚。這是不是美國神經人類學家狄肯所主張的，一種將大量資訊壓縮成象徵（如同符號那樣令人產生錯覺，又承載了巨量資訊的簡單字詞）的全新能力？或者，這是不是語言學家諾姆・杭士基（Noam Chomsky）所指出的，人腦裡新文法迴路的演化，幫助我們依據精確的規則合併字詞，以傳達更為豐富多樣的不同意義？這是很誘人的想法，因為如同另一位語言學家史蒂芬・平克（Steven Pinker）所言，真正困難的技巧在於「設計一套代碼，得以將一盤糾結的概念義大利麵擠壓成線性的字串」，還要有效率地做到，使得聽者能迅速從線性字串重建出這盤概念的義大利麵。[17]人類語言是因皮質擴大讓思考可用的空間增加，得以將足夠複雜的思想安放到位，形成句構複雜的句子或讓個體記憶數千字詞的意義而促成？[18]或者，語言形式的改進植根於社交能力，乃至在我們的物種中尤其發達的合作意願之上？[19]還是這一切驅動力或許產生了協同效應？

不管發生了什麼事，我們似乎都是第一個跨越語言門檻，令資訊得以在社群內跨世代積累的物種。如同淘金熱一般，集體學習觸發了對於植物和動物、土壤、火、化學，以及文學、藝術、宗教及其他人類的資訊大豐收。儘管每過一代也會各自失去一些資訊，但長遠來說，人類的資訊儲存持續積累，愈來愈豐富的資訊則會經由讓人類獲得愈來愈強的能量流，以及對周遭環境愈來愈強的力量，推動人類歷史前進。以下是記憶研究的先驅，諾貝爾獎得主埃里克・肯德爾（Eric Kandel）對這一機制的敘述：

儘管從智人第一次出現在東非以來，人腦的大小和結構就不曾改變……人類個體的學習能力及其歷史記憶，千百年來卻經由共同學習增長——也就是經由文化傳遞。文化演化這一非生物的適應模式與生物演化並行，做為傳遞過往知識及跨世代適應行為之道。自古至今，人類一切成就都是千百年來累積的共同記憶的產物。[20]

---

17 Steven Pinker, *The Sense of Style: The Thinking Person's Guide to Writing in the Twenty-First Century* (New York: Penguin, 2015), 110.

18 這個觀念由Roth, *The Long Evolution of Brains and Minds*, 264提出；關於人類記憶諸多字詞的獨有能力，參看Hurford, *The Origins of Language*, 119。

19 參看Terrence Deacon, *The Symbolic Species: The Co-Evolution of Language and the Brain* (New York: W. W. Norton, 1998)，以及Michael Tomasello, *Why We Cooperate* (Cambridge, MA: MIT Press, 2009)。對於語言演化的最新評述，參看W. Tecumseh Finch, *The Evolution of Language* (Cambridge: Cambridge University Press, 2010)，以及Peter J. Richerson & Robert Boyd, "Why Possible Language Evolved," *Biolinguistics* 4, nos. 2/3 (2010): 289-306。Alex Mesoudi, *Cultural Evolution: How Darwinian Theory Can Explain Human Culture and Synthesize the Social Sciences* (Chicago: University of Chicago Press, 2011)則是對於以達爾文主義視角研究文化變遷的豐富研究主體進行的出色概述。

20 Eric R. Kandel, *In Search of Memory: The Emergence of a New Science of Mind* (New York: W. W. Norton, 2006), loc. 330, Kindle.

偉大的世界史家麥克尼爾，也將他的世界史經典著作《西方的興起》（*The Rise of the West*）建構在同樣的概念上：「促進歷史上重大社會變遷的最主要因素，是與擁有嶄新而陌生技能的外人接觸。」[21]

生活在舊石器時代

那麼，人類歷史始於集體學習。但集體學習從何時開始？

就連我們的外星科學家在二十萬年前繞行地球時，都幾乎不會注意到集體學習的第一次閃現。即使在直立人社群中，可能也有某種形式的集體學習在進行，但尚未產生革命性的結果。更徹底的技術變革跡象，首先出現在至少三十萬年前的非洲考古資料之中，表現為愈益精細的石器形式，其中許多附有手柄。[22]展現出這種創造力的不僅有智人，還有尼安德塔人，以及名為海德堡人的人科物種。或許所有這些物種都習得了改良形式的語言，令它們極其接近第六道門檻。儀式、符號或藝術活動的早期證據意義尤其重大，因為它顯示出象徵性思考或述說想像存有故事的能力，可能反映了現代語言形式的達成。

或許，跨越門檻實現集體學習的空間只夠一個物種通過。有一種稱為競爭互斥（competitive exclusion）的演化機制，足以說明為何兩個物種絕不可能共享完全相同的生態區位。其中一種若能以稍微更有效的方式利用生態區位，終將排除它的對手。因此我們可以想像有幾個物種聚集在通往集體學習的門檻，但隨後其中一個物種得以突破，開始極其有效地利用環境，使其數量倍增並迅速成長，將對手拒於門外。[23]這或許有助於解釋何以尼安德塔人等這些我們的人科近親滅亡了，而黑猩猩、大猩猩等這些我們現存的近親則瀕臨滅絕。

年代更早於十萬年前的技術及文化變遷證據很模糊，且難以詮釋。我們自己的支系至少從二十萬年前開始在非洲境內擴散，這或許指出了集體學習的優勢。[24]但在由小而分散，其中多數規模不比大家庭更大的社群組成的世界裡，變遷是緩慢、不規律且易被逆轉的。整個群體可能突然連同他們千百年來積累的技術、故事和傳統一併滅亡。最大的這類災禍發生在將近七萬年前。基因證據顯示，人類的數量突然減少到只剩數萬，只夠坐滿一個中型體育場的程度。我們的物種險些滅絕。這場災難可能是由印尼多峇火山（Mount Toba）的大爆發所引起，煙塵雲被排入大氣，阻止光合作用長達數月或數年，危及許多大型動物物種的生存。但人類數量隨後又開始增加；分布範圍也更廣，集體學習機制再次啟動。

---

21 William H. McNeil, "*The Rise of the West* After Twenty-Five Years," *Journal of World History* 1, no.1 (1990): 2.

22 Sally McBrearty & Alison S. Brooks, "The Revolution That Wasn't: A New Interpretation of the Origin of Modern Human Behavior," *Journal of Human Evolution* 39 (2000): 453-563.

23 這幅景象來自Peter J. Richerson & Robert Boyd, *Not by Genes Alone: How Culture Transformed Human Evolution* (Chicago: University of Chicago Press, 2005), 139。

24 Dunbar, *Human Evolution*, 13.

過去十萬年間，我們對於自己祖先的生活方式得以略知一二，並找到更明確的集體學習證據。如同一切大型動物，我們的祖先也從周遭環境採集資源或獵取獵物。但這些動物與早期人類有個至關重要的差別。其他物種運用一整套幾乎代代相承而不改的技能及資訊狩獵和採集，人類卻隨著共享及積累關於植物、動物、季節與地景的資訊，帶著對環境愈益加深的理解從事狩獵和採集。集體學習意味著人類社群的狩獵和採集，隨著世代遞嬗而不斷增強技能和效率。

有些遺址令我們得以仔細觀看我們祖先的生活方式。考古學家克里斯多福・亨希爾伍德（Christopher Henshilwood）和同事們在南非印度洋岸的布隆伯斯洞穴（Blombos Cave），發掘了幾處從九萬到六萬年前不等的遺址。布隆伯斯洞穴的居民食用貝類、魚類及海洋動物，還有陸地哺乳類和爬蟲類。他們以精心照料的壁爐烹煮。[25]他們製作精細的石刀和尖形骨器，可能使用特製的黏膠附加木柄。但他們也是藝術家。考古學家發現了刻有幾何刮痕圖案的赭石，看來完全像是符號甚至文字。他們也製作不同色彩的顏料和鴕鳥蛋串珠。這令人忍不住將這個證據看成一種跡象，顯示出布隆伯斯社群重視集體學習和資訊保存與傳遞，而這必然意味著他們會保存及述說故事，以總結社群的知識。

很難不看到他們與現代野外採集社群的相似性。倘若這些相似性沒有誤導我們的話，我們可以想見許多如同布隆伯斯洞穴人們這樣的群體，使用各式各樣代代傳承而來的採集和狩獵技術。我們可以想見他們遷徙於熟悉的家園領域中，靠著家族關係、共同語言與習俗而凝聚在一起。他們肯定也會舞蹈和歌唱，也會說起源故事，而且幾乎必定具有我們現代人可能稱做宗教的事物。

在澳洲的蒙哥湖遺址，關於宗教的證據十分有力。大約四萬年前的火化與埋葬，以及其他人類遺骸的散播，都是豐富祭祀傳統的證明。來自這個遺址的其他證據則提示我們，舊石器社群也像現代人類社群一般歷經劇變，其中許多肇因於最近一次冰河期變幻莫測的氣候變遷。從將近五萬年前人類初次來到威蘭德拉湖區開始，此地就有固定的乾旱時期；到了約四萬年前，乾旱加重了，湖泊水系隨之縮小。

兩萬年後，在冰河期最冷的時候，有些社群生活在現代烏克蘭大草原上近似苔原的環境裡。在梅日里奇（Mezhirich）等地點，人們將毛皮攤開在長毛象骨頭的支架上，搭建巨大的營帳，並在帳內以火爐加熱。他們獵捕長毛象及其他大型動物，將肉貯存在冷藏洞穴裡，到了漫長寒冷的冬天再取出。他們獵捕披著毛皮的動物，並使用骨頭刻成、頂端有雕飾的似針物體縫製保暖衣物。在冰河時期的漫長冬季，可能有多達三十人共同居住在梅日里奇。梅日里奇附近還有其他類似地點。這顯示出鄰近的群體之間有著規律聯繫，透過這樣的網絡，關於新技術、變遷氣候、動物移動及其他資源的資訊，以及故事都得以交換。人員必定也在

25 Chris Scarre, ed., *The Human Past: World Prehistory and the Development of Human Societies* (London: Thames & Hudson, 2005), 143-145提供了很好的概要。

鄰近群體之間移動。

舊石器社群留下的遺跡，為他們的社會提供了粗糙的快照。但每幅快照都代表一整個文化世界，包括故事、傳說、英雄和惡人、科學與地理知識，以及保存並傳承古老技藝的傳統與儀式在內。這種觀念、傳統與資訊的積累，正是令我們的舊石器祖先們在艱苦的冰河期世界裡找到生存及繁衍所需的能量與資源，並且遷移得愈來愈遠的主因。

來自冰芯的證據如今讓我們得以極為精確地追蹤數十萬年間地球溫度的變遷。在涵蓋直立人演化之後兩百萬年的更新世期間，發生過許多次冰河期。它們通常持續十萬年以上，其間有短暫的溫暖時期，又稱間冰期（interglacial）。我們如今生活的時期，正是始於一萬年前全新世（Holocene epoch）之初的一段溫暖間冰期。上一次間冰期發生在大約十萬年前，可能持續了兩萬年以上。那次間冰期結束後，全球氣候逐漸變得更乾冷，即使仍有多次短暫逆轉及局部變異。上次冰河期最冷的時候，大約是從兩萬兩千年前到一萬八千年前。

隨著氣候冷卻，數百或千萬年來有人居住的地區不得不被拋棄。歐洲北部從將近四萬年前開始有人居住的地點，被拋棄了長達數千年。即使是在澳洲極北地區較為溫暖的氣候中，人們也只能僥倖存活。[26]昆士蘭最西北方的草丘河（Lawn Hill River）在厚重的石灰岩層中鑿出峽谷，令當地人民得以依靠河中的魚類與海洋動物及四周的高地自給自足。但在最冷的時候，人們拋棄了冰封的高地，居留在峽谷裡的受保護環境。

安頓生物圈：人類在全世界遷移

隨著技術及環境知識積累，許多社群或因氣候變遷推動或吸引、或因與鄰居發生衝突，或者可能因為人口過剩而移入新的環境。在成千上萬年間，小規模遷移終究一公里又一公里地帶領我們的物種來到南極大陸之外的每一片大陸。今天，我們可以藉著追蹤世界各地的考古遺跡，以及比較不同現代人群的基因來探究這些遷移。[27]

十萬年前的上一次間冰期中，幾乎全部人類都生活在非洲，即使有一小群人已經前往中東。在現代以色列的斯庫爾（Skhul）、卡夫澤（Qafzeh）洞穴等地點，他們或許遇見了尼安德塔人，偶爾與其混種繁殖。（我們得知這點，是因為今天生活在非洲之外的多數人類都有些尼安德塔人基因。）而後，隨著氣候冷卻，我們的祖先似乎將中東留給了身體更能適應寒冷氣候的尼安德塔人。他們直到大約六萬年前才返回。但有些人類可能向東走，進入了中亞和南亞。思考這點的其中一個理由，是人類在五萬年前至六萬年前之間抵達了莎湖陸棚

---

26 Peter Hiscock, "Colonization and Occupation of Australasia," in *Cambridge World History*, vol. 1, ed. Merry Wiesner-Hanks (Cambridge: Cambridge University Press, 2015), 452.

27 這些遷移在Peter Bellwood, *First Migrants: Ancient Migration in Global Perspective* (Malden, MA: Wiley-Blackwell, 2013)一書中得到充分的敘述。

（Sahul，包含澳洲、巴布亞紐幾內亞和塔斯曼尼亞的冰河期陸地）。六萬年前才離開非洲的移民必須以超乎想像的速度移動才能到達那兒，因此第一批澳洲人更有可能來自建立已久的亞洲社群。[28]定居澳洲是人類歷史上一次重大事件。我們不知道第一批移民的驅動力為何——可能是人口壓力，也有可能是在今天的印尼南部與其他社群衝突。但我們確實知道，渡海需要先進的航海技術，以及迅速適應一整套全新動植物的能力。沒有其他物種能夠橫渡海洋。（澳洲野犬〔dingoes〕在數千年前來到，幾乎必定是由人類帶來。）

進入西伯利亞和歐洲北部的最早移民，大概是在短暫的暖化期內為時不久的探勘訪查。但梅日里奇等遺址顯示，我們的祖先到了兩萬年前就能夠應付極度嚴寒的環境。早在四萬年前，可能就有些人類永久定居於西伯利亞。兩萬年後，在上次冰河期最冷的時候，有些西伯利亞人向東跋涉越過白令陸橋（Beringia），由於大量的水被冰封在極地冰河裡，海平面比今天更低，使得陸橋能夠通行。從白令陸橋出發，人類擴散進入美洲，或者穿越阿拉斯加，或者乘坐小船沿著北美洲西北海岸航行。從那裡開始，又有一些人移入南美洲，或許在兩三千年內就南行到了火地島（Tierra del Fuego）。就目前來說，人類在北美洲活動最早的確切證據可回溯到約一萬五千年前。

在舊石器時代，遷移大概是對於創新或人口壓力最普遍的回應。遷移的涓滴效應意味著，隨著我們的物種向全世界擴散，每個人類社群都能維持在大約相同規模，同時意味著社群能夠保存許多自身的傳統社會規則。正因如此，我們幾乎找不到舊石器時代大型聚落的證據，即使大量證據顯示聚落總數隨著人類總數而增加。英國人類學家羅賓・鄧巴（Robin Dunbar）主張，一百五十人代表人腦通常能夠應付的最大群體規模，因此社群要是大於這個規模，可能會自然分裂。鄧巴認為，即使到了今天，多數人類所置身的親近人際關係網絡也不會大於一百五十人，即使他們與眾多他人有著更短促的關係。現代社群很巨大，但這只是因為特殊的新社會架構產生，將它們凝聚在一起。

無論理由是什麼，多數舊石器社群仍維持小規模，足以經由家族或親屬觀念組織自我，一如多數現代野外採集社會。因此，將舊石器社群設想成家族而非社會是有道理的。倘若現代的野外採集社群可資借鑑，他們對於**家族**一詞的理解可能更為廣泛，不僅限於人類世界，更涵蓋其他物種，乃至山川等地景特徵。舊石器社會以各種現代城市居民不易理解的方式，在生態和文化上與周遭環境融為一體。

舊石器時代的複雜性增強

規模雖小，但舊石器社群仍具備積累新觀念、洞見及資訊這項人類共有的本領，因此就算我們無法詳細追蹤它們的歷史，我們還是知道它們展現了與日後人類社群相同的文化及技

28 關於早期擴散模式，參看 Hiscock, "Colonization and Occupation of Australasia," 433-38。

術動力，即使規模較小。

如同現代的野外採集者，我們的舊石器祖先們對於自己所獵捕的動物和昆蟲，以及用作食物、衣著和裝備的植物習性與生活模式，必定有直接和準確的理解。人員、故事、儀式及資訊交流的鬆散網絡，必定連結了散布於廣大區域的社群。我們從考古及人類學證據可以做出結論：家族群體多數時候分居，但會定期在食物足以供給數百人暫時聚集的地點相聚，舉辦相當於奧林匹克運動會的活動。比方說，在澳洲東南部的雪河（Snowy River）地區，許多群體會在千百萬布崗夜蛾（bogong moth）產卵時一同前來，這些夜蛾提供了今日稱為舞宴（corroboree）的如此龐大聚會所需的食物。在這些聚會上，參與者們交換故事、交流儀式和禮物、以舞蹈和慶典維繫團結紐帶，婚姻伴侶（或憤懣的個人）則在群體之間移動。一萬五千年前的法國南部也有類似的聚會，人類社群尾隨及獵捕成群的馬、鹿、牛，並參與週期性的儀式，創作美麗的岩畫。在多爾多涅（Dordogne）地區拉斯考洞穴（Lascaux Caves）及瑪德蓮岩棚（La Madeleine rock shelter）等地點繪製的畫作和雕刻，以及發現於澳洲許多地區年代更早的石雕，在現代人看來就像任何出自人類之手的藝術品那樣美麗精緻。它們有助於闡明我們的舊石器祖先富饒的智識與心靈世界。

隨著狩獵與採集技術愈益複雜，我們的祖先開始以全新方式形塑他們的生活環境。在世界的某些地方，他們改變了周遭物種的組合。澳洲最早的人類發現了許多大型動物的物種，即所謂巨型動物群（megafauna）。有些就像南非的犀牛、大象和長頸鹿那樣大小，大量的巨型動物群如今仍生存在那兒。而在澳洲，則有巨大的袋鼠、袋熊，以及像牛頓巨鳥（Genyornis newtoni）這樣不會飛的大鳥。然後在突然之間，澳洲的多數巨型動物群消失了，一如它們最終在西伯利亞和美洲消失。

或許它們是因為氣候變遷而消失的。但它們從先前的冰河期存活了下來，因此很難不認為人類有可能以愈來愈精巧的狩獵方法將它們逼上絕路。歷史年表支持這個解釋。在澳洲、西伯利亞和北美洲，巨型動物群都在人類抵達不久之後滅亡。或許這些巨型動物群就像模里西斯的渡渡鳥（Dodo），不夠畏懼我們的祖先，而不像與人類一同演化的非洲巨型動物群，知道我們可能有多麼危險。不管怎麼說，巨型動物群如同一切大型動物（包括恐龍），面臨突然發生的變化特別不堪一擊。有許多現代巨型動物群滅絕的例子，像是名為恐鳥（moas）的紐西蘭大鳥在人類到達數百年之內消失。而在西伯利亞和美洲，我們甚至有動物宰殺場（kill site）的直接證據，由此得知人類會獵捕長毛象之類的巨型動物群。

巨型動物群的去除改變了地表。大型草食動物得以盡情飽食大量植物。它們被滅絕也增加了火災的頻率，因為植物殘骸留著沒被食用。在將近四萬年前的澳洲，許多地區的火災次數都增加了。其中很大比例恐怕是由雷擊引發的。但我們知道，此地一如舊石器世界的許多其他地方，人類有系統地用火為土地施肥。這樣的技術被考古學家稱為刀耕火種（fire-stick farming），名稱來自澳洲原住民在歷史時代引火燒地的撥火棒。不只用於煮食或自衛，更用於改變環境的有系統用火，代表著我們的物種生態力量增強的最初跡象之一。要是你擁有安全控管火的必要知識，定期焚燒土地會帶來許多優點。放火燒一片草地，過一兩天再晃回來，你首先找到的會是被燒焦的動植物。再等幾星期，你會發現新生長的植物，因為火將做為肥料的灰散播開來，加速了動植物遺骸的分解。草和其他植物會發芽，而且可以更快收穫。新的植物通常也會吸引草食動物和小型爬蟲類，使得狩獵更容易、所得也更多。簡單說來，刀耕火種增強了土地的生產力。

類似的技術在舊石器時代晚期也運用在世界上許多地方。儘管**嚴格說來**不算是農業型態，它們**仍是**在特定一片土地上增加可用植物及動物產量的方法。換言之，它們算是一種強化型態。刀耕火種讓我們預見了即將由農耕釋放的食物、資源及能量大豐收。

人類歷史的最早時代

隨著人們共享資訊、觀念及洞見，以及玩笑、八卦和故事，歷經許多世代、在鄰近社群之間，一個資訊體在一個個地區之間逐漸積累而成，我不禁要稱之為**科學的**。舊石器時代的科學包括可用資源知識，無論來自狩獵或採集，無論為了食用、製衣或療癒；技術知識，無論用於航行、狩獵或挖掘根莖作物；天文知識；還有如何接觸長者或外人並與其攀談，如何標記個人生命重要轉折的社會知識。這是貴重的知識，因為是生存所需，於是照管及傳遞它就成了極其正經的事。知識經由眾多心靈過濾，其權威、準確及用處得到檢證，最終被納入位居教育核心的起源故事裡。而這一可用資訊漸增，積累的資訊令我們的物種得以控制自然世界及生物圈能量流的歷程，最終證明了是人類歷史變遷最重要的驅動力。隨著人類擴散，知識也隨之擴散。儘管知識在此時仍被區隔，但在一個又一個社群之間，我們可以想像地球歷史上第一次有個共同知識的新領域慢慢興起，此即心靈空間。

在舊石器時代中，心靈空間擴展遍及非洲、歐亞大陸和澳大拉西亞，而後隨著人類數量增加伸入美洲。當人類社群在非洲內部擴張，它們的人口可能增加到數萬，甚至數十萬，儘管局部人口數必定有所起伏。正如前文所見，人類的數量在不過七萬年前才驟減到區區數萬。義大利人口統計學家馬西莫．利維巴齊（Massimo Livi-Bacci）估計，三萬年前的人口數可能有五十萬人，到了僅僅一萬年前的全新世初期，人口數可能達到五、六百萬。[29]

倘若我們只取最後兩個數字，它們顯示出人類人口數在舊石器時代最後兩萬年間增長了將近十二倍（或者說，每千年平均增加二十五萬人）。從每個人使用的能量不少於過去的合理假定出發，這說明了人類消耗的總能量也增加了將近十二倍。十萬多年來的集體學習，大幅增強了世界上不同地方的人類控制能量及資源流動的能力。

這些增長的能量流多數用來支持人口成長。用於局部層次上複雜性增強的能量不太多；如前文所見，人類社群仍保持小而緊密。但在物種層次上，無庸置疑，人類擴散到世界各地

29　數據取自Christian, *Maps of Time*, 143。

代表了複雜性的增強，因為到了一萬年前，人類運用的科技和資訊遠比地球上任何其他物種更加豐富多樣，而且他們在整個星球上運用。

我們沒有證據證明更多能量可以增進富足。有些野外採集者或許生活優渥。實際上，人類學家馬歇爾・薩林斯（Marshall Sahlins）認為在某些環境下，舊石器社群享有多樣的飲食、高度健康水準，以及大量閒暇時間，既可用於說故事、睡眠或放鬆，也可用於看似能讓多數小型社群連結在一起的持久舞蹈。[30]但財富不可能產生顯著差別，因為在野外採集者能從周遭環境取得多數所需的時候，他們沒有理由聚斂物品。此外，當你經常出門在外，你只會想要最有價值並且可攜帶的物品。

僅僅在兩萬多年前的最近一次冰河期最冷階段之後，隨之而來的是數千年不規則的暖化期，直到約一萬兩千年前開始，全球溫度安定在較為溫暖及穩定的體系中，從而支配了全新世的人類歷史。上次冰河期結束時，我們的外星科學家必定已經對地球上正在發生的怪事興致勃勃了。隨著氣候更加暖和，人類的行為也變得更不尋常。突然之間（按照舊石器時代的尺度），人類經由農耕取得了更大能量流，這些新的能量流令人類社會的複雜性、多樣性、規模及錯綜複雜全都突飛猛進。

---

30 Marshall Sahlins, “The Original Affluent Society,” *Stone Age Economics* (London: Tavistock, 1972), 1-39.

第八章　農耕：第七道門檻

亞當與夏娃男耕女織之時，何來紳士？全體人類受造之時本質皆平等，束縛與奴役來自卑劣之人的不義壓迫。若天主自始即有心創造農奴，祂會明定誰應做奴，誰應做主。

——約翰．鮑爾（John Ball），英格蘭農民起義期間的講道

我們的祖先在人類歷史的最初二十多萬年間都過著野外採集生活。連綿不斷的點滴創新，確保他們能以不斷增強的效率，在愈益多樣的環境中採集，直到一萬年前，上次冰河期結束時，人類已經生活在世界上大部分地方。過去一萬年來，人類的生活方式被我們稱作**農耕**或**農業**的一連串變革給轉變了。

農耕是巨大變革，近似於光合作用或多細胞生物。它幫助我們的祖先取得更大的資源及能量流，令他們得以做到更多事，創造出新型態的財富，讓人類歷史步上更加動態發展的新道路。彷彿淘金熱一般，能量的大豐收締造了改變狂潮。它最終改變了人類與生物圈的關

係，因為隨著農耕社會成長，它們供養的人口愈多，演化出的可動部分更多於野外採集社會。更多能量、資源、人員，以及社群間的更多連結，產生了正回饋循環，讓變遷加速。基於這一切緣故，農耕可說是複雜性增強的第七道門檻。

轉型式創新的潛力自從集體學習初試啼聲時即已存在，但這份潛力此時得以實現，成為以下三個主要金髮姑娘條件的成果：新技術（以及透過集體學習對環境產生更多理解）、人口壓力增強，以及全新世的暖化氣候。

農業是什麼？

隨著人類社群更加擅長蒐集和管理與環境相關的資訊，他們也運用持續增進的理解與技能採集及狩獵，他們對周遭動植物及地景的影響也增加了。比方說，刀耕火種轉變了廣大地區，因為它增加了對人類有益的動植物產量。庫克船長（Captain James Cook）和他的船員們在一七七〇年沿著澳洲東海岸向北航行時，他們看到的並不是一片荒野。他們看到澳洲原住民引火燒地的煙霧在遠方呈螺旋狀升起，也看見了如同祖國英格蘭的鄉村花園那樣被人類活動改變的地景。澳洲的巨型動物群早已消失無蹤。如今支配著澳洲眾多地景、屬性嗜火的桉樹（eucalyptus，即尤加利樹）之所以出現，正是由於成千上萬年來的刀耕火種。

農民一如野外採集者，也運用成千上萬年來積累的資訊。但他們以全新方式運用，使得人類對自然的操控達到全新層次。

農耕的基本原則再簡單不過。農民運用自身的環境知識增加最有益的動植物產量，並減低無法運用的動植物產量。農民為土地除草灌溉，幫助他們所需的小麥、稻米等植物生長，同時圈養他們重視的綿羊、山羊等動物，但他們也清除雜草，驅趕或殺死他們不喜歡的蛇、鼠等動物。這些活動改變了全部的地景，動植物應對這些新環境的方法，則如同他們應對一切環境變遷：在基因上調適，也就是演化。正因如此，新品種的動植物才會隨著農民改變環境而開始出現。繁衍得最好的物種是人類所喜悅的，因為它們是人類最用心照料的物種。人工培養的小麥、稻米等更有營養價值的植物產生了，馴化的狗、馬、牛、羊等更有用的動物也產生了。馴化的動物幫助獵人、載運人員和拖曳物品，或者提供毛料或乳汁。它們被宰殺之後則供應了肉、皮、骨和筋腱。

農民們發現改變環境並非易事。但他們劈柴、犁田、除草、排水和圈養所得的回報，則是來自周遭土地、河川和森林更大量的能量與資源，因為他們所重視的物種繁衍得極好。這讓第一批農民得以汲取更多流過生物圈的光合作用能量。當然，光合作用能量的總流量未必增加了，甚至在農民清除樹木等高產能植物時還有可能降低。但對農民來說，最重要的一點在於他們如今得以運用更多既有的能量流。

農耕帶給農民的不只有食物、木材和纖維。它也令他們得以間接取得新的能量流。比方說，人類不能吃草，但馬和牛可以，因此放牧牛馬，再將它們用於騎乘、載貨或殺了食用的農民，就從草地取得了巨大的光合作用能量流。由此產生了很大的差異。人類能輸送的能量頂多七十五瓦，牛或馬能輸送的能量則多達十倍。這一切額外能量可以用來把土地犁得比手持鋤頭更深，或用來載運貨物、人員。農民也可以增加用途不止於食用的動植物產量，像是可用於紡織的亞麻或棉花。或者他們也能種樹，用木材建造房屋、農場、穀倉和圍欄，或焚燒木材煮食、溫暖屋內。

簡單說來，農耕是單一足智多謀、能取得更多環境利用方式資訊的物種對能量及資源的攫取。人類經由集體學習的魔法，發現了將愈來愈多流過生物圈的能量轉為自己所用，從而增加自身所得能量與資源的方法，一如人類最終開鑿渠道將大河引進田園，引進城市那樣。

在生物學家看來，農耕像是一種共生形式：不同物種之間密切而互蒙其利的關係。野外採集者們運用及認識數百種不同的動植物及昆蟲物種，但農民聚焦於他們偏好的少數物種，與它們發展出異常親密的關係。強烈的共生關係往往為兩個物種帶來了行為及基因組成的轉變。現代蜜蟻「馴化」出蚜蟲。它們保護蚜蟲，供給食物並協助繁殖。如今蚜蟲大為改變，再也無法自力更生。它們在被螞蟻輕觸時供給蜜露，以此回報螞蟻的食物與保護。植物與蜜蜂之間的關係，則是我們更為耳熟能詳，對於我們也更重要的。蜜蜂取得花蜜，花的繁殖則因蜜蜂攜帶花粉穿行於花之間而更為可靠。要是消滅了太多蜜蜂，今天供養了數十億人的穀物收穫就會陷入大麻煩。

農民傾注大量關懷和勞動的偏好物種（馴化種）在生命質量上無甚進展，但在數量統計上表現出色。它們的數量暴增，同時野生動物（農民不感興趣的動物）數量則驟減。西元二〇〇〇年時，所有野生陸地哺乳類的生物總量，大約是被馴化的陸地哺乳類二十四分之一。[1]

共生改變了所有參與其中的物種，因為它們共同演化。對照現在的玉米穗與它不修邊幅的野生祖先大芻草（teosinte）。或者，對照野生的摩弗倫羊（mouflon sheep）與它被馴化的現代親戚。馴化的動物看來彷彿是為了取悅人類而演化的。它很馴順（有些人可能會不客氣地說，它比鄉間的表親更笨），生產的毛料多於自身所需，肉對於人類很美味，而且少了人類保護就無法存活。在數量統計上，這是出奇成功的演化策略。今天有一百多萬頭馴化綿羊，但摩弗倫羊只殘存幾隻。

人類也改變了，但方式不同。人類的多數調適是文化上而非基因上的。但人類在基因上確實因農耕而改變。比方說，倘若你的祖先曾經放牧過牲口，攝取牛奶或馬奶，那麼你就算成年了大概也能消化牛奶或馬奶，因為你會持續分泌消化乳糖的酶——乳糖酶（lactose）。野外採集者直到四歲都只攝取母乳，過了童年之後就不再需要分泌乳糖酶。但在牛奶或馬奶成為主要食物來源之地，人類開始直到成年都繼續分泌乳糖酶——基因突變發生了。

但在多數情況下，人類並不以基因變化適應於農耕共生關係，而是透過新的行為：經由

1 Vaclav Smil, *Harvesting the Biosphere: What We Have Taken From Nature* (Cambridge, MA: Harvard University Press, 2013).

集體學習積累的技術、社會及文化創新。他們發展出經營土地、林地和河川的新方式。而在這麼做的同時，他們也得學會合作及共同生活的新方式。文化變遷發生得比基因變化快得多，這說明了農耕何以在幾代之間就改變了人類生活方式。

早期農耕的歷史與布局

人類花了一、二十萬年讓自己的採集技術適應地球上的眾多不同環境。但農耕在不到一萬年內就傳遍了全世界，農民將自己的耕作方法適應於不同物種、土壤及氣候。今天，我們可以運用從不同感染中心追溯疾病傳播的同一種方法，追溯農耕的傳播。

農耕的擴張並不平均或平順。它在某些地區傳播得很快，在其他地區緩慢，在另一些地方幾乎沒有進展，而這些差異對於人類歷史的布局產生了巨大影響。在農耕起步之時，人類分布的範圍廣大到世界一角發生的事件幾乎影響不到別處。重大轉變逐一在社群之間發生，首先經由局部網絡擴散。漸漸地，觀念傳遞到更遙遠的地方，但直到五百年前為止，人員、觀念，以及包括農耕在內的技術移動仍有些最根本的障礙。上次冰河期結束後的海平面上升，切斷了歐亞大陸與美洲之間的聯繫，而在歐亞大陸與澳大拉西亞，或早在三萬年前就有人定居的某些西太平洋島嶼之間，則幾乎沒有任何交流。實際上，人類此時居住在世界上眾多分散的島嶼或區域。在這些區域之內，人類歷史的展開簡直如同居民各自居住在不同星球那樣。

最大也最古老的世界區域是歐亞非大陸（Afro-Eurasia）。這是人類演化產生之地，由於非洲和歐亞大陸之間有一道陸橋，觀念、人員和物品得以接力傳遞得很遠。第二古老的世界區域是澳大拉西亞，約六萬年前首次有人定居。澳大拉西亞世界區域在上次冰河期中與巴布亞紐幾內亞和塔斯曼尼亞相連，但與歐亞大陸的聯繫最為薄弱。第三大的世界區域在南北美洲，至少一萬五千年前即有人定居，但在上次冰河期結束，白令海峽淹沒之後，與歐亞大陸的聯繫也大半切斷。最近成千上萬年來，第四個區域在太平洋出現。太平洋西部島嶼，例如所羅門群島，可能早在四萬年前就有人定居，但在東方或南方遠處的島嶼（包括紐西蘭、夏威夷及復活節島）則直到始於三萬五千年前一連串不同凡響的海上移民潮中，才有人前往定居。

不同世界區域的存在開啟了迷人的自然實驗（natural experiment），因為當我們回望，就能看到人類歷史如何在不同場域展開。[2]不同世界區域的歷史有著重要的相似性。在每個地方，集體學習都產生了新技術、新社會關係和新文化傳統。但它達成的速度各不相同，這意味著農耕以不同方式進化，創造出極為不同的區域歷史。西元一五〇〇年過後，世界各區

2 Jared Diamond, *Guns, Germs, and Steel: The Fates of Human Societies* (London: Vintage, 1998)，該書最後一章發展出了自然實驗的概念。

域重新聯繫起來之時，這些差異證明了極其重要。

農耕首先出現於歐亞非世界區域，也在此處傳播最廣、影響最大。它在巴布亞紐幾內亞也出現得很早，最終在美洲蓬勃發展。但在其他地方，即使許多社群都探索出某種農耕型態，它的影響卻不那麼具有轉型力量。

到了一萬四千年前，野外採集者已經遍布於所有這些不同的世界區域，有些人開始定居並重新安排周遭環境，尤其在歐亞非世界區域。五千年後，在非洲和歐亞大陸的樞紐地點——尼羅河沿岸，以及地中海東岸被稱為肥沃月灣的弧形高地，都能找到農耕村落。再過兩千年，在一個大不相同的地區，農耕村落出現在巴布亞紐幾內亞的高地上。到了四千年前，你在非洲和歐洲許多地區，大半個南亞、東南亞和東亞，以及美洲世界區域都能找到農耕社群。到了那時，多數人類很有可能都以農耕維生，因為農耕能供養的人口多過野外採集。但世界上仍有廣大區域居住著分布稀疏的游動採集社群，包括澳洲、太平洋，以及美洲及歐亞非許多地區在內，即使就連在這些地方，有時也能看見朝向農耕的小小進展。

農耕或趨近農耕在世界不同區域頗為獨立地演進。這並非一次性的發明。這說明了非常重要的一點：隨著獨立的人類社群積累了更多技術與生態知識，無論他們身在何處，最終都很有可能運用他們以野外採集者身分積累的這些知識，發展出農耕技術。但他們可能只會在需要農耕所能供給的額外資源時這麼做，因為農耕畢竟是辛苦的工作，同時意味著改變社群的全盤生活方式。

為何人類開始務農？跨越第七道門檻

上次冰河期結束時，在全世界發生的兩大變遷，同時創造出少數農耕看似值得一試的地區。首先，全球各地的氣候更加溫暖而潮濕；其次，野外採集者此時占有大半個地球，導致某些地區開始感到人口過剩。這兩個變遷都把人類推向農耕。由於這些變遷在所有世界區域的不同地區感受到的程度各不相同，它們有助於解釋一個怪異的事實：農耕在區區數千年間就出現於世界上互無聯繫的不同部分。

氣候在大約兩萬年前開始不規則暖化，到了一萬三千年前，全球平均溫度就與今天相近了。然後，在名為新仙女木期（Younger Dryas period）的驟冷期間，溫度又驟降至少一千年，而後再次上升。將近一萬年間，氣候不尋常地穩定。更加溫暖潮濕的氣候和不尋常的氣候穩定，使得農耕相較於至少十萬年來更為可行，為整個農業時代提供了金髮姑娘條件。過去六萬年來的世界平均溫度圖表，清楚顯示出近一萬年來引人注目的氣候穩定，即使遠離回歸線之處的變化更大。

全新世早期更加溫暖潮濕的氣候，產生了植物生命富足而多樣的一些地區，為在地野外採集者提供了豐饒的「伊甸園」。在某些地區，資源富足到了野外採集者得以在永久社群或村落定居下來的程度。最近，在澳洲西海岸外的丹皮爾群島（Dampier Archipelago）發現了九千年前的圓形石屋。[3] 類似的變遷在地中海東岸的肥沃月灣被研究得最為徹底。從一萬四千年前開始，此地被考古學家稱為納圖夫人（Natufians）的社群，就開始定居於規模數百人的永久村落中。他們運用將削尖燧石嵌入驢子下頜骨製成的鐮刀收割野生穀物。他們將瞪羚圈養在欄裡。他們也建築房屋、將死者埋葬於墓地。他們還沒開始農耕——這些遺址發現的花粉屬於野生穀物。但他們定居一地，住在村落中。考古學家將這樣的社群稱為「富裕的野外採集者」（alluent foragers）。

人口壓力可能也刺激了納圖夫人，使他們更為定棲。納圖夫人的聚落很多，這意味著肥沃月灣的人口增長很快。這並不令人意外，因為肥沃月灣橫亙於非洲與歐亞大陸之間的主要移民路徑上，新移民可能由這條路徑輸送而來。

定居以幾種不同方式促進了人口的進一步增長。對於土地能供養的人數何其有限知之甚詳的野外採集者，經常試圖限制人口增長。但在村落中，幼兒不再需要被隨身帶著，他們最終也能被分配工作。這改變了看待家庭、兒童及性別角色的心態。在村落裡，眾多兒童為家戶提供了大量勞動力，也為老人提供了保護和照顧。因此，在多數定居社群中，女人被期望盡可能多生子女，部分原因是他們知道半數子女恐怕活不到成年。這樣的心態加劇了性別角色的差異，確保多數女性的生命在人類歷史的整個農業時代中將被生養子女所支配。同樣的規則也解釋了，為何許多富裕的野外採集村落在幾代之內就面臨人口過剩的挑戰。[4]

隨著人口增長，納圖夫人必須從土地取得更多資源。這意味著更細心地照料土地，最終則意味著開始從事某種農耕。納圖夫人落入了某種美人計中。他們在看似生態樂園之處建立了最早的村落，但幾代之內就面臨新的人口危機，由於鄰近的社群也同樣迅速成長，使用更多土地已經解決不了問題。他們反倒得運用一切所知的手段，提升既有土地的產能。這些壓力推動著他們（或許不太情願地）投入農民的辛苦生活，隨著他們學會務農，他們也就遺忘了如何野外採集。如同集體學習的情況，新知識的積累凌駕了古老的知識與洞見。隨著人口增長，類似的壓力也在世界上許多不同地區轉變了野外採集社群。[5]

從富裕的野外採集轉向農耕的一部分最有力證據，來自現代敘利亞北部幼發拉底河谷附近的阿布胡蕾刺村（Abu Hureyra）。這個遺址在一九七〇年代早期被發現，僅僅發掘了兩季就因修築水壩而被淹沒。最早的地層包括一群納圖夫野外採集者典型的圓屋，年代可追溯到約一萬三千年前。居民獵捕瞪羚和野驢，採集各式各樣的食材，包括核桃、水果和野生穀物。隨著氣候在長達千年的新仙女木驟冷期惡化，適合溫暖天氣的水果消亡，村民開始仰賴

---

3 參看 http://www.theaustralian.com.au/national-affairs/indigenous/aborigines-were-building-stone-houses-9000-years-ago/news-story/30ef4873a7c8aaa2b80d01a12680df77。

4 最近一部對於人類歷史上性別角色變遷的出色概述，是Merry E. Wiesner-Hanks, *Gender in History: Global Perspectives*, 2nd ed. (Malden, MA: Wiley-Blackwell, 2011)。

5 Marc Cohen, *The Food Crisis in Prehistory* (New Haven, CT: Yale University Press, 1977), 65：「世界各地的群體會在數千年內相繼被迫採用農業。」

更耐寒的穀物，即使穀物更難採集和加工。最終，他們仰賴適應寒冷的裸麥（grain rye）人工培育種，因此至少在阿布胡薏剌，讓野外採集者轉變為農民的因素看來是氣候變遷。到了這次寒流結束時，這個遺址被拋棄了數百年；幾乎到了一萬一千年前才再次有人定居。此時出現了龐大的村落，由數百座長方形泥磚屋和數千居民構成，他們栽種人工培育的穀類、獵捕野生瞪羚和羊。然後很快地，綿羊骨數量增加了，明確顯示出綿羊如今已被完全馴化。人類遺骸則揭露了第一批農民的生活可能有多艱苦。所有遺骸的牙齒都因為以穀類為主食而嚴重磨損，即使隨著陶器產生，穀物有可能加工為粥而降低了牙齒磨損。女人的骨骸清楚呈現出磨碎穀物時膝蓋長時間來回搖晃所產生的磨損。[6]

我們幾乎可以確定，最早的農民開始農耕時並不情願，因為生活水準在早期農業村落中似乎下降了。肥沃月灣早期農耕村落中出土的骨骸，通常比鄰近的野外採集者矮小，這意味著他們的飲食種類更少。儘管農民能生產更多食物，但他們也更有可能挨餓，因為他們不同於野外採集者，只仰賴少數主要作物，要是這些作物歉收，他們就大難臨頭了。早期農民的骨骸顯示出維生素缺乏的證據，可能起因於收穫之間的定期飢餓。他們也顯示出壓力的跡象，可能與犁地、收成作物、砍樹、修理建築和圍欄、磨碎穀物所需的密集勞動有關。村落也產生垃圾，引來害蟲，人口則多到足以傳播疾病，而疾病恐怕不會存在於規模更小、更游動的野外採集社群。所有這些健康衰退的證據，都顯示出第一批農民是被推進複雜且更為互相關聯的農耕生活中，而不是被農耕的優點吸引。

他們怎麼知道如何從同樣大小的土地收穫更多作物？事實上，他們怎麼知道如何耕種？這正是集體學習的力量最為彰顯之處。絕大多數面臨同樣生態危機的其他物種，會在數量上陷入困境。這個撞牆期解釋了多數有機體形式在數量增長上常見的S形曲線：新物種倍增，直到汲取了生態區位中所有食物能量為止，而後個體面臨飢餓、生殖力下降、數量增長停滯。人類則因為擁有更多資訊而有更多選擇。這些資訊以往多半不被需要。它們是潛在知識，一如潛在能量——如有需要之時便能啟動的備用知識。現代野外採集者擁有許多潛在知識，可在面臨危機時啟動，納圖夫人必定也有同樣的知識形式。他們知道只要施加灌溉、除草清理競爭者，他們所偏好的植物就會長得更茂盛。在最近千百年來的澳洲，野外採集社群引進了更集約的技術，諸如收割穀物（在澳洲北部，使用的鐮刀是將石刀握柄包上毛皮）、磨碎種子，或在特地修築的小型溝渠系統中飼養鰻魚。[7]但多數時候，野外採集者並不費心採用這些技術，因為人們並無這些需求，況且還需要額外的大量工作。在肥沃月灣這樣的地區，全新世早期的氣候與人口變遷，提供了運用這些備用技術，並且或多或少持續使用的機

---

6 Chris Scarre, ed., *The Human Past: World Prehistory and the Development of Human Societies* (London: Thames & Hudson, 2005), 214-15.

7 Bruce Pascoe, *Dark Emu: Black Seeds: Agriculture or Accident?*（Broome, Australia: Magabala Books, 2014）一書敘述澳洲原住民的許多栽培技術；鐮刀的敘述見於loc. 456, Kindle。

會及誘因。這正是野外採集者轉變為農民的動力。

總結來說，更溫暖的氣候使得村落生活和農耕在一些得天獨厚的地區成為可能，人口壓力有時使它成為必需，而野外採集者成千上萬年來積累的備用知識，則提供了第一批農民起步所需的技術。

早期農耕的布局是由板塊運動的機遇，以及特定地區形成的動植物種類所形塑的。有些動植物很容易就能馴化，其他則無法。野外採集者受到肥沃月灣這樣動植物成熟、適宜馴化的地區吸引。[8]野外採集者必定試驗了許多不同物種，做為潛在的馴化種。最有魅力的植物是種子積累豐富營養的，像是果樹。更理想的則是擁有塊莖或脂肪種子貯存絕佳養分，幫助人類撐過旱季的季節性植物。小麥或稻米若在最成熟時收割，它們提供的集中營養來源更是值得耗費大量心力種植、保護、灌溉、收成及貯藏。[9]

動物的用處同樣各有不同。斑馬太暴躁，無法馴服。獅子和老虎太危險，也不太美味。但羊、牛、馬等群居動物則更容易控制，尤其在人類能夠頂替牧群首領的時候。倘若這些動物是草食的，就能將草轉化成肉、奶、纖維和力量，讓人類得以利用世界上的廣大草地。它們的肉通常美味又營養。但在農業開始擴散之時，大型的馴化草食動物只能在歐亞非找到。正如前文所見，多數巨型動物群（除了駱馬〔llama〕等南美駱駝科動物算是不完整的例外）在澳大拉西亞和美洲都被滅絕了，大概是在人類到達後不久。這或許有助於解釋何以農業在歐亞非世界區域比其他世界區域發達更早、流傳更廣。

早期農業時代：農耕傳遍世界

農耕村落出現在幾個核心區域之後，隨著農民鍛鍊自己的技能、學習增產的新方法、將農耕引進新的地區，它們開始倍增和擴散。

成千上萬年來攜帶著肥沃沖積土壤的大河，吸引了愈來愈多的農民，像是底格里斯河和幼發拉底河、中國的黃河和長江，以及印度次大陸的印度河和恆河。農耕村落大約在一萬一千年前開始出現於肥沃月灣和尼羅河盆地，隨後在一兩千年之間出現於長江和黃河沿岸。到了六、七千年前，芋頭等糧食作物已在巴布亞紐幾內亞的高地上栽種。五千到四千年前之間，印度河谷和西非也有了農耕村落。這時，農民也在美洲世界區域裡出現：密西西比河沿岸、現代墨西哥及中美洲部分地區，以及提供了多樣環境及大量潛在馴化種的安地斯山區。

農耕從初次出現的核心區域向外傳播的過程絕非自然而然。比方說，農耕就沒有從巴布亞紐幾內亞的高地傳入沿海低地，因為芋頭、山藥等高地作物在低地無法同樣豐收。

隨著人口壓力驅動移民前往新環境，他們必須調適自己的農耕技術，有時還得等到培育

---

8 這是賈德・戴蒙（Jared Diamond）絕佳的著作《槍砲、病菌與鋼鐵》（*Guns, Germs and Steel*）最重要的論點之一。

9 Peter Bellwood, *First Migrants: Ancient Migration in Global Perspective* (Malden, MA: Wiley-Blackwell, 2013), 124.

或馴化的動植物產生新品種。從八千到四千年前，農耕從肥沃月灣延伸到了中亞、土耳其，而後進入巴爾幹半島、東歐及西歐。隨著農耕進入更寒冷、更多森林的歐洲區域，土壤、生長季及病蟲害皆有不同，農民及作物都得調適。在中歐和北歐，農民開發出新的穀物品種。在森林地帶，他們採取火耕或輪耕，這是游耕的一種方式。火耕農民將樹木焚燒和砍伐，然後在樹樁間的灰土上耕種。幾年後土壤失去肥力，他們就轉移到別處。在印度河谷地，農耕從四千年前開始興盛，一度衰退後再次成長，從大約三千年前開始，沿著印度河和恆河傳入印度次大陸其他地區。而在非洲，牧民從五千年前或更早以前就活躍於撒哈拉（那時比今天更潮濕、更富饒），到了三千年前，農耕就在西非奠定了基礎，由此再向中非和南非擴散。美洲的農民也需要適應新環境；比方說，不同品種的玉米在中部美洲（Mesoamerica）和密西西比河沿岸進化產生。

隨著農耕社群倍增，改變的速度也加快，因為農耕及其帶來的諸多變化傳播得比野外採集更快。農耕如此迅速增加的原因並非立即顯而易見的，因為農耕生活可能很艱苦，因此野外採集者得以存續數千年，且往往與農民並存。在某些地區，例如西伯利亞和澳洲，農耕的壞處大過好處，野外採集者一直活躍到現代。儘管如此、在適於農耕、可被改良而適於農耕，或是人口遽增令可用資源不敷供應的地區，農耕社群相較於野外採集的鄰居享有諸多優勢。就連火耕都能在每平方公里面積上平均供養二十至三十人。這大約是同樣環境下野外採集者典型人口密度的一百倍。[10]一旦情況緊急，這意味著農耕社群能夠調動的人力及資源總是多過野外採集者。他們可以在人口數量上淹沒野外採集者，必要時還能動用武力打敗他們。正因如此，大約早在五千年前，多數人類就仰賴農耕維生，農耕社群及其供養的人口開始支配人類歷史。

隨著農民擴散，他們也轉變了環境。農民到處砍伐森林、興建村落、犁地翻土、驅除害蟲、挖除雜草。農耕本質上需要操控自然的心態。相對於野外採集者通常認為自己是生物圈的一分子，農民則將環境看作是有待管理、栽培、利用、改進甚至征服的對象。而在集體學習提供農民操控自然所需的知識之際，農耕則帶給他們所需的食物和能量流，使他們得以倍增，並在愈益廣大的區域裡，以愈益強大的力量、愈益精湛的技能轉變環境。

集體學習與新能量流——它們驅動了農業時代洶湧澎湃的歷史動力，導致了舊石器時代不曾見過的破壞式變易性（disruptive changeability）。

農耕如何轉變人類歷史

上次冰河期結束後大約五千年間，農耕村落支配了人類歷史的農業時代。這些村落是農業時代的巨型都會，是地球上最複雜、人口最稠密、力量最強大的社群。隨著農耕散播、人

---

10 Smil, *Harvesting the Biosphere*, loc. 2075, Kindle.

口增長，村落隨之倍增，直到它們成為大多數人類所居住的社群。倘若你是農業時代的人類，你大概就是一位農民，或者居住在農民社群裡。

人口如此密集的社群是人類歷史上的全新現象。按照現代標準衡量，農耕村落看來或許簡單。但從舊石器時代的標準看來，它們是社會、政治與文化的巨擘。它們不只需要新技術，還需要新的社會及道德規則，關於如何共同生活、避免紛爭、分配社群財富的新概念。倘若英國人類學家暨演化心理學家鄧巴的說法沒錯，演化讓人腦具備了應付至多一百五十人群體的能力，那麼由此可知，規模遠大於此的社群必定需要新的社會技術才能維繫。

在人類史上農業時代的前半段，多數農耕村落都是與鄰近村落關係有限的獨立社群，規模小到憑藉傳統親屬規則就足以維繫。儘管村落之間人員、物品及觀念的交流愈來愈重要，但國家、帝國、城市或軍隊都尚未形成。主宰人類歷史最近五千年的巨大複雜社會，唯有在農耕傳播得夠快夠遠，產生出人群、資源及新技術的臨界質量之後才能出現。但農業文明的根源已可見於早期農業時代的村落社群中。

我們在前文已經看到，野外採集社會含有諸多不同種類的潛在知識儲備，包括如何管理龐大人群的資訊。社會複雜性增強，大規模政治、經濟、軍事網絡，乃至我們能在一切農業文明發現的巨大建築，所有這些潛力早已存在於野外採集社群和早期農業社群。

安納托利亞南部的哥貝克力石陣（Göbekli Tepe），為早期野外採集與農業社群內部蘊藏的智識與技術潛力提供了壯觀的例證。哥貝克力石陣最先有人居住是在納圖夫人村落的時代，隨後在一萬兩千到九千年前之間定期有人居住。[11]它包含了二十個巨石圈，其中約有兩百根雕刻精美的石柱，有些石柱遠高於五英尺、重達二十噸。許多石柱上都有怪異的淺浮雕，圖案是有爪子或喙的鳥類或動物。此處並無住屋，不太尋常的是，許多石柱都儀式性地遭到掩埋。考古學家也在遺址裡發現釀酒的跡象，這同樣有可能暗示著儀式行為（以及酒神祭〔bacchanals〕）。這顯示出哥貝克力石陣一如英國的巨石陣（Stonehenge）或新墨西哥州的查科峽谷（Chaco Canyon），是周遭社群的儀式中心，或許等同於早期的奧林匹克運動會或聯合國。它或許也具備天文台的功能。投注於興建哥貝克力石陣巨石圈的巨大心力，顯示出不同族群間的外交與技術聯繫，在這個人口遽增時代的重要性。石柱的大小、雕刻的精緻與美麗，以及必定有數百人雕刻及搬運這些巨大石塊的事實，都指向了前所未見的社會組織規模及複雜性。這一點出人意表，因為最早建造這些結構的人很可能甚至不是真正的農民，而是像納圖夫人一般定居或生活富裕的野外採集者。

隨著村落和村落網絡擴大，傳統的親屬規則也受到挑戰。[12]隨著早期的農耕村落擴張，與鄰居建立新關係，有時更成為小型市鎮，傳統的親屬與家族規則必須以關於財產、權利、

---

11 Merry Wiesner-Hanks, ed., *Cambridge World History*, vol. 2 (Cambridge: Cambridge University Press, 2015), 221, 224-28.

12 Robin Dunbar, *Human Evolution* (New York: Penguin, 2014), 77.

地位及權力的新規則修改或增補。一兩百人規模的傳統社會模組，必須被連結到更大網絡之內，而更大的網絡不免區分階序。隨著農耕擴張，我們在每個地方都開始看到更有階序的新架構覆蓋了傳統親屬規則組織而成的村落社群。

追蹤一個一千人口的村落內部關係及地位的一種方式，是運用傳統親屬規則，但將它們投射到所處時空中。以下是可能的操作方式：倘若你的父母、祖父母、曾祖父母都來自每一代的長子或長女，那麼你就可以宣告你自己和整個家族的嫡長子地位。像這樣的機制使得整個家族和譜系有可能被論資排輩。我們在此看到了階級與種姓的起源。但才能也同樣重要。隨著人們在大型村落中同住得更近，土地權、繼承權、鬥毆或破壞財產的糾紛也增加了，宛如收縮物質團塊中的質子相撞，形成最早的恆星一般。但排解大型村落紛爭的方法與化解家族爭吵大不相同。調人或判官需要慎重、老練、智慧與經驗。他們有時也必須能夠以武力遂行己意。

現代對於小規模村落社會的研究，顯示出這樣的問題是如何能夠產生出簡單的領導形式，公認為特別慷慨或強大、特別通曉傳統與法律、特別虔誠，或特別善戰的個人，被授予適度的權威管轄其他村民。倘若他們在社會和政治上都游刃有餘，就有可能成為「大人物」，也就是以慷慨大方和領導組織技能而聞名的領袖。建立在家系或能力之上的等級，也奠定了階級和種姓區分的基礎。帝國權力的輪廓早已預示於古代村落的宴席和打鬥之中。

有了更多人及更多交流，集體學習機制以更強大的效能和力量運行。許多創新在不同地區為農耕帶來漸進改良，其中一些創新改變了事物的格局。兩項特別重要的創新是大型動物的馴化，以及大規模灌溉的產生。

動物被馴化的時間大約與第一批植物同時。狗甚至有可能在野外採集社會就被馴化了，用以協助獵人、擔任守衛，或者甚至在冬季為人們保暖。但在一開始，動物馴化的效率不佳。動物被持續圈養及餵食，直到被宰殺了運用肉、皮、骨和筋腱為止，其間所費不貲。到了六、七千年前，尤其是在擁有廣闊草地，足以供養大群家畜的地區，農民和牧民開發出了在宰殺之前運用馴化動物的方法。他們開始為母牛、母馬、山羊和綿羊擠奶；為綿羊和山羊剪毛；並且騎乘馬匹或將它們套上大車。考古學家安德魯・謝拉特（Andrew Sherratt）將這些新技術描述為「次級產品革命」（secondary products revolution），因為人類學會了同時使用馴化動物的初級產品（它們被宰殺時產生的資源）及其次級產品（它們健在時所能供給的能量與資源）。直到現代為止，這些強有力的技術僅限於歐亞非世界區域，因為在美洲，眾多巨型動物物種的消滅，使得可供馴化的動物品種所剩無幾。但在歐亞非的某些區域，例如中亞、中東和北非，次級產品增加的產能巨大到整個社會開始靠他們的家畜吃飯，隨著家畜逐水草而居，生活在帳篷裡，回歸游牧生活方式。我們將這些人稱為**草原游牧者**（pastoral nomads）。草原游牧者的機動性，使他們成為遙遠地區之間完美的聯繫者。最終，他們攜帶著觀念、技術、人員、物品甚至疾病，經由所謂的絲路穿越了歐亞非。

大規模灌溉的轉型力量也同樣徹底。在美索不達米亞，人口壓力驅動著愈來愈多農民從鑿井取水的肥沃月灣高地，來到南方位於現代伊拉克中心的乾燥地帶，這個地區兩條最大的河川——底格里斯河和幼發拉底河流過這片乾地。此處的雨量實在太少，想要耕種就得從河川引水。起初，農民運用自行挖掘的簡單溝渠。但最終，整個社群合力建造並維持了複雜的溝渠和堤壩系統。其中最大的系統需要數以千計的工人，以及大量的領導與合作。但在一個土壤受到大河氾濫沖積千萬年而富含養分的地區，成果是很巨大的。農耕在適宜灌溉的地區突飛猛進，包括北印度、中國、東南亞，最終還有美洲某些地區。灌溉農業能供養的人口更多，但也需要更強大的社會合作，因此它會將農耕村落匯聚成更大的社會及政治網絡。

人口隨著農耕方法改進、農耕擴散而增加。人類總人口至少歷經十萬年，才在上次冰河期結束時達到五百萬人。到了五千年前，人類數量增加四倍，來到約兩千萬人。到了兩千年前已經有兩億人口，是上次冰河期結束時人口總數的四十倍。

但人口增長從來不是規律不變的。它在每個地方都因災禍而間斷。瘟疫、饑荒、戰爭和死亡（也就是天啟四騎士）在農業時代同樣蓬勃發展。如同前文所述，村落與游牧營帳不同，它會積累廢棄物並招來害蟲，於是疾病迅速傳播。在新疾病產生之地，例如人類因缺乏免疫力感染天花，半數人口死亡絕非罕見。農民也比野外採集者更容易受到疾病侵害，因為他們仰賴的作物如此之少。當食物開始耗盡，野草、橡子和樹皮只能短暫供養人類，極為幼小或年老的人口受害最重也最先死亡。隨著人口增長，村落開始為了土地、水及其他資源而爭鬥。他們的戰鬥召來了第三位天啟騎士，即戰爭，其破壞力可能更大於瘟疫和饑荒，而且通常與這兩者同時發生。人類始終在爭鬥，但在農業社會裡，參與爭鬥人數更多，隨著戰士們取得鐵矛、戰車和攻城器具，兵器也變得更加致命。第四位騎士——死亡緊跟著前三位騎士現身。

不管怎麼說，人類歷史進入了更為變動不居的時代，此時唯一不變的事物唯有改變本身。隨著人類社群的人數、規模及複雜性增長，他們為主宰近五千年來人類歷史的農業文明奠定了基礎。

第九章　農業文明

那時，阿卡德的住家充滿黃金，閃亮的屋宇盛滿白銀，
穀倉運來了銅、錫、青金石片，塔倉滿盈，
碼頭停泊的船隻熙攘繁忙，城牆如山，高聳入雲……
城門——彷彿底格里斯河注入大海，神聖的伊南娜將城門開啟。

——蘇美詩歌，克萊默（S. N. Kramer）英譯

農耕村落及其人口為主宰近五千年人類歷史的農業時代提供了多數人力及物力資源。看看農業文明的帝國軍隊與城市、神殿與金字塔、貿易商隊與艦隊、文學與藝術，以及哲學與宗教的背後，你會在背景裡發現往往位於遙遠內陸的成千上萬農耕村落，以及一大群更貧窮的流浪者和被剝奪者，其中多數人是奴隸。來自這些下層階級的人們生產出多數穀物和肉、許多麻布與絲綢，以及大城市所需的多數勞力（包括自由和不自由）。他們的生產與勞動支

付了堤道、宮殿、神殿，以及富人的絲綢、酒和珠寶，同時他們的人和馬也為軍隊服役。農業社會調動了農耕村落產生的人力及物質財富和能量，建造出的社會結構之複雜可畏，遠甚於任何更早期的人類社群。如同一切活機體，他們也調動資訊，因為更多資訊令他們得以獲取更多能量及資源。

農業文明的出現代表了複雜性增強的又一道門檻。但農業文明是在農耕社群數千年演進的基礎上建立起來的，因此我們不會將它們的出現看成全新的門檻，而是帶給我們農業那道門檻的第二階段。

要理解農業文明的產生，我們不會聚焦於特定文明的歷史，反倒要問我們在整個現代起源故事裡提出的問題：這種新的複雜性形式得以產生的金髮姑娘條件是什麼？農業文明新產生的屬性為何？又是哪些能量流維持著這些新屬性？

剩餘、階序與分工

即使有著饑荒、瘟疫和戰爭，農耕村落仍在整個全新世裡倍增和擴散，因為它們在多數年歲裡的產量都高於所需。它們從陽光中將能量轉換成剩餘財富。這與野外採集社會大不相同，後者貯存知識，但幾乎沒有貯存剩餘物品的需求，因為他們所需的食物與原料都在生活周遭。喀拉哈里沙漠的現代野外採集者問道：既然有這麼多蒙剛果（Mongongo）果仁可吃，何必種地？[1]在野外採集社會中，知識的緩慢積累促成了移入新環境，而非有形物資的積累。反觀農耕社會**必須**貯存物品，而且要大量貯存，因為多數動植物只能在幾星期之內收成，但食用或加工則歷時一年以上。因此一切農耕社群都有家屋、穀倉、棚屋和田地，其中充滿等待消費的物產。

隨著生產力提升，剩餘開始超出生產者的每年所需。剩餘人力、剩餘食糧、剩餘物品和剩餘能量代表了新的財富形式，也引出一個問題：誰來控制（及享用）這份財富？漸漸地，剩餘財富由有力的少數群體調動起來，而他們通常運用粗暴的強制形式建立，以調動剩餘財富的結構，則構成了農業文明的肌肉與筋腱。

剩餘財富意味著剩餘人力。隨著生產力提升，未必人人都得務農，新的社會角色隨之產生。許多人成了流浪者或奴隸，但其他不務農的人到頭來控制了社會上多數的剩餘財富，因為他們能夠專精於有用的社會角色。他們可以成為全職祭司、陶工、軍人、哲學家或統治者。專業人士在他們的有限角色裡成了專家。但分工也創造了新的依附形式。隨著社會角色倍增，人類社會一如最早的後生動物，也變得更為聯結、更為分化、更相互依存和更複雜。新的關聯結構（linking structure）產生，在社會上相當於骨骼、肌肉及神經系統。

1 Richard Lee, "What Hunters Do for a Living, or, How to Make Out on Scarce Resources," in *Man the Hunter*, ed. R. Lee & I. DeVore (Chicago: Aldine, 1968).

專業人士整體來說比起通常能夠自給自足的農民更依賴關聯結構。考古學家能夠追溯分工的演化。在美索不達米亞，陶器提供了經典個案研究。美索不達米亞最早的陶器簡單而獨特，多數大概是由普通農家製成的。但大約從六千年前開始，我們發現了配備陶輪的專門工作坊。陶工製作了大量標準化的碗、盤、罐，在廣大區域販售。這些器皿看來就像是全職專家的作品，他們投注心力於專門設備，並長期拜師學藝。專門化促進了新技能與新技術，因此它既是技術變遷的尺度，也是驅動力。比方說，陶工需要燒製陶器的窯，他們也逐漸興建了更高效的窯，能在更高溫度運行，產出更好的成果。但更好的窯也正是將銅、錫或鐵從所在的礦石中分離出來，使金屬得以模鑄、彎曲或錘打成為家用物品、裝飾及武器所需要的。銅匠、金匠、銀匠和鐵匠全都使用職業陶工率先研發的技術。

隨著剩餘增加，專門化也大幅增長。五千年前，在美索不達米亞南部的城市烏魯克（Uruk），某人編纂了一份名為標準職業列表（Standard Professions List）的清單，其上列有一百種不同的特殊角色。這顯然很重要且廣為人知，因為同樣的名單由見習書記抄寫了數百年之久。這份清單按階序編排，包含國王與廷臣、祭司、稅吏和書記、銀匠和陶工，甚至弄蛇人之類的表演者。陶工與弄蛇人不同於農民，他們不生產糧食、皮革或纖維，因此他們交易自己的產品和服務，換取糧食及其他必需品供給自己和家人的衣食。正因如此，貿易和市場，以及錢幣、書寫等會計裝置才會成為複雜社會的命脈，一如動脈與靜脈之於人體。它們讓物體及其代表的能量流得以轉移於不同個人和群體之間。就連我們稱為祭司的宗教專家，也必須以儀式服務交換糧食及其他必需品。神殿所在之處，我們也能找到奉獻與贈禮。

專門化的程度受到農業生產力，以及每個農民所能供養的多餘人力數量局限。多數農業文明大約需要十個農民才能支持一個非農民。因此多數人民必須耕種。即使在最早的城市裡，多數人也在後院裡或城牆外種植作物。但在農民構成人口多數，供給社會多數資源之際，專業人士隨著社會愈發相互依存而變得愈來愈重要。農民開始購買小件飾品或農具，同時發現自己得跟小販、稅吏、地主及監工打交道。許多不同的專業人士在市鎮與城市之間移動物品及資源，製作市場使用的錢幣和農民使用的鐵犁、軍人使用的劍，登記帳目，維持法律，為每個人的需求向神明祈禱，或是組織及統治他人。專業人士為農業文明提供了支柱與斜撐。正因如此，他們最終得以組織及支配社會上的其他人。

隨著專門化增長，不平等也隨之增長。最早的農耕社群尚稱平等，即使超出了古代社群一百五十人至兩百人的上限仍是如此。新石器時代的城鎮加泰土丘（Çatalhüyük，現代土耳其境內）興盛發展於八、九千年前，而它的家屋規模幾乎沒有差別，即使人口可能多達數千。但最終，我們開始發現了富有的少數人，而且這樣的人愈來愈多。任舉一例：在黑海沿岸的瓦爾納（Varna）有一處六千年前的墓葬，其中有兩百多座墳墓。多數死者下葬時身無長物或只有幾件簡單物品隨身，但有將近百分之十的墳墓含有更多陪葬品；其中一座含有一千多件物品，多數以黃金打造，包括手鐲、銅斧，甚至有個陰莖鞘。[2]這是人們十分常見的財富三角，大約百分之十的菁英人口，有一個人在最頂端，多數人則僅能餬口。當考古學家發現幼童的陪葬品有大量財物，他們也就可以確定，這個社會不只有階序，階序更跨越世代，因為兒童不可能憑藉一己之力取得崇高地位。這些正是貴族與種姓的跡象。宮殿、金字塔、塔廟、神殿等大規模建築工程也向我們透露，某人擁有組織眾多他人勞動的力量。

隨著權力與特權的梯度變陡，就需要新的社會支柱維持它們。必須有人巡邏市場，懲罰扒手和小偷，計算稅收，並將農民、流浪者和奴隸組成工班，建築宮殿和維修運河。複雜社會也需要宗教專家，確保神明庇佑他們免於疾病、風調雨順。一旦這些結構失敗，所有人都會受到影響，正因如此，大多數時候，就連金字塔底部的人們通常也會服從領主。

人類學家研究過階序在現代小型社會的產生過程，例如西太平洋美拉尼西亞的社會。在這裡，人類學家稱為頭人或首領的有力人物，將權力建立於尊重及忠實支持家族、盟友與追隨者之上。但他們的權力總是不穩固。一旦他們無法分配足夠的財富及特權來維繫追隨者的忠誠，就會迅速喪失權力、財富，有時甚至喪失生命。何必追隨無力強迫你，也無法讓你獲得利益的人？

最終，更大的社會裡出現了強大許多的領袖，他們統治數十萬人民，控制大量財富流動，使得他們及其盟友能夠收買必要時強行施加其意志所需的力量。實際上，動用武力取得勞力、物產或財富，成了農業文明無所不在的現象。正因如此，奴役與強迫勞動常見於農業文明。從農民身上獲取財富與勞力的方法，則顯示出農民的處境往往幾乎無異於奴隸。一份自埃及出土，撰寫於西元前二世紀的精采文獻，讓讀者得以看到某些經常用來逼迫農民交出剩餘物資的手法。[3]身為書記的作者解釋書記為何是個好工作。想想農民的辛苦勞動，無論天氣冷熱都要在田裡長時間幹活，或照顧家畜，修補農具和房屋。再想想稅吏帶著武裝警衛出現時會發生什麼事：

> 稅吏（對農民）說：「交出穀子來。」（他說：）「沒有穀子了。」他被毒打，綑綁起來丟進井裡，頭朝下泡在水裡。他的太太在他面前被綑綁。孩子們被釘上腳鐐。鄰居們拋下他們逃走。

此處當然有些誇大渲染，但我們有許多證據證明，所有農業文明都以勒索手段維持秩序，向多數人口取得勞力及資源。

我們通常都把能對廣大地區施行這種控制的權力結構稱作**國家**。國家產生於人口稠密又富裕的社會，這樣的社會能夠形成市鎮、城市，還有眾多農耕村落和大量剩餘勞力，足以為

---

2 Chris Scarre, ed., *The Human Past: World Prehistory and the Development of Human Societies* (London: Thames & Hudson, 2005), 403.

3 轉引自 Alfred J. Andrea & James H. Overfield, *The Human Record: Sources of Global History*, vol. 1, 4th ed. (Boston: Wadsworth, 2008), 23-24。

軍隊和官僚供應人力及工資。

從市鎮到城市及統治者：調度能力與新的攝食階層

隨著人口及剩餘增加，最大型人類社群的規模也擴張了。社群也如人類一般開始專門化。有些村落成長並獲得新的角色，因為它們接近貿易路線、控制具有戰略地位的河川渡口、擁有市集吸引其他村落的買主或銷售商前來，或鄰近重要的宗教場所。安納托利亞南部的加泰土丘四周圍繞著肥沃的農田，但它也出產黑曜岩，這是用來打造新石器時代最精細及最尖銳刀刃的堅硬火山玻璃。當地居民交易黑曜岩可能遠達美索不達米亞。世界上持續有人定居的最古老地點之一——耶利哥（Jericho），首先在納圖夫人時代成為聚落，因為那裡有一口從不乾涸的井。到了九千年前，耶利哥已經發展成了人口約有三千人的市鎮。

隨著市鎮成長，有些市鎮提供了新的服務、工作機會及貨物。更多人被吸引前來，漸漸地，它們對周邊腹地的村落及市鎮取得了影響力。到了五千年前，有些大型市鎮成了城市，這是由周邊市鎮及村落支持的巨大多元社群，聚集了大量的專業人士。城市中技能、工作、貨物及人員的多元，說明了它們何以成為一切農業文明的技術、商業及政治活力來源，何以吸引人們從周邊鄉村前來。

城市與國家的出現，標誌著人類社會的根本轉變。

傳統國家與現代國家大不相同。最重要的是，它們缺乏令現代國家得以介入全體公民生活的通訊技術及官僚組織。傳統的統治者能在局部行使強大力量，但要將命令傳達到邊遠省分可能需要數星期甚至數月之久，又需要同樣長的時間才能得知結果。因此，在遠離主要人口中心之處，統治者的權力有賴於地方領主區分上下階序的鬆散網絡，而領主們做為或多或少獨立的封國各自治理領地。儘管如此，最早的國家仍是人類歷史的全新現象。它們全都擁有向農耕村落、市鎮及城市調動財富，並給予一定程度的保護做為回報的權利。英國政治理論家湯瑪斯・霍布斯（Thomas Hobbes）在《利維坦》（*Leviathan*）一書中寫道，分配資源的權利「此之謂公道，其權必由統治者操之。無國之世，戰爭不息……」。[4]傳統菁英之所以擁有權力，部分是因為傳統農耕社群固有的弱點與隔離。正如馬克思（Karl Marx）所言，農民的團結不過像是一袋馬鈴薯中的一個個馬鈴薯。[5]這使他們易於遭受掠食，因為就連軟弱的統治者都能運用少數執法者逐村強加自己的旨意。如此的權力不平衡說明了數千年來，一小群統治者和官員何以能夠成功支配眾多的農民人口。

最早的城市、國家與農業文明的歷史，以美索不達米亞南部的蘇美（Sumer）最為家喻

4 譯者按：此句出自《利維坦》第二篇第八章。中譯參看湯瑪斯・霍布斯著、朱敏章譯，《利維坦》（台北：台灣商務，二〇〇二年），頁一一六。

5 轉引自Robert C. Tucker, ed., *The Marx-Engels Reader*, 2nd ed. (New York: W. W. Norton, 1978), 608。

戶曉。一大群城市在大約五千五百年前迅速興起於此地。美索不達米亞南部的城市烏魯克，通常被稱為人類史上第一座城市。它是幼發拉底河岸的一個港口。如同多數美索不達米亞城市，它也仰賴得到良好管理、水源來自大河的複雜灌溉系統。但它也鄰近河流南方三角洲的沼澤地。實際上，它可能是在乾燥季節成長的，乾季迫使邊遠村落的人民移入灌溉系統完善的城市中。五千五百年前，烏魯克有一萬人口居住在幼發拉底河兩岸。兩百年後，它大約有多達五萬人口居住在兩平方公里半的區域內。[6]在某個時刻，幼發拉底河改道，開始流過城市邊緣。

一個五萬人口的城市在今天聽來或許不起眼。但烏魯克在它的時代卻是巨獸，可能是人類歷史曾經存在過最大的定居社群。城內有兩個巨大的神殿建築群。這意味著當地必定有過強大的祭司或國王，得以調動數千人的勞力，其中許多是奴隸。烏魯克也有工作坊製作美輪美奐的物品，還有倉庫貯存穀物及珍品。數百年後的記述，讓我們對於烏魯克做為第一部成文史詩的主人翁——吉爾伽美什（Gilgamesh）國王都城時的模樣多少有些概念。那兒必定有龐大的神殿和宮殿。你也必定會看見花園、狹窄的街道和巷弄，還有工作坊、客棧和寺廟。城市周邊圍繞著燒黏土磚築成的城牆，運河則通向港口和鄰近的田園。在吉爾伽美什史詩裡，這位國王說：「全境的三分之一是城市，三分之一是花園，三分之一是田地，還有伊絲塔（Ishtar）女神的地界。」考古學家最遠在安納托利亞和埃及都發現了烏魯克樣式的物品，這說明了烏魯克商人的貿易範圍廣大。

大約在五千年前左右，第一部文字紀錄出現在烏魯克，寫在伊安娜（Eanna）神廟的泥板上。更強的複雜性意味著更多資訊，文字則是令富人和權勢者得以追蹤手中愈來愈多資源及能量流的新技術。美索不達米亞幾乎所有的早期文字紀錄都是財產清單，有著這麼多母牛和公牛，這麼多綿羊，這麼多細亞麻，這麼多奴隸。它們向我們揭示，我們如今置身於一個不平等急遽擴大的世界，其中的統治者、貴族及官員網絡控制了資訊流及權力，令他們得以調動能量及大量奴隸、農民與工匠的產品。

一件名為烏爾軍旗（Standard of Ur）的絕妙工藝品，在大英博物館以修復形式展出，它讓我們鮮活地一睹將近五千年前美索不達米亞南部城市的樣貌。烏爾軍旗是一件盒狀物體，可能是樂器的一部分，或在遊行時攜帶，確切功能至今不明。它的側面是以波斯灣的貝殼、阿富汗的青金石及印度的紅石製成的鑲嵌畫。其中一邊呈現出承平時期的烏爾城。一位國王般的人物和富裕的領主們一同歡宴，由彈奏七弦琴的歌手伴奏。國王和領主的身形大於僕人，這是藝術上的慣例，用以凸顯他們的地位和重要性。下一層鑲板則呈現出送進城裡的物品和家畜，或許就是為了宴會之用。農民生產的剩餘被抽送到上層，由菁英階層消費。軍旗

6 Hans J. Nissen, "Urbanization and the Techniques of Communication: The Mesopotamian City of Uruk During the Fourth Millennium BCE," in *Cambridge World History*, vol. 3, Merry Wiesner-Hanks, ed. (Cambridge: Cambridge University Press, 2015), 115-16.

的另一邊則呈現戰時的烏爾，描繪出一些用以維持如此陡峭的財富及權力梯度所需的軍力。最上方是一個身形大於所有其他人的人物，這必定是國王。其下我們看見軍隊，顯然身穿正式制服，將領乘坐驢子拖曳的戰車。有些軍人似乎踐踏著敵兵，其他人則拖行著身上明顯帶傷的裸體俘虜。

五千年前美索不達米亞南部的城市，代表了將要支配往後數千年歷史的那種社會。裝備精良的昂貴軍隊讓統治者及支持他們的菁英得以驅逐外敵，維持他們自身所仰賴的權力及財富梯度。如同在細胞膜內外維持能量梯度的質子泵那樣，軍人及貴族的武裝隨扈，維繫著將財富從村落抽送到市鎮，再到城市和政府的說服及強制梯度。這些鮮衣怒馬的國王和領主威嚇敵人與臣民的權力階序形象，出現在所有的農業文明之中。

從生態角度看來，國家及其統治者代表著食物鏈的全新一步，新的攝食階層。我們已經看到來自陽光的能量是如何透過光合作用進入生物圈，從植物經由草食動物來到肉食動物。我們也看到了多數能量是如何在每個攝食階層中，以一種垃圾稅的形式被浪費掉。這使得供給更高層級的能量更少，因此獅子的數量少於羚羊。農業增加了人類可用的資源，因此國家得以在階序頂端再加一個攝食階層。統治者、貴族及官員開始從農民的勞動及生產中榨取財富，農民則經由農耕取得能量及糧食。國家運用這些新的勞力、物產及能量流動，支付令他們富裕強大的軍隊、官僚、宮殿及物品所需開銷。

由生態方面思考這些過程，提醒了我們財富不曾真正由事物構成，而是由創造、移動、開採及轉變事物的能量之控制能力構成。財富有點像是被壓縮的陽光，如同物質其實是凝固的能量。向其餘人口調動這種壓縮能量，乃至令其成為可能的資源流，成了統治者及政府的根本任務，這項任務形塑了農業文明演進及歷史的所有面向。

實際上，調度能力在傳統國家的運作中比現代國家更重要。傳統的統治者無需太過關注多數臣民的教育、健康或日常生活，因為農民通常能夠自給自足。事實上，多數農民仍繼續定居於遠在國家及帝國管轄之外的獨立村落中，因此在國家能夠支配農民之處，它們的主要任務就是向農民汲取資源。漸漸地，統治者、官員及貴族對這項工作愈發得心應手。倘若他們需要更多資源修建宮殿或道路，徵募士兵組成新的軍團，或是為自己擁有的奢侈品付錢，幾乎沒有哪個傳統統治者會採取現代國家投入創新、提升產能的策略。他們在技術上保守，因為改變為時太慢，創新難得在個人生命週期中獲得顯著回報，反倒經常擾亂了既有的財富流動。統治者可能會投注心力於開發新武器或修築道路，但在多數情況下，他們面臨的挑戰在於以既有技術透過傳統調度形式增加可用資源。

傳統統治者要增加財富與權力的話，有三個主要選項。最有先見之明的鼓勵農民耕種未開發之地，要求商人尋找新的商品。但多數統治者運用兩種更冒險、也更強制的策略，尋求更迅速的增長。他們可能對自己的子民加強壓迫，風險則是人民起義或經濟崩潰。或者也可能孤注一擲，出兵從鄰國奪取財富。這很危險，但通常有效，因此多數傳統菁英是好戰的。這也解釋了何以紀念統治者的雕像一向都呈現他們身披甲冑、手持干戈的樣貌。畢竟，這是一個資源調度主要倚仗強制威嚇，調動及強加暴力的能力則普遍受到讚譽的世界。倘若你是國王，那麼從鄰國攫取資源就是經濟成長的最重要手段之一。只要你成功了（想想亞歷山大大帝），大概就能得到讚頌，無論你製造出多少苦難。

調度能力的核心作用在許多傳統統治者訂下的治國方略中都顯而易見。最多采多姿的一個範例，是印度的治國經典《政事論》（*Arthashastra*）。它大約成書於不到兩千年前，但它匯集了眾多更古老的治國方略所積累的經驗。最早在四千兩百年前，強大的國家就在印度次大陸北方的印度河沿岸興起。但所謂的印度河流域文明約莫四百年後就瓦解了。又過了八百年，隨著冶鐵技術發展在森林清出空地，農業擴張、人口增長，新的國家此時出現於恆河沿岸。到了西元前五百年，強大的城市和國家出現，其中一些征服了較小的城邦。隨後兩百年間，巨大的摩揭陀王國（Magadha）誕生，定都於今日帕特納（Patna）附近的華氏城（Pataliputra）。華氏城全盛時期的人口可能多達一百萬，和羅馬帝國時代的羅馬城一樣大。約莫西元前三二〇年，摩揭陀王國被孔雀王朝（Mauryan dynasty）征服，就在西元前三二七年亞歷山大大帝遠征北印度失敗後不久。一般認為《政事論》作者考底利耶（Kautilya）是孔雀王朝第一代國王旃陀羅笈多（Candragupta Maurya，西元前三二〇至西元前二九八年在位）的首輔，但《政事論》成書的時間可能還要再晚數百年。

如同許多治國方略，《政事論》開篇即主張，沒有統治者的無國家狀態對所有人來說都是最壞情況。無人能夠懲罰作惡者的世界「導致了魚肉法則——少了施行刑罰之人，弱者將遭強者吞噬，有了裁罰者保護，他就能得勝。」[7]當然，這是統治者的現成論調，但也表現出一個更普遍的真理：即使對於多數農民來說，受到秩序井然的國家統治仍有好處。

以下是《政事論》對統治者主要使命的概括：

> 農業、畜牧與貿易構成經濟。它因提供穀糧、牲口、金錢、林產及勞力而有益。他（君王）藉此運用財寶和兵力，將自己和敵人的集團納入掌控。提供經略及安全的……是刑罰（danda，君王的權柄）；執行刑罰的是政府。政府力圖獲取未得之物，保衛已得之物，擴充其所保衛之物，並將所保衛之物賜予賢者。世界之正常運行有賴於此。刑罰乃是三大知識體系之基礎。[8]

很明顯，這一切全都與調度相關，與驅使能量、勞力及財富從農民、勞工及工匠流向社會統治者，以維繫國家穩定的抽取機制相關。這部方略以大半篇幅，對徵稅、官吏選任、軍隊及監獄的編制和補給，以及確保農民產出足夠財富維持社會發展提出建議。

---

7 Mark McClish & Patrick Olivelle, eds., *The Arthasastra: Selections from the Classic Indian Work on Statecraft* (Indianapolis: Hackett Publishing, 2012), sections 1.4.13-15, Kindle.

8 前引書，sections 1.4.1-1.4.4, 1.5.1。

充足的資訊對於調度能力至關重要。實際上，成功的調動正意味著比你調動資源的對象掌握更多資訊。因此《政事論》也以大半篇幅敘述如何組織間諜網、保存朝廷紀錄及記載政府資產。調查統計至關重要。首席稅官要記錄村落總數，並依照供給的穀糧、家畜、金錢、林產及勞力，還有兵員數量將它們分類。城市長官被勸告「查明各（戶）男女人數，依其種姓、家系、名字、職業及所得、開銷分別登記。」[9]地方稅官則需記錄有多少人是「農民、牧牛人、商人、工匠、勞工及奴隸」。他們也要登記其他人數較少的群體，包括術士、娼館主人、酒館老闆、士兵、醫生及官員。其他官員則記錄馬匹（按年齡、毛色、健康及血統列舉）、大象及其他重要資源的數量。[10]

國家一如生物，也是複雜調適系統，因此也共享許多活機體的特徵，許多作者也提到了兩者的相似之處。霍布斯在《利維坦》的作者序言中，將國家描述成名為利維坦的巨獸：

> 此機械人之組織及力量，皆遠超越乎自然人……一國之中，主權，其靈魂也；官吏，其骨骼也；賞罰，其神精也；私家之財富，其體力也；公眾之安寧，其事業也；顧問之輔弼，有如記憶；公道與法律，有如理志；民和，則有如健康；民怨，則有如疾病；內亂，則有如死亡。[11]

國家的主要特徵的確與活機體相似。如同活機體的細胞，國家也有半透的邊界，創造出一片受保護的內部區域。穿越邊界的流動攸關國家生死存亡，因此受到細心監控。國家也有「新陳代謝」，調動能量及資源流動並予以分配，藉由支持菁英（《政事論》所說的「賢者」）、軍隊和官僚保衛及治理國家，以維持國家運行。對國家而言，如同對活機體而言，多數能量流的終極來源都是光合作用，它讓農民得以從陽光獲取能量。而在國家之中，如同在活機體之中，能量流必須慎重管理，太小的話國家會匱乏，太大的話，臣民不反抗就會挨餓，能量和資源流動也會乾涸。正如活機體維持電化學梯度以驅動能量流，國家也維持說服及強制的梯度。它們運用法律、教育及宗教，說服臣民認同自己的權力是正當的。但它們也維持軍隊和有紀律的強制者群體，在說服無效時逼迫臣民服從。因此《政事論》將刑罰（君王權柄）視為國家的基礎。強制在一切農業文明裡都是調動的根本，這有助於說明戰爭的重要性，乃至體罰在社會、家族及家庭中無所不在。

國家如同活機體，記錄關於資源和敵人的資訊，使他們得以不斷調適反覆多變的環境。對威脅保持警戒和追蹤財富流動，都需要某種記錄資訊的方式，不論你是執達員、間諜還是戶口調查員。因此所有國家都演化出某種文字形式，就連南美洲的印加帝國也以結繩形式

9　前引書，section 2.36.3。

10　前引書，sections 2.35.4。

11　譯者按：本段中譯參看《利維坦》，〈作者序言〉，頁三。

（稱為奇普〔qipu〕）留下文字。在每個地方，文字都做為一種記載政治上有用資訊的方式而演進。國家有法規，一如細胞有基因組。在國家之內，法規可能記載於法典中，在統治者與地方官的告示中，在《政事論》這樣的治國方略中，刻在石柱上，在統治者與官員的集體智慧裡，並深植於宗教傳統中。

倘若我們把國家看成政治有機體的某個屬或類型，我們也可以主張，傳統國家會隨著時間而演化，統治者及官員學會新的治國方法，取得新的政治、軍事及官僚技術。實際上，數千年來國家與農業文明的歷史，與生物圈的歷史有著相似之處，國家進入了新天地，演化出新的統治方法及新的政治技術，同時有些國家滅亡，新一屬的國家演化產生，有些國家則變得愈來愈大，獲得不斷增強的權力及知識。

農業國家的擴張

國家如同農耕，也各自出現於世界上的不同地區。不出所料，它們出現在農耕已經繁衍了數百年甚至數千年，充分發展到能夠支持大量人口、大量剩餘、商業及貿易網路，以及市鎮與城市的地方。但國家及隨之而來的一切零碎事物並未在所有農耕地區出現。在某些地區，例如巴布亞紐幾內亞或密西西比河沿岸，農耕產生了大型村落和不太大的權力形式，但生產力還不足以支持大城市或國家。

和農耕一樣，我們也可以追溯農業文明在全世界不同區域的擴張，幾乎就像是觀看傳染病擴散一般。

五千年前，國家只能在美索不達米亞南部和尼羅河沿岸找到，但它們已經開始多樣化。美索不達米亞最早的國家是以單一城市為基礎，彼此之間似乎不斷交戰。尼羅河沿岸最早的國家則似乎更大，城市的地位較不重要。往後一千年間，隨著人口增長、治國方法演進，美索不達米亞南部的國家變得更強大、控制了更大領土。到了四千年前，埃及南部的尼羅河谷地、蘇丹，以及印度河谷、印度次大陸北部、中亞，還有中國北方的黃河沿岸也有了國家。再過一千年，即西元前一千年，國家在地中海東岸大部分地區都出現了；還有中國南方，尤其是長江沿岸；以及東南亞部分地區。歐洲和西非也能找到強大的封國，它們最終將會演化成完全成熟的國家體系。到了兩千年前，美洲世界區域也有了國家和農業文明，尤其在中部美洲及安地斯山區，它們和歐亞非的國家擁有同樣的基本新陳代謝機制。

國家與帝國變得愈來愈富強。但隨著統治技術演化，它們也伸入愈來愈廣大的區域，控制更大量、更多元的人口。愛沙尼亞學者萊因．塔格培拉（Rein Taagepera）曾試圖計算國家統治下的領土增加。根據他的估計，最早的國家在西元前三千年前僅占了全世界一小部分，大約只有十分之一兆米（megameter，一兆米相當於一百萬平方公里，或者相當於現代國家埃及的大小）。到了西元前兩千至西元前一千年間，國家控制的領土增加到大約一到一點五兆米，但仍僅相當於今日由國家統治區域的百分之一左右。大半個世界仍由獨立的農耕村落和野外採集者居住著。

四千到三千年前（西元前兩千至西元前一千年間）的這一千年，提醒了我們國家既會興起，也會衰亡。在現代巴基斯坦的印度河谷，一整個國家體系瓦解，只留下了豐富的考古遺址，以及至今尚未得到解讀的誘人銘文。但在西元前一千年以後，動能重新開始，新的國家在新的區域產生，舊有的國家體系則繁衍擴張。波斯皇帝居魯士（Cyrus）於西元前五六〇年前後，在美索不達米亞北部亞述帝國遺跡之上建立的阿契美尼德（Achaemenid）帝國，大概可算是史上第一個巨大帝國。它在全盛時期可能控制了六兆米的領域。兩百年後，北印度的孔雀帝國可能擴張到超過三兆米，而中國的漢帝國則與阿契美尼德帝國同樣大小。到了兩千年前，羅馬帝國與漢帝國鼎盛之時，中部美洲和安地斯山區也出現了最早的國家體系，即使它們的規模和人口都比不上歐亞非世界區域的巨大帝國。塔格培拉估計，國家體系在兩千年前的控制範圍約有十六兆米，相當於地表面積百分之十三左右。

隨著技術、商品、觀念、宗教及哲學擴及更廣泛世界區域的廣大地區，國家與文明的擴散激發了新的集體學習形式。人口、貿易體系和國家系統的擴張，不僅受到來自農耕的食物及能量流增加驅動，也受到創新驅動。隨著愈來愈多人生活在更加多樣的環境，資訊及創新積累得比以往更快速。尤其重要的是加速交流的技術，像是新的金錢形式，或改良的船舶、道路。歐亞非的帝國都是優秀的築路者。畢竟，道路是帝國的動脈。統治者修築道路，好讓軍隊和商人移動得更快更遠，但他們也設置驛傳系統，以迅速得知叛亂或外敵威脅消息。從波斯蘇薩（Susa）到現代以弗所（Ephesus）附近撒狄（Sardis）的皇家大道，是由阿契美尼德皇帝大流士（Darius）修建，並由希羅多德（Herodotus）描述。這條大道綿延兩萬七千多公里，讓信差得以接力輪換新馬匹，七天內就跑完步行者需要九十天才能走完的路程。

文字讓統治者得以貯存關於帝國及臣民的重要資訊。新的軍事技術轉變了戰爭，例如更好的馬挽具或駱駝鞍、更強的弩砲或更快的戰車，同時陸地與海洋的交通改良也轉變了商業，讓農產運輸更容易。從古蘇美的時代開始，新的冶金技術傳遍了整個歐亞非區域，首先是銅錫合金產生的青銅。大約三千年前起，熔化鐵的熔爐就產生了，鐵比銅更堅硬也更便宜，因為鐵礦比錫礦或銅礦更常見也更容易取得。在西元前一千年開始的鐵器時代裡，金屬用於武器、農具、挽具、兩輪車、四輪車，甚至鍋子、盤子等常見生活用品上。

集體學習形塑了教育、哲學及科學思想，而且成為重要國家宗教的豐富神學基礎，所有國教都將起源故事包含在它們對世界的敘述中。多數國家都試圖影響臣民的宗教觀念，因此興建神殿、扶持官方的祭司。它們經常迫害保存著非官方宗教信仰與實踐的薩滿及其他宗教人物。最早的國家敬拜在地神祇，但隨著國家向廣大地區擴張，它們的神祇似乎也更加靈驗而無遠弗屆。我們在最大的帝國裡看到至高神的興起，像是祆教神祇阿胡拉・馬茲達（Ahura Mazda）即為阿契美尼德帝國的至高神。有些神祇被信徒尊奉為宇宙的統治者，正如信奉這些神祇的帝國自稱支配了已知世界。世界上所有的主要宗教，包括猶太教、基督教及伊斯蘭教，以及羅馬和希臘的傳統宗教、印度教、佛教、儒家，還有美洲帝國的傳統宗教，全都包含了超乎常人的神。大多數時候，統治者與建制化宗教的領袖們合作無間，因為他們理解宗教信仰做為一種替彼此皆蒙其利的體系爭取支持的方式，具有何等強大的力量。

熟練的統治者學會了許多生財之道。他們努力保護農民不被過分剝削，因為他們明白財富多半出自農村。過分壓迫農民很危險，保護農民不受敵軍或掠奪領主危害，並在歉收時打開糧倉援助他們則是明智的。如《政事論》所指出，農民是一國的經濟基礎，因此明智的統治者都希望農民富足。熟練的統治者也鼓勵國際貿易，以取得稀有珍貴的戰略物資，像是富人的貴重珠寶或絲綢、製作青銅的錫，甚至供給國內城市所需的穀糧。許多統治者也交易人口，俘虜人口為奴並賣做勞工、僕役及士兵，在地中海東岸及中亞的草原和巨大奴隸市場裡興盛一時。從貿易獲利最多的統治者們則致力於經營市集與商隊旅館，並修築道路、水道和港口，讓貨物移動得更快更遠。

隨著國家擴張，交流網絡也隨之擴張。四千年前的美索不達米亞城市已經在與印度、埃及和中亞貿易，中亞部分地區則與中國貿易。到了兩千年前，這些網絡運送著包括絲綢、錢幣、玻璃器皿及香料在內的大量貨物，經由人稱絲綢之路的陸路及橫越印度洋的海路穿過歐亞非。這些國際交流網絡也攜帶了沒人想要的物品，包括天花、鼠疫等疾病。諸如約莫一千五百年前，拜占庭皇帝查士丁尼一世（Justinian I）時期發生的瘟疫，或許能解釋兩千年前到一千年前之間，在歐亞非人口更為稠密的定居地區，人口成長反而減緩的原因。

到了兩千年前，出現了橫跨歐亞非的大帝國，包括羅馬帝國、薩珊帝國（Sassanian

Empire）、貴霜帝國（Kushan Empire）、孔雀帝國，以及漢帝國。在它們之間還有眾多半獨立的國家。往後一千年間，也就是從兩千年前到一千年前，有些較大的帝國瓦解了，包括其中最大的羅馬帝國與漢帝國。疾病與帝國崩潰讓成長減緩將近一千年。但在一千年前，出現了成長的新跡象。村落、城市和貿易網絡伸入了中國南方、歐洲北部、非洲等先前人口稀少的地區。或許最為驚人的是西元八世紀時伴隨著新的世界宗教——伊斯蘭教而興起的新政治體系。

再過四百年，到了西元十三世紀初，蒙古帝國由成吉思汗領軍的草原游牧民族建立。即使它延續了不到一世紀，它卻是到此時為止最龐大的帝國，也是第一個涵蓋了整個歐亞非的帝國，從朝鮮延伸到東歐。美洲最早的真正國家系統大約兩千年前出現在中部美洲及安地斯山。許多美洲國家，像是馬雅人的國家，都以單一城市為基礎，如同在它們之前三千年的蘇美城邦。到了蒙古帝國的時代，美洲也有了控制眾多城市和廣大領土的帝國體系。它們包含了阿茲特克帝國（Aztec Empire）和印加帝國（Inca Empire）的前身。

衡量人類歷史農業時代的變遷

在農業時代，我們第一次有了恰好足夠的資訊，得以試著衡量人類歷史上的某些根本變遷。我們可以試著估計人類社會如何運用能量，能量與複雜性增強在人類歷史上又是如何相關，如同它們在恆星和生物圈的歷史裡那樣。附表[12]的數字對於能量在人類歷史裡的作用，以及它對人類生命的影響，提供了一些非常粗略的衡量。當然，這些數字是試探性的，但它們根據的是我們現有對於人類歷史上大規模變遷的一些最認真的估計。而它們敘述的故事很重要，有助於我們看見人類歷史更廣泛的樣貌。

我們在上一章看到了人類人口在舊石器時期增加，但增長得很緩慢，在最近一次冰河期的最後兩萬年間，或許每千年增加二十五萬人。附表B欄的數字顯現出人口增長在農業引進之後的急遽加速。從一萬年前到五千年前，人口增加了四倍，而後從五千年前到兩千年前又增長了十倍。於是，在一萬年前到兩千年前的整個時期裡，人類人口增長了將近四十倍，平均速率是每千年兩千五百萬人，或相當於舊石器時代晚期平均成長率的一百倍。

如此迅速的人口成長，是因為我們物種消費的能量大增而實現的（C欄）。到了兩千年前，人類使用的能量總值，是他們在上次冰河期結束時消耗能量的七十倍。農耕帶來的巨大能量豐收支付給了人口增長、熵的各種複雜稅，最後則供應了富人和強者的財富。幾乎看不到多數人類的生活因此改進的跡象。

能量大豐收的多數支付給了人口成長。但不是全部，因為D欄顯示，自五千年前以來，每人平均消費的能量總值略有增長。我們無法精確估算多餘的能量如何分配，但我們對農業社會演進既有的認識，則顯示出能量最重要的用途。它首先用來支付增強的複雜性。統計附表的F欄對於複雜性增強提供了非常粗略的衡量，它假定最大城市的規模反映出人類興建、維持及支付複雜社會與技術結構的能力。畢竟，城市一如文明整體，仰賴數量龐大的組織，以及建築、道路和公路幹道、灌溉渠道、宮殿及神殿、官員、警察、市集和軍人等方面的大規模開銷。我們可以將這些開銷看成向熵支付的一部分複雜稅。還有另一種支付給熵的垃圾稅。那是無人真正從中獲益的能量，其中包括在戰爭及自然災害或流行病中浪費的能量。

我們知道，來自農耕的一些多餘能量也用於改善菁英群體的生活，這些人在多數農業文明裡都占了百分之十左右。菁英控制了大量財富，很有可能就連預期壽命的緩慢提升（E欄）多半都僅限於富人和強者。因此至少有些農業帶來的能量大豐收，有助於改善某些人類的生活。但在其他所有這些開支之外，用以提升多數人口生活水準的近乎所剩無幾。正因如此，我們擁有的一切證據都顯示，即使人們偶爾當然能享用奢侈品，但在整個農業時代的大多數時候，多數人的生活水準差不多僅足以餬口。法國經濟學家托瑪．皮凱提（Thomas Piketty）估計，大多數歐洲國家最晚到了一九〇〇年，仍由百分之一人口擁有國家財富的百分之五十，百分之十人口占有國家財富的百分之九十，剩下的百分之九十人口則只能將就使用區區百分之十的國家財富。其實並沒有現代意義上的中間階級，因為「財富分配居中的百分之四十群體……幾乎跟最貧困的後百分之五十群體一樣窮。多數的民眾都一無所有，全國

12 編按：請見本書頁三四三。

資產幾乎盡數由社會中的少數分子掌控」。[13]

倘若這種財富分配是多數農業文明的典型，那麼它也就支持了一個基本結論：農耕產生的能量大豐收只改善了頂多十分之一人類的生活。但多數淘金熱的情況也必然是這樣。要將財富擴散得更廣，還需要再一次能量豐收，比農耕產生的能量豐收更不同凡響的一次。下一章敘述的正是為第八道門檻鋪路的變化，這道門檻為能量豐富得不可思議的今日世界奠定了基礎。

13 Thomas Piketty, *Captial in the Twenty-First Century*, trans. Arthur Goldhammer (Cambridge, MA: Harvard University Press, 2014), 270, and p.258, table 7.2。譯者按：本段引文中譯參看托瑪・皮凱提著，詹文碩、陳以禮譯，《二十一世紀資本論》（台北：衛城，二〇一四年），頁二六一。

第十章　今日世界的邊緣

發現美洲以及發現繞過好望角抵達東印度的航路，是人類有歷史紀錄以來最偉大也最重要的兩件事。……它們在某一程度上把世界上距離最遙遠的地方結合起來，讓他們互相紓解對方的匱乏，互相增加對方的生活享受，同時互相鼓勵對方的勤勞，因此它們的總傾向似乎是有益的。然而，不管是對東印度群島或西印度群島的土著來說，那兩件事可能帶來的一切商業利益，全都被它們所引起的可怕不幸淹沒了。

——亞當．史密斯，《國富論》（*The Wealth of Nations*）[1]

閣下，我賣的是全世界都渴望擁有的東西——動力。

——馬修．博爾頓，詹姆士．瓦特改良蒸汽機的首要投資者

1　譯者按：本段譯文參看亞當．史密斯著、謝宗林譯，《國富論（二）》（台北：先覺，二〇〇五年），頁二六六至二六七。

我們在敘述先前幾道複雜性增強的門檻時，對於令它們得以實現的金髮姑娘條件，提供了一些有憑有據的猜測。當我們接近今天的世界，我們可以更準確地看見新的金髮姑娘條件是如何積累，最終為開創今日世界，即人類世（Anthropocene）世界的創新大勃發做好準備。

六百年前的世界

到了西元一四〇〇年，人類人口已從上次冰河期結束時的五百萬左右增加到了一百倍，也就是五億人左右。在澳大拉西亞、非洲部分地區、歐亞大陸中部和西伯利亞，以及美洲，仍有廣大地區人口稀少，多數人以採集、狩獵、放牧或草原游牧維生。但多數人類此時生活在農業文明之中，直接或間接仰賴農耕為生。實際上，人類多數是農民。世界上多數地方都充斥著農民，如同一萬年前某些地區充滿了野外採集者那樣。就連太平洋也充斥著農民，因為玻里尼西亞水手踏上了危險的海上移民之路，到達了太平洋多數島嶼。太平洋上最後一片大型可耕地——奧特亞羅瓦（Aotearoa，即紐西蘭），從大約七百年前起有人定居。

隨著人類數量增加，尋找新土地、新資源、新財富來源的壓力也隨之增加。西伯利亞的野外採集者與牧鹿人，受到稅吏、毛皮貿易商、商人和草原牧人愈來愈強大的壓力，開始設陷阱獵捕動物，出售毛皮、海象長牙及林產。而在沒有農業國家索取更多資源的澳洲，人口成長則逼使人們增加生產。在肥沃地區，如現代的雪梨附近，部族領地隨著人口成長而縮減，地方社群必須開發更專門、更集約的技術。在數百年前的雪梨港，女人用火焰樹皮（kurrajong bark）製成的線及蝶螺（turban shell）刻成的特殊釣鉤釣魚，得以從海水更深處釣到魚。她們在夜晚乘坐著名為諾威（nowie）的樹皮舟釣魚，並在舟中點燃火把，溫暖自己和懷中的嬰兒。一七七〇年，跟隨庫克船長航行的約瑟夫·班克斯（Joseph Banks）看見諾威舟的點點星火灑滿了雪梨的植物學灣（Botany Bay）。[2]而在澳洲某些地區，也有了半永久性聚落及初步農耕。

在太平洋的某些大島上，像是夏威夷、東加及紐西蘭，農耕的產量足以支持小市鎮和小國家。在中美洲及安地斯山，農業擴及的範圍夠廣大，不只支持了大型國家，更支持了美洲最早的帝國體系。阿茲特克帝國的核心區域位於現代的墨西哥，在十五世紀迅速發展起來，它的首都特諾奇蒂特蘭（Tenochtitlán）就在今天的墨西哥市。與它同時代的印加帝國，則以厄瓜多和秘魯的安地斯山山坡為心臟地帶。印加的首都庫斯科（Cuzco）位於現代秘魯東南部。

人口壓力與調動新資源的競爭，在歐亞非這個最古老、最廣大、人口最多也最多元的世

2 Grace Karskens, *The Colony: A History of Early Sydney* (New South Wales: Allen & Unwin, 2009), loc. 756-79, Kindle.

界區域裡感受最為深刻。在統治者、富商巨賈及渴望土地的農民尋求更多能量及資源之際，他們爭奪著新的可耕地及新的財富形式，包括毛皮、香料和礦物。[3]如有必要，他們隨時都樂意排擠野外採集者。這些壓力驅策著農民定居於過去可能看不上眼的土地，例如斯堪地那維亞北部，或是乾燥的歐亞大草原邊緣的烏克蘭及俄羅斯部分地區。調動壓力也讓歐亞非內部的網絡更為複雜多樣，擴大了它們的規模，也加強了它們經由絲路或印度洋海路交流的物品及觀念之豐富與多樣。

一四〇〇年時，一條人民、城市與耕地的密集地帶，從大西洋岸沿著地中海兩側伸展，經由波斯及中亞部分地區，進入印度、東南亞及中國。一五〇〇年時最富裕、人口也最多的帝國，是大明王朝統治的中國。十五世紀初，永樂帝（明成祖）派出由穆斯林宦官鄭和率領的大艦隊，跨越印度洋抵達印度、波斯，以及東非的富庶港口。鄭和的其中一些船艦是歷史上最巨大也最精密的船舶，它們的多次航行也為即將來臨的全球化提供了耐人尋味的預示。但在一四三三年，新皇帝宣德帝（明宣宗）停止了遠航。[4]中國富強又自給自足，鄭和的遠航幾無商業價值，而且開銷極為昂貴。新皇帝和他的大學士們決定把遠航的花費用在更好的用途上，像是強化北方邊防，阻止草原游牧民族南侵。

資源及人口較少的統治者，有更多理由向境外尋求財富。在十五和十六世紀發展尤其迅速的，是新興的莫斯科大公國（Muscovy）。它的政府興建了連綿的要塞，將國境向南推進到黑海北岸肥沃而乾燥的草原，東南觸及中亞絲路沿線的市場，向東則深入西伯利亞富饒的毛皮及礦物採收場。鄂圖曼帝國（Ottoman Empire）則是穆斯林世界最強大的帝國，到了十六世紀，它的勢力已伸入東南歐，穿越美索不達米亞並橫跨北非。一五一七年征服埃及之後，它也控制了獲利豐厚的自印度洋進入地中海及歐洲的貿易。就在同一個世紀裡，印度次大陸也興起了足以匹敵的穆斯林帝國，即由蒙古大帝成吉思汗的後裔巴布爾（Babul）創立的蒙兀兒帝國（Mughal Empire）。非洲的撒哈拉沙漠北方、尼羅河沿岸及西非，乃至富庶貿易城市星羅棋布的東非海岸，也有強大的國家和帝國。歐洲位於歐亞大陸西緣，遠離了穿越地中海及印度洋的豐饒商業財富流動。威尼斯人設法汲取了這些貿易流動，但並不容易。一五〇〇年歐洲最強大的帝國是神聖羅馬帝國，這是由通婚及征服連結起來的一群國家、主教區和公國的大雜燴，自奧地利經由日耳曼延伸到尼德蘭和西班牙。

一四〇〇年時的世界仍然區分為各不相同的世界區域，彼此之間並無顯著聯繫。但增長的人口和增加的調動壓力，確保了分隔不同世界區域的海洋隔膜遲早要被穿透。由誰在何時穿透仍不確定，儘管歐亞非世界區域的強大調動壓力，使得穿透極有可能發生在這一區

---

3 關於日益激烈的全球新資源追尋，以下這本書描述得最好：John Richards, *The Unending Frontier: Environment History of the Early Modern World* (Berkeley: University of California Press, 2006)。

4 譯者按：原書誤記為洪熙帝（明仁宗）。仁宗在位不滿一年即駕崩，其子繼位為宣宗，一四三三年為明宣宗宣德八年。

之中。

一四九二年，分隔兩個最大世界區域的海洋，終於由一位熱那亞航海家克里斯多福・哥倫布（Christopher Columbus）領軍的遠航所跨越。哥倫布說服了西班牙的君王，支持他對於一條自歐洲跨越大西洋，抵達東亞富裕市場之捷徑的直覺。往後三百年間，分隔澳大拉西亞與太平洋區域的薄膜也被穿透了，這是人類在歷史上第一次開始跨越整個世界，交流資訊、觀念、物品、人員、技術和宗教，乃至疾病。

這是翻天覆地的變化。自從兩億五千萬年前，板塊運動創造出單一的盤古超大陸以來，基因、有機體、資訊和疾病第一次能在單一世界體系之內流動。世界史家阿爾弗雷德・克羅斯比（Alfred Crosby）將這場生態革命稱為「哥倫布大交換」（Columbian Exchange），他揭示了全球化轉變生物圈的力量一如轉變人類歷史。[5] 馬克思與（Friedrich Fngels）恩格斯在《共產黨宣言》主張，這些變遷啟動了現代資本主義：

> 美洲的發現、繞過非洲的航行，給新興的資產階級開闢了新天地。東印度和中國的市場、美洲的殖民化、對殖民地的貿易、交換手段和一般商品的增加，使商業、航海業和工業空前高漲，因而使正在崩潰的封建社會內部的革命因素迅速發展。

不同世界區域連結的震動是如此強大，區區數百年內，人類社會就跨越了複雜性增強的第八道門檻。變化由於發生在全球化世界中而迅速運行。過去的集體學習只在局部或區域規模運行，因此農民經過一萬年才遍及全球。而在全球網絡的世界裡，只需數百年就能改變大半個地球。這一變遷在整個生物圈四十億年的歷史中無比重大。突然間，人類發現自己被聯繫在單一的全球思維圈中，此即心靈空間。到了二十世紀，心靈空間在整個生物圈內都成了一股破壞性的變革力量。

創造單一世界體系

歐洲航海家是首先將世界主要區域連結起來的人。這個簡單的事實帶給歐洲統治者及企業家們長達數百年的巨大優勢，因為曾經一度與財富及權力樞紐相距甚遠的歐洲，如今控制了人類史上最龐大財富及資訊流動必經的門戶。

歐洲航海家突入其他的世界區域，是因為他們無法輕易進入富庶的南亞和東南亞市場。這意味著他們要想分一杯羹就非得冒險不可。最要緊的是，他們必須繞過支配地中海的鄂圖曼商人。這正是葡萄牙政府從十五世紀中葉開始，派出機動性高且配備火砲的卡拉維爾帆船

5 Alfred W. Crosby, *Ecological Imperialism: The Biological Expansion of Europe, 900-1900* (Cambridge: Cambridge University Press, 1986).

（caravel）探勘非洲西海岸的理由之一。卡拉維爾帆船的大三角帆受到伊斯蘭原型的啟發，羅盤和火砲來自中國的發明，而它們本身就是歐亞非世界區域智識增效積累的範例。到了一四五〇年代，葡萄牙航海家已經與馬利帝國建立了盈利的海上貿易，買賣過往駱駝商隊經由陸路跨越撒哈拉運輸的黃金、棉花、象牙及奴隸。

這些小小的成就刺激了競爭對手，熱那亞航海家哥倫布是其中一人。哥倫布說服了西班牙國王斐迪南（Ferdinand）和女王伊莎貝拉（Isabella）支持自己向西航行進入大西洋深處，尋找直通亞洲的西向航路。他錯誤地相信，跨越大西洋前往中國的距離比多數人所料想的更短。斐迪南與伊莎貝拉押注於這個想法，因為他們知道倘若哥倫布是對的，獲利將不可勝數。一四九二年十月十二日，哥倫布的船隊抵達了巴哈馬群島的一個小島，他命名為聖薩爾瓦多（San Salvador）。他直到死前都確信自己抵達了亞洲或印度，因此把自己遇見的人稱為印地安人（Indians，即印度人之意）。也正因如此，他對於這些人的裸露與明顯貧困[6]，乃至缺乏和服及絲質長袍大惑不解。俘虜帶著他來到古巴，他在那兒發現了少量黃金，恰好足以說服斐迪南與伊莎貝拉資助更多次遠航。哥倫布的航行讓美洲和歐亞非兩大世界區域頭一次頻繁往來。一四九八年，就在哥倫布首次橫跨大西洋航行之後六年，葡萄牙船長瓦斯科．達伽馬（Vasco da Gama）向世人展現，繞過非洲南端同樣可以航行到東南亞。印度洋並不是多數人所以為的巨大而封閉的湖泊。

來自不同世界區域的人們早先的接觸，多半是暴烈、混亂而有殺傷力的，或許大半情況都是如此，對陌生人的猜疑也發揮了作用。但數千年積累而來的人口密度、技術、社會及軍事組織模式，乃至對疾病的抵抗力之眾多差異也同樣起了作用。有贏家就有輸家，輸家可能面臨慘重後果。如同最初的含氧大氣產生或恐龍突然死亡，這正是奧地利經濟學家約瑟夫・熊彼得（Joseph Schumpeter）所謂的**創造性破壞**（creative destruction）其中一例——舊事物不斷被新事物替換，過程通常暴烈，熊彼得視此為現代資本主義的核心。眾多社會因此被破壞，許多人命因此被摧毀。但同時也有創造，因為最初的全球交換網絡之龐大規模，讓集體學習以星球規模協同進行，釋放出巨大的資訊、能量、財富及權力流動，最終轉變了全世界的人類社會。

歐亞非西陲那些率先派出船隊突破世界區域之間壁壘，資源短缺的國家及帝國，幾乎占盡了一切優勢。它們以掠食的歡欣和無情的效能利用這些優勢。哥倫布第一次出航之後五十年內，葡萄牙人就運用它們的武裝卡拉維爾帆船建立起要塞化的據點，在印度洋連成一片貿易帝國。商人和水手面臨巨大風險，但可能獲取的利潤也同樣龐大。在美洲，埃爾南・科爾特斯（Hernán Cortés）及弗朗西斯科・皮薩羅（Francisco Pizzaro）等西班牙征服者，控制了豐饒的阿茲特克及印加文明。他們利用這兩個帝國的內部政治分歧，只投入少數兵力就達成

6 Felipe Fernández-Armesto, *Pathfinders: A Global History of Exploration* (New York: W. W. Norton, 2007), 161及其後。

目標。但他們也得到天花等歐洲疾病的毀滅性衝擊幫助，這些疾病可能殺死了美洲主要帝國多達百分之八十的人口，毀壞了古老的社會結構及傳統。以他人的慘痛損失為代價，征服者們真正發現了寶藏，令自己和母國社會同時富裕起來。

西班牙征服者在美洲發現的還不只黃金、白銀。他們也發現了土地，可用於栽培作物，像是令歐洲人食欲大開、攝取量不斷增加的糖。西班牙人（包括哥倫布自己的親戚）早已展現出在加那利群島（Canary Islands）廉價製糖的方法：在種植園裡由奴隸栽種。這些種植園預示了即將從美洲獲取的利益，過程中往往運用了最凶殘的暴力。

一五四〇年代，西班牙商人在現代波利維亞的波托西（Potosí）發現了一座銀山。起初他們運用自印加帝國承襲而來的傳統強制勞役系統來開採銀山，但死亡率實在太高，因此他們很快就開始輸入非洲奴隸勞動。騾車將白銀載運到墨西哥的阿卡普爾科（Acapulco）港口，鑄成世界上最早的全球通行貨幣：銀披索。大量披索跨越大西洋流入歐洲，支撐歐洲的在地經濟，因為西班牙政府使用披索向荷蘭或日耳曼的債權人償還貸款。披索也乘著馬尼拉大帆船橫越太平洋，來到西班牙控制的馬尼拉城。在這裡，西班牙商人和官員以披索交易中國商人供應的中國絲綢、瓷器及其他貨品，再將它們轉賣到美洲及歐洲，獲得龐大利潤。這是經典的套利交易。商人從價格最低廉之處購買商品，在最稀缺之處出售，由於生產成本與售價之間的價格可能天差地遠，他們在世界最早的全球市場中大發利市。繁榮的中國經濟需要白銀，給予高昂的估價，於是中國的銀價是歐洲的兩倍之多，美洲的奴隸勞動則持續壓低銀的生產成本。相對來說，高級絲綢在中國很普及，但在歐洲卻因罕見而價值極高。只要他們的船隻能倖免於船難或海盜，歐洲商人及其贊助者就能利用最早的全球交流網絡中，陡峭的價格梯度賺取豐厚利潤。葡萄牙人和西班牙人起頭的工作，隨著荷蘭人和英格蘭人在十七世紀攫取亞洲的葡萄牙港口，並開始蠶食西班牙人和葡萄牙人在加勒比海與北美洲的殖民地，而由他們接手。

資訊和財富一道隨著這些梯度流動下來，資訊也證明了與財富同樣重要。約翰尼斯・古騰堡（Johannes Gutenberg）在十五世紀中葉發明的高效印刷新方法，強化了新資訊流動的衝擊。一四五〇至一五〇〇年間出版的書籍約有一千三百萬本，而在一七〇〇至一七五〇年間則出版了超過三億本書。[7]書籍及其貯存的資訊再也不是罕見而昂貴的奢侈品，而成了受過教育的人們日常獲取的事物。正如套利收益激發了歐洲貿易，巨大的新資訊流也激發了歐洲的科學與技術。

歐洲航海家們發現了新的大陸和島嶼，在南方天空看見了新的星座，也遭遇了古代文獻不曾提及的人民、宗教、國家、植物和動物。新資訊的海嘯撼動了整個歐洲的教育、科學甚至宗教，因為歐洲是新資訊首先以最快速度流過的區域。這樣的資訊迫使歐洲學者質疑古代科學，甚至質疑聖經。它開始削弱了傳統的起源故事。在十六世紀的英格蘭，弗朗西斯・培

---

7 David Wootton, *The Invention of Science: A New History of the Scientific Revolution* (New York: Penguin, 2015), 68.

根（Francis Bacon）主張科學與哲學不應繼續以仰賴古典文獻為主，而是應當像歐洲航海家一般主動追尋新知：「經由在我們的時代裡已然司空見慣的遠航與旅行，自然中的許多事物已被揭露與發現，或許將為哲學帶來新的思路。」[8]約瑟夫．格蘭維爾（Joseph Glanvill）在一六六一年寫道，「有一個祕密的**美洲**，和自然界（一個）未知的**秘魯**」等著被發現。[9]

正如現代的科學革命史家大衛．伍頓（David Wootton）所言：「發現的概念是……科學得以發明的先決條件。」[10]研究世界本身，而非對世界的**說法**。照培根的話來說，學習「藉由順服自然而征服她」。這與現代科學技術的控制精神若合符節。在十七世紀，許多學者開始理解到自己在地理、商業革命之外，也正歷經一場智識革命，新知識則正在增強人類對於自然世界的力量。「至於我們的工作，我們全都欣然同意，」皇家學會的一名會員在一六七四年寫道，「……它絕非刷白老屋的外牆，而是要起造新屋。」[11]十八世紀時，歐洲啟蒙時代的思想家開始在新知識中看到目的、意義與「進展」。人類應當轉變及「改善」世界的觀念，開始形塑了科學、倫理、經濟、哲學、貿易與政治。

思想的世界轉變了。伍頓生動地描述了這場變遷。在莎士比亞的時代，就連最有教養的歐洲人都普遍相信魔法與巫術，相信狼人與獨角獸；他們相信地球屹立不動，天體繞地球運轉；相信彗星預告了禍害；相信植物的形狀顯現了它的藥用能力，因為天主將它設計得可供判讀；相信《奧德賽》是真實故事。[12]一百五十年後，當伏爾泰在世時，有教養的歐洲人想法就大不相同了。許多人蒐集，或至少讀到過望遠鏡、顯微鏡和抽氣機等實驗器材；他們認為牛頓是最偉大的科學家；他們知道地球繞著太陽運轉；他們不再認真看待魔法、古代傳說講述的歷史、獨角獸的故事或（多數）神蹟故事；他們相信知識的進展，以及某種類似進步的事物。

新資訊為新形式的知識提供了智識上的磚瓦與灰漿。牛頓發展萬有引力定律之時，他能夠獲取的資訊範圍廣泛得前所未見。比方說，他可以對照鐘擺在巴黎與在美洲、非洲擺動的情形。在此之前沒有哪一代科學家能如此徹底地，或在如此廣泛多樣的資訊網絡中測試自己的觀念。

> 牛頓的成就可說與海外貿易及探勘令歐洲人常識大增密不可分。歸納以取得自然世界共相的勇氣，多半應歸功於歐洲人對浩瀚海洋的掌控，為牛頓等固著於陸地的思想家

---

8 轉引自Steven J. Harris, "Long-Distance Corporations, Big Sciences, and the Geography of Knowledge," *Configurations* 6 (1998): 269。

9 Wootton, *The Invention of Science*, 37.

10 前引書，頁五四。

11 前引書，頁三五。

12 前引書，頁五至六，八至九。

帶來的無窮資訊——以及自信。[13]

炫目的新財富及資訊流動還有另一個強大的效果：它們激發了一向被稱作**資本主義**的，同時由財富及資訊梯度所驅動的商業調度形式。大多數情況下，傳統統治者都運用強制力的威脅、保護的承諾，以及訴諸宗教和法律權威調動財富。但在所有文明之中，商人也透過經商調動了大量財富。商業調動有賴於套利，也就是在某地低價買進再到他處高價售出。商人想要發財的話，就需要用於投資的財富，以及如何投資的資訊。最早的全球交流網絡之中陡峭的價格及資訊梯度，為歐洲商人及企業家開啟了廣大無垠的商業契機，使他們的財富及政治影響力增長到連神聖羅馬帝國皇帝查理五世這樣的帝王，都開始向他們借貸的地步。

歐洲統治者一般來說，比起中國明朝皇帝之類的傳統統治者更熱衷於和商人合作，因為大多數歐洲國家資源有限、歷經無窮戰事，手頭上總是欠缺現金。向商人借貸的統治者自然熱切支持商業。就這樣，歐洲貿易商與統治者之間建立起了緊密的共生關係。統治者保護及支持商業，報償則是有權從商業財富中課稅與獲利。這是資本主義最早也最粗陋的形式，而這套體系得到了從亞當．史密斯（Adam Smith）到馬克思這些歐洲經濟學家的讚許。

歐洲政府與企業家之間建立的夥伴關係有著各種型態。俄國人的伏特加交易正是一個經典範例。[14]蒸餾技術在十六世紀出現於俄羅斯。恐怖伊凡（Ivan the Terrible，這個綽號來自於他對國內貴族的殘酷對待）政府的官員們幾乎立刻了解到，要是他們能夠阻止農民在自家蒸餾（這不難做到，因為蒸餾需要大量技術及器材），他們就能賺取大量利潤，因為酒類將成為農民必須向他人購買的極少數物品之一。酒是強大的致幻物質，它很快就成了農民必不可少的生活用品，重大宗教節日、家族慶典及婚禮、喪禮都需要飲酒慶祝及紀念。但將伏特加送入廣袤領土上成千上萬的村落是項艱巨的工作，而商人最適合這項工作。因此俄羅斯政府與商人合夥建立起伏特加貿易，獲利豐厚到了十九世紀時，俄國軍隊做為當時世界上最龐大的軍隊之一，大部分軍費都由伏特加貿易支付。俄國政府和社會為了伏特加貿易複雜的利潤抽取機制向熵付出了巨額的稅，最終導致高到危險程度的酒精中毒。

儘管資本主義產生了新的不平等形式，經濟學家仍然讚許它，因為它也有助於催生財富與創新。許多早期經濟學家完全理解，資本家創造及交易的財富，其實相當於控制壓縮的陽光，控制流過生物圈的能量。正因如此，才有這麼多人贊同勞動價值理論；勞動畢竟是能量。但他們也理解，資本主義尤其擅長在控制能量方面刺激創新。原因是商人不同於傳統統治者，他們幾乎無法運用毫無修飾的強制力調動財富（即使他們只要有機會就樂於這麼做）。

---

13 Margaret Jacob & Larry Stewart, *Practical Matter: Newton's Science in the Service of Industry and Empire, 1687-1851* (Cambridge, MA: Harvard University Press, 2004), 16.

14 David Christian, *"Living Water": Vodka and Russian Society on the Eve of Emancipation* (Oxford: Oxford University Press, 1990).

大多數情況下，商人所能運用的不是力量，而是詭計。這就意味著尋求新的資訊。他們得找到新的商品與市場，還得更有效率地交易並降低成本。最重要的是，他們要想智取對手就必須創新。他們得找到調動及掌控能量與資源流動的新方法，這有助於解釋何以在哥倫布首度跨過大西洋之後數百年間，資本主義日益發達的歐洲社會不僅更加富裕、也更有創意。

有些政府是由商人治理的，像是尼德蘭或威尼斯政府，因此他們也確實極其重視商業。英國人向荷蘭人學習了很多，而在十七世紀晚期，他們還短暫擁立過一位荷蘭人國王，即威廉三世。英國政府投注大量經費編組海軍，用以保衛加勒比海、北美洲，最終還有印度等地的要塞化貿易據點及殖民地。在海軍保護下，英國政府及商人賺取了巨大利潤。比方說，他們向非洲統治者出售武器換取奴隸，再以駭人聽聞的條件將奴隸運往美洲。奴隸再用於交換糖、菸草及其他栽種作物，其價格由於便宜的奴隸勞動而得以壓低。這意味著栽種作物能在英格蘭及歐洲迅速擴展的消費市場裡薄利多銷。英國政府和荷蘭一樣，愈來愈倚賴包括海關收入在內的貿易利潤。這就說明了英國政府在一六九四年創辦英格蘭銀行的理由，正是為了讓英國商人、企業家及地主都能取得低利貸款。在十八世紀，低利貸款助長了農業創新，協助建立了運河及無遠弗屆的馬車運輸系統。倫敦成長為世界最大城市之一，英國的商業繁榮興旺。

新的財富與資訊流動，以及新的科學知識形式，激發了農業、採礦、造船及航海、運河修築及眾多其他領域的創新。在西歐尤其如此。一五〇〇年以後，財富與權力開始迅速轉移，以往閉塞落後的歐洲與大西洋區域迅速成為新樞紐，成為財富、資訊及權力第一次全球流動的中心。

化石燃料：巨大創新

一個全球化的世界，以及一個受到在地統治者支持，愈發富裕和強大的企業主階級，激發了商業與創新，尤其在大西洋區域。但如前文所見，某些創新比其他創新更能帶來徹底變革。無需意外，考慮到歐洲的財富增長、企業活力及資訊流，即將創造出現代世界的巨大變革會從這裡發生，而不是從地中海橫越歐亞大陸，經由穆斯林世界直到中國的舊樞紐區域。

最重要的巨大創新，通常是那些能夠釋放出新能量流的，如融合或光合作用。農耕可說是巨大創新，因為它讓農民得以取用更大於早先光合作用的能量流。這些愈益強大的流動推進了農業時代的劇變。但來自農耕的能量流有其限度，因為它只能汲取新近捕捉到的陽光。燒一塊木頭、吃一片胡蘿蔔，或把馬套上犁，你就取用了過去十二個月來，至多近數十年來從陽光中捕捉到的能量流。到了十八世紀晚期，有些西歐經濟學家開始懷疑，歐洲社會已經將這些能量流利用到極致了。他們的算法很簡單。驅動人類社會的能量流來自耕地與林地，再從風和雨額外獲得少許。因此成長就意味著尋找更多可耕地和林地。到了一八〇〇年，大多數的可耕地似乎都已經被耕作了。現代經濟學的創始者亞當．史密斯認為，社會很快就會用上一切可用的能量。然後成長就要停頓；薪資也會下降，隨著農耕社會如其他所有填滿了生態位的有機體一般正面遭遇能量流的限度，人口也要下降。[15]有些社會似乎已經推到極限了，如尼德蘭和英格蘭。在尼德蘭，農民得抽乾海水取得農地，而英格蘭則面臨供暖、築屋及造船所需的木材陷入短缺。按照克羅斯比的說法，在亞當·史密斯的時代，「人類對太陽能的應用已經達到了上限。」[16]

尋求新能量來源的壓力，最終召喚出了我們今日稱為化石燃料革命的巨大創新。這讓人們得以取用遠大於農耕所提供的能量流——封存於化石燃料中的能量可不只積數十年之力，而是從三億六千多萬年前的石炭紀就開始累積。存在煤、石油、天然氣層之中的，是呈現為固態、液態、氣態形式，被埋藏了數億年之久的陽光。我們若要理解封存於化石燃料中的能量，就想想把坐滿乘客的一輛車放在你的頭上，接著用很快、很快的速度跑幾小時，然後提醒自己，幾加侖的汽油就承載了這樣多的能量，而且還不只（因為大量能量被浪費掉了）。一如淘金熱，這次能量大豐收也產生了狂亂且往往渾沌的新變化形式，創造及摧毀了個人、國家，乃至整個區域的財富。狄更斯（Charles Dickens）、恩格斯及其他人都看到了許多人為這些變遷而付出的悲慘代價。但一個全新的世界將從這樣的瘋狂中浮現。

轉變來自將煤能量轉換成廉價的力學能，令其得以推動工廠、火車頭、汽船及渦輪機的技術突破。許多社會已經認識了煤，但它不容易開採和運輸，燒起來又髒又臭。因此農業社會的多數人寧願從木材獲取熱能。但在某些區域，木材卻很稀少。在英格蘭，隨著人口增長、城市擴張（尤其是倫敦）、商業繁榮，對能量的需求開始超出供給。英格蘭是世界上最早感受到能源緊縮的國家之一。但英格蘭不同於多數國家，它仍有退路。它擁有大量相當接近地表的煤藏，其中許多位於河邊或海岸，因此能夠容易且廉價地經由海運或運河，送往包括倫敦在內的大都市。英格蘭製造商和家庭開始改用煤，到了十七世紀，英格蘭的釀酒人、製磚工人和麵包師都在使用煤，倫敦人開始抱怨城市裡的惡臭空氣。一七〇〇年時，英格蘭百分之五十的能量由煤產生。一七五〇年時，它供應的能量相當於四百萬公頃的林地，約等於英格蘭與威爾斯總面積的將近百分之十五。[17]對煤的依存鼓勵了開採、運輸及販售的人們生產更多煤，並且生產得更便宜。

但問題來了。隨著對煤的需求增加，煤礦工人得把礦井挖得更深，而這些礦井很快就被水淹沒，人們為獲取更多的煤，因此決定建造更有力的水泵將礦井抽乾。解決這項技術問題

15 E. A. Wrigley, *Energy and the English Industrial Revolution* (Cambridge: Cambridge University Press, 2011), loc. 298-306, Kindle。馬爾薩斯（Thomas Malthus）、傑文斯（William Jevons）、李嘉圖（David Ricardo）和彌爾（James Mill）等經濟學家，也認同自然界為成長設定了限制；相關討論見 Donald Worster, *Shrinking the Earth: The Rise and Decline of American Abundance* (Oxford: Oxford University Press, 2016), 44-49。

16 Alfred W. Crosby, *Children of the Sun: A History of Humanity's Unappeasable Appetite for Energy* (New York: W. W. Norton, 2006), 60.

17 Wrigley, *Energy and the English Industrial Revolution*, loc. 2112, Kindle.

的誘因又大過其他地方，於是設計便宜高效的水泵成了企業家和發明家的一大目標。新科學與普及機械技能的結合，提供了解決問題所需的智識背景。十七世紀的科學家開始理解大氣壓力是如何運作，到了十八世紀初，這項知識在紐科門蒸汽機（Newcomen steam engine）獲得運用，從煤礦井裡將水抽取出來。[18]但紐科門蒸汽機效力不佳，需要使用大量的煤，因此只有在能夠便宜取得煤的煤礦裡才有商業價值。投資人、發明家和工程師都明白，改良的泵能為他們掙得龐大利潤，革新英格蘭家庭及產業所得的煤供給。

最終解決這些技術問題的工程師詹姆士·瓦特（James Watt），他是一位蘇格蘭的儀器製造者，與工程師、科學家和商人都有良好關係。一七六五年，在一次週日午後的漫步裡，瓦特突然想到自己可以增強紐科門蒸汽機的效能，方法是多加一個汽缸做為冷凝器。但要建造一部改良的蒸汽機，需要最尖端的科學與技術，以及設計並鑽研精確打造、能承受高壓之活塞的能力。這是費神又昂貴的工作。然而瓦特最重要的支持者馬修·博爾頓（Matthew Boulton）覺察到機會，大力投資瓦特的研究。他明白一部將煤能量轉換為力學能，且要價合理的機器，可以獲取多麼龐大的利潤。一七六九年，瓦特為自己的設計取得第一項專利，這時競爭已經激烈到博爾頓向俄國駐倫敦大使吹噓瓦特的設計原型之後，瓦特立即獲得俄國政府重金禮聘。瓦特認真考慮要接受邀請，但博爾頓說服他留下來。一七七六年，終於大功告成。

瓦特的蒸汽機讓人類初次品嘗了即將在區區兩百年內改變人類社會的龐大能量流。一如啟動化學反應的活化能，化石燃料的能量提供了能量脈衝，在技術上開啟了同樣的全球連鎖反應。往後二十五年間就有五百部新機器在英格蘭運行，到了一八三〇年代，燃煤蒸汽機成了英國工業最重要的動力來源。英國人對能量的消費暴增。一八五〇年時，英格蘭與威爾斯消費的能量已是義大利的九倍，英國的企業家與工廠也取得了巨大動力的推動者。蒸汽機車能夠產生二十萬瓦的能量（沒錯，這個單位以瓦特命名），相當於一隊兩匹馬拉的犁所能提供的兩百倍能量，這種犁是農業時代最重要的推動力之一。更多便宜能量可供取用，這是前所未有的。英國的工業起飛了。煤產生的能量已相當於覆蓋英格蘭與威爾斯總面積一點五倍大的林地所能取得的能量。[19]

早期工業化

英國是第一個受惠於化石燃料能量大豐收的國家，其產能也隨之起飛。到了十九世紀中葉，英國創造了全球國內生產總值（Gross domestic product, GDP）的五分之一，也占了全球化石燃料排放量的將近一半。毫不意外地，全球大氣的二氧化碳含量也從十九世紀中葉前後開始升高。早在一八九六年，瑞典化學家斯凡特・阿瑞尼士（Svante Arrhenius）即已認識

18 紐科門引擎及其與科學革命的關聯，參看 Wootton, *The Invention of Science*, chapter 14。
19 Wrigley, *Energy and the English Industrial Revolution*, loc. 2112, Kindle.

到，二氧化碳既是溫室氣體，它被產生的量也大得足以引發全球氣候變遷。

但這樣的恐懼屬於未來。（阿瑞尼士其實認為全球暖化是正向發展，因為它可以延緩下一次冰河期。）同時，其他國家的企業家和政府也想從廉價能量的大豐收之中分一杯羹，它們不擇手段地想要取得新技術。蒸汽機很快就開始在歐洲以及新近獨立的美國製造。隨著蒸汽機擴散，它們也激發一波波嶄新的科技突破，像是蒸汽機車及汽船，每次突破都讓運輸更加便宜，並衍生出相關創新，尤其在生產鐵道機車、船體及軌道所需的鋼鐵方面。企業家、工程師及科學家在建築及紡織工業上，探索出運用蒸汽機便宜能量的新方法。

有很多強大的回饋迴路。改良蒸汽機使得礦井能夠挖得更深，降低了採煤成本，於是在一八〇〇至一九〇〇年間，煤的開採量增加了五十五倍。更便宜的煤使得蒸汽機更加經濟實惠，汽船和火車頭則大幅降低了由陸路和海路運送牲口、煤、產品及人員的成本，刺激了全球貿易。鐵路增加了對鋼鐵的需求，製鋼技術的創新則使得鋼應用在大量生產物品上第一次變得經濟實惠，例如像是易開罐這種貯存及保存食材的新方法。當然也有出乎意料的副作用。運用蒸汽紡織織品提高了人們對生棉的需求，刺激了美國、中亞和埃及的棉花種植。紡織品的工業生產也提高了對人工染料、漂白劑等副產品的需求，啟動了現代化學工業，其中許多產品都來自煤。

便宜的能量也助長許多新技術的實驗及投資，其中一項最重要的是電力。一八二〇年代，麥可·法拉第（Michael Faraday）意識到在電場之內移動線圈，就能產生電流。隨著人類發明蒸汽動力的發電機，產生大規模電力在一八六〇年代成為可能。電力與電動機就像最早原核生物的質子泵與三磷酸腺苷分子，提供了有效的分配動力新方法。動力轉換為電力之後，得以便宜地送往工廠和個人住家。燈泡將夜晚變成了白天，由此轉變了居家生活與工廠工作，城市、公路和港口也開始在夜裡點亮。電力也變革了通訊。十九世紀開始時，由陸路傳遞訊息最快的方式仍是騎馬驛傳。一八三七年發明的電報使得通訊能以光速行進。到了十九世紀末，電話和無線電讓真正的對話多少有可能在遙遠距離之間即時傳遞。

新技術也變革了戰爭和兵器。鐵路和汽船以前所未見的快速移動軍隊和武器。一八六六年，阿爾弗雷德·諾貝爾（Alfred Nobel）發明了黃色炸藥，這種全新的爆裂物十分強大。隨著手槍和機關槍的改良，爆裂物讓每一名士兵的殺戮能力倍增。工業化武器的毀滅力量在第一場真正的化石燃料戰爭——美國南北戰爭中清楚展現出來，配備現代武器的蒸汽動力鐵殼船則改變了海戰，讓英國在鴉片戰爭中征服了中華帝國的水師。十九世紀晚期，在工業革命的財富、技術及能量流支持下，一度落後的歐洲國家開始在帝國主義時代征服大半個世界。

最終多半能回溯到新廉價能量流動的眾多回饋迴圈，解釋了工業革命不同凡響的動力，以及率先工業化地區急遽增長的財富與權勢。便宜的能量促成並激發了一個個國家，以及眾多製造業和工業領域的創新與投資。最終，來自煤的便宜能量助長了創新，從石油中調動出新形式的化石燃料能量。

石油和煤一樣早已為人所熟知。它在滲出地表之處被汲取，用以製造瀝青、藥物，甚至是燃燒武器。[20]十九世紀中葉，石油開始以煤油型態用於照明，成為鯨油的替代選擇，當時鯨油的價格由於鯨魚被過度獵捕而逐漸上漲。但礦物油的供應量有限。有些人猜想地表之下藏有大量石油，可用中國輸入的鑽孔技術開採，中國人為了取得岩鹽而設計了特殊鑽頭。實際上，人們都知道這種鑿取岩鹽的鑽頭有時也能找到石油。第一次認真鑽孔尋找石油的嘗試，是由艾德溫．德雷克（Edwin Drake）自一八五七年起在一貧如洗的賓州小鎮泰特斯維爾（Titusville）展開。一八五九年八月二十七日，就在資金耗盡之前，德雷克的鑽探隊找到了石油。探礦者們急忙前來收購土地，十五個月內，泰特斯維爾鎮內和周邊就出現了七十五個油井。「他們為了所有權和分紅的價格討價還價，」一位訪客寫道，「買賣地點，回報油井的深度、外觀或產量，等等，等等。今天離開的人們對別人說，他們看到了那口每天產出五十桶純油的井……隔天傳回來的數量更多……從來沒有哪窩離巢的蜜蜂比這更忙碌，或更加嗡嗡作響的。」[21]一八六一年，鑽探者們鑽到了第一座噴油井——在自身壓力下湧出石油的油井，甚至在隨著石油湧出的天然氣被點燃時引發致命的爆炸。產量提高到了每天三千桶。

許多人靠著石油發財，德雷克卻沒有，他在一八八〇年死於貧困之中，即使他協助開啟了化石燃料革命的下一章。

---

20 Daniel Yergin, *The Prize: The Epic Quest of Oil, Money, and Power* (New York: Free Press, 1991), chapter 1.

21 前引書，頁一六。

第十一章　人類世：第八道門檻

我們不再身處於全新世了。我們在人類世。

——保羅·克魯岑（Paul Crutzen），二〇〇〇年在一場會議上脫口而出

於是做為食物採集者的人，重新以資訊採集者的矛盾面目出現。在這個角色上，電子人根本就是游牧人，正如他在舊石器時代的老祖宗。

——馬歇爾·麥克魯漢（Marshall McLuhan），《認識媒體》（*Understanding Media*）[1]

在二十世紀，我們人類開始轉變自己的生活環境，自己的社會，乃至我們自己。我們未

1 譯者按：本段譯文參看馬歇爾·麥克魯漢著、鄭明萱譯，《認識媒體：人的延伸》（台北：貓頭鷹，二〇一五年），頁三二八。

必真正想要這麼做，卻引進了如此迅猛而巨大的變遷，使得我們的物種變得等同於一種新的地質力。正因如此，許多學者開始主張地球進入了新的地質年代，也就是人類世——「人類時代」。這是在生物圈四十億年的歷史裡，第一次有單一生物物種成為變遷的支配力量。僅僅一兩個世紀之間，我們人類就以化石燃料革命的巨大能量流和非凡創新為基礎，偶然扮演起行星領航者的角色，而未必確知我們應當參看哪個儀表，應當按下哪個按鈕，或是要在哪裡降落。這對人類，以及整個生物圈來說，都是全新的範疇。

劇烈加速

倘若我們從細節退開，人類世迄今為止看來就像一齣三幕劇，還有許多變遷仍在進行中。第一幕始於十九世紀中葉，化石燃料開始轉變全世界。大西洋區域的幾個國家獲得了巨大的財富與權力，以及駭人的戰爭新武器。第一批化石燃料強權與世界其他地區之間產生了鴻溝。這個權力與財富的鴻溝將會維持一百多年，直到二十世紀晚期才開始拉近距離。

這些差異創造出了十九世紀晚期與二十世紀初一面倒的帝國主義世界。突然之間，在大半個農業時代裡都處於邊緣的大西洋區域國家，開始支配、有時甚至統治了大半個世界，包括非洲的絕大部分，以及一度由亞洲偉大的印度及中華帝國統治的大片領土。在新興的大西洋樞紐區域之外，化石燃料技術的第一波衝擊隨著外來侵略者的輜重而來。史上第一艘鐵殼蒸汽砲艦——復仇女神號（Nemesis）憑著她的十七門火砲，以及在淺水中快速航行的能力，幫助英國在一八三九至一八四二年的第一次鴉片戰爭中控制了中國的海港。強大曾居世界之冠的中國水師，面對這樣的武器完全無法招架。

數十年內，歐洲的商業及軍事力量就削弱了古老的國度與生活方式。以蒸汽引擎推動的紡織機製成的紡織品，摧毀了曾是農業時代首屈一指棉布製造者的印度手工紡織業者。隨著英國在政治及軍事上控制了印度次大陸，它繼續將印度紡織品排除在英國市場之外，以維持這樣的不平衡。就連印度鐵路幹線的修築，帶給英國的利益也多過印度。大多數的鐵軌和鐵道機車都是英國製造，龐大的印度鐵路網主要是為了快速而廉價地調動英國軍隊、出口印度的便宜原料，並且輸入英國的製成品而設計。而在美洲、非洲和亞洲，糖、棉花、橡膠、茶及其他原料不斷增長的需求，助長了破壞環境的種植園，通常由近似奴隸的工人勞動。在機槍與長矛和標槍較量的戰爭中，歐洲列強瓜分了非洲，並且統治了大半個世紀。

歐洲的經濟、政治及軍事征服助長了一種歐洲或西方優越感，許多歐洲人開始把自己的征服看成是歐洲或西方帶領世界其他地方進入文明和現代化的使命。對他們來說，工業化就是進步的標誌。這是從啟蒙時代首先提倡的轉化使命之一環，旨在「改善」世界，讓世界成為對人類而言更好、更富裕、更文明的地方。

人類世的第二幕出奇暴力。它從十九世紀晚期開始，一直延續到二十世紀中葉。在這一幕中，第一批化石燃料強權開始互相攻擊。十九世紀晚期，美國、法國、德國、俄國和日本開始挑戰英國在工業上的領先地位。隨著對立激化，強權們試圖保衛自己的市場和供應來源，並且排除競爭對手。國際貿易衰落了。一九一四年，對立變成了全面戰爭。隨後三十年間，毀滅性的全球戰爭動員了現代的新科技，以及增長的財富與人口。

世界其他地方也被捲入了這些戰事，而這些戰事在中國和日本的殘酷程度，一如在俄國和德國。隨著戰爭的血霧籠罩在歐洲、非洲、亞洲和太平洋，交戰各國政府競相研發更具毀滅性的武器。科學家為參戰國帶來駭人的新武器，其中一些運用了潛藏於原子核中的能量。一九四五年八月六日，美軍的一架B-29超級堡壘轟炸機從太平洋上的馬里亞納群島起飛，在日本廣島市投下一枚原子彈。這顆原子彈摧毀了大半個城市，殺死八萬人。（往後一年內，又有七萬人死於傷害或輻射病變。）一九四五年八月九日，另一顆類似的原子彈投在長崎市。

第三幕則包含了二十世紀後半及二十一世紀初。美國與蘇聯從兩次世界大戰的血海中崛起，成為最早的全球超級強權。許多局部戰爭爆發了，多數是為了推翻歐洲殖民統治而戰。但冷戰時代裡並未發生重大的國際戰爭。此時，所有強國都明白核戰絕無勝利者。但仍有些千鈞一髮的時刻。就在一九六二年古巴飛彈危機過後不久，美國總統約翰・甘迺迪（John Kennedy）承認，全面核戰爆發的機率一度介於「三分之一到五成之間」。[2]

第二次世界大戰過後的四十年見證了人類歷史上最不同凡響的經濟成長迸發。這是劇烈加速（Great Acceleration）的時期。

全球交流重新開始，並且增強。根據一項具有影響力的估計，第一次世界大戰之前四十年，國際貿易值平均每年增長百分之三點四左右；自一九一四至一九五〇年，增長值下跌到只剩百分之零點九；然後，自一九五〇至一九七三年，它又升高到每年將近百分之七點九，直到一九七三至一九九八年間略微下降到每年百分之五點一左右。[3]一九四八年，二十國簽署了關稅暨貿易總協定（General Agreement on Trade and Tariffs, GATT），降低了國際貿易的壁壘。戰時的技術這時運用於更為和平的用途。石油與天然氣加入了十九世紀的能量大豐收，核子武器在和平一方的對應——核子動力也是如此。產能劇烈增長，先從首要的化石燃料經濟體開始，而後擴及它處。隨著輸出增加，生產者在國內外尋求新的市場，消費也劇烈增長。在富裕的國家裡，這是汽車、電視、市郊夢幻住宅的時代，最終則是電腦、智慧型手機和網際網路的時代。新興中產階級開始崛起。這同時也是工業革命開始擴散到舊有工業核心地帶之外的時代。到了二十一世紀初，工業科技轉變大半個亞洲、南美洲及非洲部分地區的程度，一如當年轉變歐洲社會那樣徹底和迅速。隨著世界其他地區工業化，它們的財富與

---

2 Graham Allison & Philip Zelikow, *Essence of Decision: Explaining the Cuban Missile Crisis*, 2nd ed. (New York: Longman, 1999), 271.

3 Angus Maddison, *The World Economy: A Millennial Perspective* (Paris: Organisation for Economic Co-operation and Development, 2001), 127.

權力也提升了。再一次，世界上開始出現眾多權力與財富的樞紐。第一部現代蒸汽機問世兩百五十年內，化石燃料技術就轉變了整個星球。

在劇烈加速期間，人類以前所未見的規模調動能量及資源，這使得他們也開始轉變生物圈。正因如此，許多學者將人類世開始的時刻訂在二十世紀中葉。

改變世界：技術與科學

由廉價的能量所推進的創新，是改變最主要的驅動力。創新產生出更陡峭的財富與權力梯度，助長了競爭，從而驅動創新，形成強大的回饋迴路。企業家與政府緊追那些可能帶給他們產業及軍事優勢的創新，並投資能夠產生及散播新技術與技能的行業、學校、大學及研究機構。

二十世紀初期的戰爭強行推動著創新前進。第一次世界大戰期間，德國缺少天然肥料，由弗里茨．哈伯（Fritz Haber）與卡爾．博施（Carl Bosch）領軍的德國科學家，想出了從空氣中汲取氮，製造人工肥料的方法。氮不太會產生反應，因此這項工作並不容易。原核生物在數十億年前已經解決了這個問題，但哈伯與博施是首先成功固定住大氣氮的多細胞生物。哈伯—博施法運用大量能量，克服氮不願進行化學結合的惰性，因此這只有在化石燃料的世界裡才行得通。但人工的氮基肥料轉變了農業，讓人們得以多養活數十億人口。它把化石燃料變成了糧食。

液態的化石燃料——石油在十九世紀晚期首先投入使用，替代鯨油供照明之用。一八六〇及一八七〇年代研發出來的第一批內燃機，則展現出如何從石油中產生機械力。不同於蒸汽機的熱能來源在其運動部件之外，在內燃機裡，化石燃料的熱能直接推動活塞、轉子或渦輪葉片。內燃機在二十世紀晚期迅速擴散，多半是因為它們在戰時運送士兵及裝備，並推動第一批坦克車的用途。它們也被安裝在最早的軍用飛機上，使其成為從空中投下爆裂物這門黑暗藝術的先鋒。一旦戰爭結束，汽車和飛機製造商就轉向平民市場，創造出一個愈來愈多個人擁有並駕駛車輛，或乘坐飛機的世界。全球貿易也被油輪、貨櫃船和大型飛機轉變了。

資訊位居人類世技術的中心。隨著政府投注心力大舉擴充教育及研究，企業與公司行號為了發展及傳播新產品與新服務而資助相關研究，資訊技術也轉變了。為破解敵軍密碼，戰時政府資助資訊及計算數學研究。這一研究結合了一九四〇年代晚期電晶體的發明，為世紀後半葉科學、商務、政府、財務及日常生活的電腦化奠定了基礎。同樣研發於戰爭期間的火箭技術，最終則將人類送進了太空。戰時政府發起了龐大的研究計畫發展核子武器。美國政府的曼哈頓計畫研發出了最早的原子彈，包括一九四五年在廣島和長崎投下的炸彈。它們釋放了鈾原子核分裂的能量。蘇聯隨即也得力於間諜從曼哈頓計畫洩露的情報，研發出自己的原子武器。十年之內，美國和蘇聯也製造了氫彈，它們藉由為一切恆星提供動力的同一套機制——質子融合，釋放出更加巨大的能量。第一顆氫彈在一九五二年完成試爆。

這樣的創新很大一部分是由現代科學動力增強的集體學習環境所啟發的。愛因斯坦在二十世紀的前二十年內發展了他的相對論。它揭示了物質與能量令空間與時間變形，而這一變形是重力的真正來源，從而改良了牛頓對宇宙的理解。愛因斯坦也揭示了物質能夠轉換為能量，這一洞見為核子武器與核子動力提供了科學基礎。在同一時代發展出來的量子物理學，為原子核怪異而或然的世界帶來了更深刻的洞見。少了這樣的理解，核子武器、電晶體、全球定位系統及現代電腦今天就不可能存在。一九二〇年代，艾德溫・哈伯等天文學家發現了宇宙起始於大霹靂的最初證據。而在生物學上，達爾文的天擇觀念與格雷格爾・孟德爾（Gregor Mendel）對遺傳的理解，以及羅納德・費雪（Ronald Fisher）的改良統計方法結合，奠定了現代遺傳學的基礎。

這些及其他眾多洞見與技術，在劇烈加速期間推動了創新與成長。提升的產能讓人類人口以前所未見的速度成長。一八〇〇年，地球上有九億人口；到了一九〇〇年則有十五億人。一九五〇年，在我的小時候，即使世界大戰造成重大傷亡，世上仍有二十五億人口。而在我這一生中，人類的數量又增加了五十億。這麼巨大的數目足以令人腦袋遲鈍，因此值得花些時間理解它們的意義。自一八〇〇年至今兩百年，人類的數量增加了六十多億。增加的每一個人都得吃飯、穿衣、居住和工作，大多數人也必須受到教育。區區兩百年內產出足夠資源供養額外的六十億人口，是艱巨的挑戰。

了不起的是，這個挑戰藉由現代技術、現代化石燃料，及現代管理技能而得到應對。農業、製造業及運輸的產能急遽攀升。儘管糧食及其他物資不一定能送到需要的人們手中，仍有足夠的糧食生產出來供養七十多億人口。至關重要的變遷在於人工肥料與殺蟲劑的製造，化石燃料動力農業機具的使用，成千上萬的灌溉堤壩興建，以及基因改造新作物的生產。現代農耕技術讓新的土地獲得耕種，將農耕區域從一八六〇年的五億公頃提升到一九六〇年的將近三倍面積。[4]配備了強大柴油引擎、聲納探測裝備及巨大魚網的拖網漁船，撈盡了捕魚區域大多數的生物。捕魚量在一九五〇至二〇〇〇年間從一千九百萬噸上升到九千四百萬噸，即使過度捕撈使得許多漁場如今面臨崩潰之虞。

改良的資訊技術，使得積累、貯存、追蹤及運用巨量資訊以驅動創新，並維持極其複雜的現代社會運行更加容易。藉由頭一次創造出跨越地球、緊密連結，並能在龐大的電子資訊倉儲中管理及追蹤新資訊的單一心智網路，通訊及運輸技術轉變了集體學習。心靈空間這一心智圈成了主宰生物圈內部變遷的驅動力。廉價但有強大網路的電腦，讓數十億人獲取的資訊比起前近代世界所有圖書館能找到的還要更多。當電腦結合了現代統計分析的精密數學技術，它們就讓政府、銀行、公司行號及個人得以追蹤巨大的資源流動。它們也讓世界上任何地方的個人之間得以經由電報、電話及網際網路即時通訊。倘若資訊共享是我們人類得以如此強大的原因，電腦就把這樣的力量增強了許多倍。一如往常，損失也免不了。正如書寫的

4 Tim Lenton, *Earth Systems Science: A Very Short Introduction* (Oxford: Oxford University Press, 2016), 82.

傳播或許減損了人類的記憶能力，電腦與計算機的傳播也讓計算能力下降。

到了二〇〇〇年，化石燃料革命已經涵蓋了世界大多數地區，包括許多舊有的樞紐區域。國族財富與權力在十九世紀晚期如血盆大口般的鴻溝，這時開始彌合了。被世界大戰削弱的歐洲強權不情願地放棄了殖民地，亞洲、地中海東岸、北非及美洲的古老樞紐區域，也開始在技術、財富及權力上急起直追。

在所有這些變遷背後的，正是化石燃料帶來的廉價能量大豐收。煤產量到處都在增加，但石油與天然氣產量也同樣增加。新的油田在阿拉伯、伊朗、蘇聯等地開採，甚至沿著大陸棚開採。光是在中東地區，石油產量就從一九四八年的兩百八十億桶增加到一九七二年的三千六百七十億桶，僅僅相隔二十五年。天然氣也在劇烈加速期間展現自身價值。能量消耗總值在十九世紀加倍，而後在二十世紀增加十倍。人類對能量的消費增加得比人口更快許多。

改變世界：治理與社會

社會與政府的本質也被人類世的新能量流與新技術給轉變了。曾經，所有人類都是野外採集者，「政府」實際上意指家族關係。農耕出現之後，愈來愈多人居住在農村中，靠著農耕自給。在農耕社會裡，政府的意義首先是從農民身上調動能量及資源。今天，多數人類不再靠著採集或耕種生產糧食及其他必需品。他們成了工資勞動者。如同古代蘇美的陶工，他們也靠著從事專業工作賺取薪資維生。這也轉變了政府的本質，因為如今政府開始介入所有公民的每日生活。這是因為工資勞動者和農民不同，他們少了政府就無法生存。農耕村落能在偉大農業文明的疆界之外安然存活，但工資勞動者得倚賴法律、市場、雇主、商店及貨幣的存在。專業的工資勞動者如同神經細胞，無法獨自存活。因此工資勞動者的世界整合程度比起農民的世界更緊密得多。現代政府控管市場與貨幣，保護提供就業機會的行業，設立大眾教育體系將讀寫能力傳授給多數人口，並提供貨物及工人移動所需的基礎設施。要做到這一切工作，他們就得吸收愈來愈多國民參與政府及行政部門的工作。

我們可以看到現代政府型態在十九世紀隨著工業化起飛，愈來愈多農民成為工資勞動者而完全改變，政府開始動員更多人口。法國革命政府受到革命轉變，又面臨歐洲多數國家的圍攻，成為最早有系統地向全體人口徵兵的現代國家之一。美國政府也是在戰爭時期建立的，它也不得不在戰爭中動員多數人口。要做到這點，政府需要公民人數、健康與體能、教育程度、技能、財富及忠誠度的詳盡紀錄。以上這些是多數傳統政府得以忽略的問題。法國革命政府和美國政府經由將更多人口引進政府工作的民主化（democratization），以及訴諸人民同屬於國族群體感受的國族主義，開始動員國民的忠誠。它們經由選舉提供給愈來愈多國民（依序是有錢男性、其他男性及女性）政府中的某種職位。經由學校和迅速發展的新聞媒體，政府則試圖深入國民心中，創造出新型態的忠誠。國族主義證明了是一種將不同傳統、宗教，甚至不同語言的人群團結起來的有力方式；它藉由在公民心中建構起一個成員多達千百萬人的巨大想像家族，動員起傳統的親屬關係本能，公民則應當給予這個家族忠誠、服務，面臨戰爭的極端危機時，甚至可能得奉獻生命。

二十世紀初期的總體戰將政府轉變為經濟總管，因為它們試圖動員現代工業經濟體的全部人力與資源。我們可以大略追溯政府在經濟管理方面日漸增強的作用。在十九世紀晚期，法國政府占了法國國內生產總值的大約百分之十五，國內生產總值是計算全國生產價值非常粗略的數據。這在當時看來為數不少。同時期的英國和美國政府占了各自國內生產總值不到百分之十。二十世紀初期的戰爭迫使政府更積極地介入經濟管理，到了二十世紀中葉，政府在經濟上的作用到處增強。二十一世紀初，經濟合作暨發展組織（Organisation for Economic Co-operation and Development, OECD）會員國政府控制或管理的國民總支出平均份額是國民生產總額的百分之四十五，多數富裕國家介於百分之三十到五十五不等。[5]有些政府試圖微觀管理全國經濟，像是蘇聯和中國等共產政權。現代政府也會經由配備著現代武器的軍警，施加比傳統政府規模更大得多的強制力。這樣的力量是古印度治國方略《政事論》的作者所無法想像的。現代政府的規模、管轄範圍、力量及影響力，使得農業時代最強大的政府相形之下都彷彿無足輕重。

在一個愈益相互連結的世界裡，治理也呈現出更具全球性的型態。到了二十世紀晚期，許多還稱不上是政府的政治架構，都以全球規模在管理、建議及執行。它們包括了聯合國、國際貨幣基金組織（International Monetary Fund, IMF），以及大量公司行號，和紅十字會之類的非政府組織，其活動跨越許多不同國家。這些機構象徵著一種新的全球層級治理之初生型態，僅僅數百年前仍無法想像。

新的生活及存有方式

伴隨技術與政治轉型而來的，是人類生活方式的同等劇變——生命經驗的變遷。現代人類以各種令我們的祖先困惑、迷亂，甚至有可能驚駭的方式生活著。所有這許多農民家庭的不同活動，諸如犁地、播種、收穫、餵養家畜、擠牛奶、砍柴火、採集蘑菇或藥草、生養子女、烹煮食物、編織自己種植的纖維，支配了多數人類的生活成千上萬年之久。今天，多數農民都是企業家或工資勞動者。他們在巨大的工業化農場耕作，只專門種植幾種作物，其中一些經過基因工程處理。他們運用大量肥料、殺蟲劑栽種作物，再用耗能的收割機、拖拉機和卡車載運。現代農民種植作物不是為了食用，而是為了出售。他們經營這門事業。他們向銀行貸款，向大公司購買種子、肥料和拖拉機。

多數人類不再居住於村落，而是生活在市鎮和城市裡。他們遠離了農耕村落的田地、溪流和樹林，生活在幾乎完全由人類活動形塑的環境裡。隨著不同工作、技能及專長形式激

5 Ha-Joon Chang, *Economics: The User's Guide* (New York: Pelican, 2014), 429，根據世界銀行提供的數字。

增，人們花費愈來愈多時間學習。資訊，也就是專業知識才是最要緊的，而非農民的廣泛技能。為數愈來愈多的人民享有即便在一世紀前仍屬罕見的營養及健康水準，這是由於現代農業的產能，以及現代醫學及衛生保健的進步。現代麻醉技術終結了多數傳統醫療介入帶來的痛苦。（要讓截肢或拔牙更容易承受，再也不需要只靠一杯烈酒了。）或許最不同凡響的是，僅僅一個世紀之內，這一切變遷使得人類的預期壽命提升了兩倍以上。

即使經過了二十世紀的戰爭，人際關係在大多時候也變得更不暴戾了。這樣的轉變有清楚的邏輯，因為強制力在最近一兩個世紀之間已經不再是操控行為的有效方法（你上次看到公開執行鞭刑是什麼時候？），經濟報償與刑罰逐漸取而代之（你大概有要求過加薪吧）。儘管多數人今天都理所當然地認為奴隸制和家庭暴力是錯的，但記住這點很重要：最晚到了十八世紀，奴隸貿易在大半個世界上還是受到尊重的行業；酷刑與處決即使對於輕微罪行也是標準刑罰，並被廣泛認為是一種大眾娛樂形式；毆打及體罰在家庭和學校裡則被認為是正常且完全可接受的秩序維護方式。個人之間的暴力還是太過普遍了，但相較於全世界的人口數量，它已經比過去少見許多，在世界大多數地區也不再被看作是可接受的控制行為方式。

在農民的世界裡，多數人僅能勉強餬口，匱乏時期熟悉且常見，富足對於多數人的意義是有個遮風避雨的家，不欠債務，金錢足夠繳稅及供應全家衣食。今天的消費世界則大不相同。它的動力來自於這樣的經濟體系：在世界上富裕國家製造出這麼多物質財富，令其存續本身即仰賴於急遽增長的全球中產階級大量且持續消費。我們大多數人認為理所當然的進步觀念也是新的。人類歷史的大多數時候，人們都認定，只要沒有天災人禍，子女就會過著和父母一樣的生活。

看待家族與子女的態度也深刻地改變了。最近數百年來，營養與衛生保健的進步開始降低了幼兒死亡率，因此有更多兒童長大成人。但傳統的農民心態仍確保家族盡可能生下最多子女。這樣的心態，加上糧食產量增加、高生育率及死亡率下降，有助於驅動最近數百年內出奇迅速的人口增長。但最終，隨著家庭遷入城市，傳統心態也開始改變，因為教育及撫養子女花費更大，同時更多子女也能長大成人。城市家庭開始擁有更少子女，生育率也開始下降。在早先死亡率下降之後發生的生育率下降，正是人口學家所謂的「人口轉型」（demographic transition）：低生育率、低死亡率的人口新體系出現。這也說明了人口成長率在二十世紀何以趨緩，首先是在富裕國家，而後遍及整個世界。它也有助於解釋性別角色的根本變遷。女性耗費全部成年生活生養子女的壓力減輕，模糊了男女角色的傳統分工，令女性得以扮演她們在大半個農業時代裡都被排除在外的各種角色。

對於存活在今天的任何人來說，現代生活方式的這些面向都是司空見慣的，即使與如今已然消亡的農業世界對照起來或許難以領會。更難理解的則是現代社會複雜性的驚人增強，那種方式令生活每一細節都深陷於千百萬人構成的網絡中，他們提供了糧食及工作、衛生保健、教育、電力、車輛燃油，還有穿著的衣服。這些相互連結的反應鏈，每一條可能都包含了成千上萬，甚至千百萬在絕妙的複雜性網絡中彼此連結的其他人類。在機場放空的時候，我喜歡嘗試著計算建造及維護一架空中巴士A-380，讓它從雪梨飛往倫敦需要投入多少人力。削弱任何一條連結，我們的世界就有可能迅速崩潰，正如今天世界上那些國家架構瓦解的地方清楚展現的那樣。《政事論》作者考底利耶大概會說，這些地方的人類生活在「魚肉法則」之下。

轉變生物圈

化石燃料革命和劇烈加速不僅轉變了人類社會；它們也正在轉變生物圈。人類的活動正在改變活機體的分布及數量，變更了海洋與大氣的化學物質，重新排列地形與河道，並打亂了讓氮、碳、氧、磷流過生物圈的古老化學循環。

研究者花了很長時間才了解，人類活動的衝擊如今已和維持生物圈穩定的生物地球化學過程（biogeochemical）同等強大。我們未必真正理解自己的行為，但我們正在撥弄將地球表面維持在宜居溫度長達四十億年之久的生物圈恆溫器。

碳是生命化學的重心，碳在大氣、海洋及地殼中的分布，在整個地球歷史裡都有助於確定地球表面的溫度。今天，當我們取用化石燃料能量，我們也將大量二氧化碳重新排入大氣。但直到一九五〇年代，科學家才開始認真考慮這件事可能對碳循環產生的衝擊。查爾斯・基林（Charles Keeling）從一九五八年開始在夏威夷測量大氣中的二氧化碳濃度。數年之內，他就發現濃度數據急遽上升。在化石燃料革命之前，人類排放的二氧化碳還沒大到足以影響大氣中的二氧化碳濃度。但在今天，人類活動每年釋放出一百億噸左右的二氧化碳，而根據估計，自工業革命以來的二氧化碳總排放量多達四千億噸左右。[6]在研究者找出測量數十萬年來二氧化碳濃度的方法之後，這些變遷的意義何等重大也就顯而易見了。其中一種方法是研究冰芯，冰芯內有年復一年封存的微小氣泡，能夠告訴我們地質年代表上的大氣成分。它們顯示出，自工業革命至今兩百年，大氣中的二氧化碳濃度已攀升到將近一百萬年來未曾見過的高度。

基林記錄下來的變化是真的；它們很驚人，它們也正在轉變碳循環。升高的二氧化碳濃度將意味著暖化的氣候，暖化的氣候則將意味著更強烈的颶風、暴風和吹送流，以及海平面升高淹沒地勢低窪的城市。效應將會延續許多世代，因為二氧化碳一旦釋放到大氣中，就會長久存留。但二氧化碳並非唯一一種由於人類活動而在大氣中濃度升高的重要溫室氣體。甲烷濃度在過去兩百年間上升得更快，多半來自於水田種稻拓展，以及家畜數量增加。甲烷是更強大的溫室氣體，儘管它分解得也更快。

二十世紀晚期，電腦讓氣候科學家得以建立愈益複雜的模型，預測這樣的變化可能對大氣造成的衝擊。他們的模型顯示，數十年內，隨著溫室氣體排放創造出暖化的世界，融化的

6 Lenton, *Earth Systems Science*, 82, 96-97.

冰河和冰帽將使海平面上升，淹沒許多沿海城市，增加的熱能及汽化則必然產生更不規律、更難預測的極端天氣模式，讓農業更難以為繼。數十年內，全球氣候將與全新世的相對穩定模式大不相同。一位美國氣候科學家曾經這麼說：「氣候是一頭憤怒的野獸，而我們正在用棍子戳弄牠。」[7]

氮與碳一樣對於生命至關重要。一八九〇年時，人類對於氮循環的影響仍微不足道。人類每年從大氣取出一千五百萬噸左右的氮，主要是透過農耕，而野生植物則提取一億噸左右，或者相當於人類的七倍。一百年後，人類與植物的角色互換了。到了一九九〇年，耕地面積增長到了野生植物只提取八千九百萬噸，而人類經由農耕及肥料生產提取的氮上升到一億一千八百萬噸的地步。

我們對其他大型哺乳類的衝擊也很深刻。一九〇〇年時，野生陸上哺乳類占了將近一千萬噸的碳生質能（carbon biomass）。人類那時已經占了將近一千三百萬噸，而馴化哺乳類，例如我們的牛、馬、綿羊和山羊，則占了驚人的三千五百萬噸。而在下一世紀之內，這些比率變得更加扭曲。到了二〇〇〇年，野生陸上哺乳類的總生質能降低到五百萬噸左右，而人類的總生質能則迅速增加（從我們所知的人口成長情況看來，毫不意外）到將近五千五百萬噸，馴化哺乳類則增加到驚人的一億兩千九百萬噸。這是強大的指標，說明了人類活動擴張經由取得愈來愈多生物圈資源，排擠其他大型動物物種的程度。

重點是普遍適用的。多數對人類沒有立即價值的動植物物種都在數量上減少。它們減少得這麼快，使得有些人推測我們恐怕正在見證另一次大滅絕事件的早期階段。滅絕速率如今比起過去數百萬年更快數百倍，逼近於六千五百萬年前最後一次大滅絕事件以來未曾有過的速率。我們人類甚至設法將我們關係最近的親戚逼向滅絕，其中或許包括了我們的人科親戚，如尼安德塔人。我們現存最近的親戚，黑猩猩、大猩猩和紅毛猩猩，則在野外瀕臨滅絕。

化石燃料革命在許多其他領域裡也加強了人類影響的規模。採礦、築路及城市擴散如今移動的地面，比起侵蝕和冰河作用更大。柴油泵浦從地下蓄水層抽取淡水的速度，比自然水流補充的速度更快十倍。我們正在生產從未存在過的礦物、岩石及物質型態，其中包括塑膠（由石油製成，如今正在城市的垃圾掩埋場及海洋中積累）、純鋁、不鏽鋼，以及大量混凝土，這種人造岩石的產製過程，如今是二氧化碳排放的重要來源。這種新物質的激增自從約二十四億年前由氧支配的大氣出現以來，在地球上未嘗發生過。[8]

這些變遷最為駭人的其中一項，則是人類武器的產能增強。僅僅數百年前，我們最致命

---

7 這位科學家是華利．布羅克（Wally Broecker）。轉引自David Christian, "Anthropocene Epoch," in *The Berkshire Encyclopedia of Sustainability, Vol. 10: The Future of Sustainability*, ed. Ray Anderson et al. (Barrington, MA: Berkshire Publishing, 2012), 22。

8 Jan Zalasiewicz & Colin Waters, "The Anthropocene," in *The Oxford Research Encyclopedia, Environmental Science* (Oxford: Oxford University Press, 2015), 4-5.

的武器仍是長矛，或可能是投石彈弓。從中世紀晚期開始，以中國為先驅的火藥革命，為我們帶來火繩槍、步槍、大砲和手榴彈。第二次世界大戰催生了能在區區數小時內瓦解整個生物圈的武器，其毀滅力量相當於消滅恐龍的小行星。

衡量人類世的變遷

新的資訊與能量流動，將人類、動物和植物，以及地球、海洋與大氣的化學物質，織成了一個首先為了我們自身物種的利益而構築的單一體系。這個體系仰賴來自化石燃料的巨大能量流。我們可以運用附表（請見本書頁三四三）的數字，大略衡量人類世中這些能量流的影響。

首先引人注目的純粹是最近數百年間的變化規模。過去兩百年來，人類人口（B欄）從九億增加到超過六十億。這等同於在一千年內增加兩百六十億人，成長速率比農業時代快了一千倍，農業時代平均每千年增加兩千五百萬人左右。這樣的成長速率是無法持續的，最近數十年來，它們開始趨緩了。儘管如此，這些數字說明了化石燃料革命對於人口增長的驚人衝擊。

迅猛的人口成長有賴於我們物種可用能量的巨幅增加（C欄）。從上次冰河期結束到距今兩千年前的八千年內，人類的能量消費大約增長了七十倍。而在一八〇〇至二〇〇〇年的區區兩百年間，能量消費總量增長了將近二十倍，從兩百億吉焦（相當於二十艾焦）增加到五千兩百億吉焦（相當於五百二十艾焦）。這樣的增長相當於每千年增加兩千五百艾焦，增長速率比農業時代快了兩萬倍。

來自化石燃料的能量豐收，一如來自農耕的能量豐收，用以支付人口成長，熵索取的複雜稅，最終則用於支付提高的生活水準，但規模遠大於農業時代。這次，生活水準提升不再僅限於人類人口的十分之一，而是擴及於更為廣大的新興中產階級。

化石燃料的能量豐收有不少用於支付人類數量的增長。它為過去兩百年來世界上增加的五、六十億人口供應了衣食和住家。但化石燃料的豐收遠大於農耕的能量豐收，因此剩下了大量能量提供其他用途。我們知道這點，是因為D欄揭示了每人平均可用的能量在這一千年來增長將近八倍，反觀冰河期結束到兩千年前的整整八千年間，它則增長了不到兩倍。過去兩千年來，人口風馳電掣地增長，但能量流增加得更快。

大量的額外能量必定用來支付熵向愈益複雜的社會索要的稅。這些能量多半用於不具成效的工作，或成為熱能，在污染、浪費及戰爭破壞中消散。它所從事的是熵損害複雜結構的工作。我們找不到好的方式估算其中涉及的總量，但它們必定很可觀。還有其他的複雜稅，也就是用於支付今日全球社會基礎設施的能量及財富。過去兩百年來，世界最大城市的規模從將近一百萬人（這個數量兩千年來幾乎不變）增長到超過兩千萬人（F欄）。考量到現代城市所需的電力、下水道、道路及公共運輸基礎設施，以及對擁擠於一小片區域的兩千萬人活動進行維安及控管的挑戰，這顯然象徵著社會與技術複雜性的突飛猛進。複雜稅為了建築、公車、火車及渡輪、下水道及馬路的興築與維護而支付；它們也為了垃圾清運、輸電網路、法律規範、警政維安、監獄及法院，以及將世界各地城市聯成單一網絡的船舶、飛機、火車及網際網路連結而支付。少了這些全由巨大能量流驅動的不同系統，現代城市的複雜結構就會迅速崩潰。相對來說，城市也經由公路、法律及電子通訊構成的複雜基礎設施，與數十萬小市鎮、村落及孤立聚落聯繫起來。儘管我們無法精確估算，但我們可以確定，複雜稅占了化石燃料能量很大一部分。

但化石燃料的豐收是如此龐大，使得許多剩餘的能量還有一種用途：增進人類福祉。一如農業時代，多得不成比例的財富仍用於支持極少數菁英，因此一如過去，我們還是可以把能量豐收的相當一部分撥給菁英消費。但能量與財富的增長是這麼巨大，使得數十億日益增加的全球中產階級消費水準也開始增長，這是人類史上頭一遭，而中產階級的人數遠遠多過農業時代結束時全世界的總人口數。皮凱提估計，現代歐洲國家的百分之四十人口，掌控了全國財富的百分之二十五到四十五。這個中產階級的出現是人類歷史上的全新現象。隨著生活赤貧的人數減少，愈來愈多人加入了這個新興中產階級。

但弔詭的是，財富增長卻也意味著不平等擴大，即使生活水準高於最低水準的人數在增加，生活赤貧的人數之高，仍是人類史上前所未見。皮凱提估計，在多數現代國家之中，最富裕的百分之十人口掌控了國家財富的百分之二十五到六十，而最下層的百分之五十掌控的財富則不超過百分之十五到三十。相較於第一次世界大戰前夕的時代，這象徵著不平等的減輕。但在二十一世紀初，不平等似乎又加重了，如今存活的人口為數龐大，就其本身而言，即意味著生活赤貧的人數在今天遠遠多於過去。二〇〇五年時，超過三十億人（比一九〇〇年時全世界總人口數更多）每日生活支出不到二點五美元。這個群體之中的大多數人幾乎看不到化石燃料革命的益處，同時苦於狄更斯和恩格斯生動描繪的工業革命初期那種不健康、不衛生且朝不保夕的環境。

儘管如此，比例愈來愈大的人口仍受益於增強的能量及財富流動，生活水準也遠高於最低水準。這些流動提高了數十億人的消費水準，以及營養與健康水準。最能刻劃出這種變化的計量單位，大概是預期壽命（E欄）。在人類歷史上大多數時候，出生時預期壽命不滿三十歲。原因並不是人們無法活到六、七十歲，而是有太多兒童早夭，太多成人死於今日不足以致死的創傷或感染。預期壽命在一千年內幾乎沒有改變。然後，就在最近一百年內，全世界的平均壽命都增長了將近兩倍，因為人類取得了將幼兒和老人照顧得更好、養活更多人口，並改善病人及傷患所受治療與照護的所需資訊。

來自化石燃料與農耕的能量大豐收兩者的對比十分驚人。化石燃料的能量大豐收是如此巨大，以至於除了再生產、菁英財富、浪費及複雜結構的基礎設施之外，還剩下足夠的能量為比例日益增加的人類提升消費水準及生活水平。這是革命性的轉變。它泰半發生在過去一百年內，主要是在二十世紀後半葉的劇烈加速期間。

好的人類世（Good Anthropocene，從人類觀點而言的好）是這樣的面貌。好人類世在人類歷史上第一次為數十億凡夫俗子創造了更好的生活。（要是你懷疑這個進步的話，重新考慮一下不用現代麻醉技術開刀。）

但也有一個壞的人類世。壞人類世包含了許多變遷，足以危害好人類世所成就的。首先，壞人類世製造出巨大的不平等。儘管財富大大增加，仍有千百萬人持續生活在極度貧困中。即使人們忍不住以為現代社會廢除了貧窮，但二〇一六年全球奴役指數（Global Slavery Index）仍估計，今天有四千五百萬人口活在奴役之中。壞人類世不只在道德上不可接受而已。它也是危險的，因為它讓衝突必然發生，在一個擁有核子武器的世界裡，任何大規模衝突的後果對於多數人類都會是災難。

壞人類世也有降低生物多樣性，損害過去一萬年內保持穩定的氣候體系之虞。支持人類消費愈益增加的能量與資源流動，如今已巨大到令其他物種陷入貧困，危及現代社會賴以建立的生態基礎之境地。過去的礦工會帶著金絲雀進入礦坑，偵測二氧化碳濃度。今天，二氧化碳濃度升高，生物多樣性降低，以及冰河融化都告訴我們，某些危險的事正在發生，我們必須留意。

我們身為物種所面臨的挑戰很清楚。我們能不能保留好人類世帶來的益處，避免壞人類世造成的危害？我們能不能更公平地分配人類世的能量與資源豐收，以避免災難性的衝突？我們能不能，像最早的活機體那樣，學會運用更小、更溫和的資源流動做到這些？我們能不能在地球上找到與今天提供所有活細胞動能的質子泵相等的事物？還是，我們會不會繼續倚靠如此巨大的能量及資源流動，以至於它們最終動搖了我們過去兩百年來所建立複雜至極的社會？

第四部

未來

THE FUTURE

第十二章　一切將往何處去？

做預測很難，尤其是預測未來。

——（被認為出自）尤基・貝拉（Yogi Berra）

人類早已忘記，給予他們的地球只有用益權（usufruct），而不是供其消費，更不是揮霍浪費。

——喬治・柏金斯・馬許（George Perkins Marsh），《人與自然》（*Man and Nature*）

未來遊戲

我們在導論裡遇見了宇宙萬物的五花八門奇妙隊伍，其中有著恆星與大蛇、夸克與行動電話，一切都在熵目不轉睛卻又疲憊的凝視之下，向超新星的遙遠轟鳴行進。這個隊伍要往何處去？

奇怪的是，幾乎沒有現代教育體系會花上多少時間有系統地教導未來的事。這樣的疏忽出人意表，因為思考未來是一切具有頭腦的有機體都會做的事，而我們人類做得比其他任何物種都好。無論屬於人類或黑猩猩，頭腦都會依照世界此刻的模樣創造出簡化模型。頭腦也會創造出世界可能如何變化的模型。頭腦一如股票經紀人和氣候學家，也以模擬未來為日常工作。它們藉由這麼做，針對迫近的可能性與危險向擁有者發出警訊。

今天，我們人類能以絕妙的技巧，在極大規模上推演未來遊戲。由於人類語言及資訊共享讓我們得以結合數十億個人的模型，我們的模型既豐富又強大。這意味著我們能在我們的模型被來自眾多世代的數十億人所提供的回饋，以及被新資訊增補、修訂與校正時，予以精煉、充實及改良。今天的世界模型吸收了來自地球每一部分的資訊。我們運用最優秀的現代科學建立它們，在能夠推演千百萬種不同設想的電腦網路上運行它們。「要是格陵蘭的所有冰河都解凍，海平面會上升到淹沒邁阿密和達卡嗎？」這是一個我們在一百年前還無法認真提出的問題。今天，對這類問題精心測試過的詳盡答案，能夠指引足以影響數十億人的政策決定，其中許多人如今正年輕或尚未出生。（沒錯，邁阿密和達卡會被淹沒。）

或者我們可以對遙遠的未來提出更不切實際的問題，像是「熵會勝利嗎？它會最終瓦解**一切**結構與形式嗎？」正巧，我們對這類問題有些相當確定的答案，因為在宇宙規模上，我們問的其實是相對簡單的轉變類型。我們又回到了早期宇宙的複雜物理系統。解答關於未來的宇宙學問題無法在今天給我們多少實用指引，因為它們是關於極其久遠之後的事件。但它們可以為我們的現代起源故事定型，因為它們以關於一切何去何從的暗示逗弄我們。它們提供了深入理解，或許，甚至是一種結束之感，而不是指引。

介於人類與宇宙的時間尺度之間，還有另外一種數千年的尺度。地球在兩千年後會是什麼模樣？就這點來說，人類又會是什麼模樣？或是玉米穗、城市、火星上的殖民地？[1]說也奇怪，這個介於其間的尺度卻最難模擬。這個尺度上耐人尋味的問題，是關於生物圈之類極其複雜的體系，而在兩千年內，概率樹長出的枝枒會多到連最強大的電腦模型都無法選出最有可能的答案。但阻礙我們的還不只是枝枒的數量。正如量子物理所揭示，宇宙在最小規模上並非不可抗力的。超乎預期之事確實會發生，如同蝴蝶振翅，它們能夠經由因果鏈傾瀉出足夠的力量，將未來推向許多可能走向。所以有很多純屬老套的偶然。無論我們的頭腦或最好的電腦模型，目前都無法將源於某病毒小小基因突變的流行病，或鄰近超新星爆炸衝擊這類因素納入考量，即使我們或許快要能夠預測一次可能的小行星撞擊（這必定是恐龍渴望得到的資訊）。我們在這個中介尺度上進入了科幻的領域。我們述說的未來數千年故事是引人入勝、令人難忘且重要的。但我們無法決定應當認真看待哪一個。

---

1 金．史丹利．羅賓遜（Kim Stanley Robinson）的「火星三部曲」：《紅火星》（*Red Mars*, 1993）、《綠火星》（*Green Mars*, 1994）和《藍火星》（*Blue Mars*, 1996），對於火星殖民的可能樣貌提供了豐富生動的科幻記述。

人類的未來：探問

對我們人類來說，未來數百年確實很重要。事態發生得這麼快，彷彿慮驚事件中的慢動作時刻，我們在往後數十年所做所為的細節，都會在千萬年的尺度裡對我們和生物圈產生巨大影響。不論喜不喜歡，我們此刻就是在掌管整個生物圈，管理得好或壞全看我們自己。

各式各樣的神話對於如何面對不可預期的未來可以向我們透露許多，因為其中充滿了千鈞一髮、災難性的失敗，以及如願以償的探問。今天不同於以往的是可能捲入七十億人口的大衝撞，千百萬其他有機體則成了旁觀者和傷亡者。因此，現代人類同樣身負重任，一如所有美好神話中的男女英雄。我們的任務是避免衝撞，讓人類與生物圈都能各安其所，因為我們知道，人類無法安居於毀壞的生物圈裡。

最好的神話裡沒有必然。衝撞確實有可能發生。我們有可能不當操作由我們人類所打造的這部複雜精密的全球機器，從而喪失好人類世帶來的益處。這在不同駕駛試圖將這部機器開往不同方向，或是我們忽視儀表板上紅燈警告的情況下，尤其有可能發生。倘若機器崩壞，產能驟減，我們就無法再供養七十億人口了。我們將面臨社會混亂、戰爭、饑荒和疾病恣意肆虐的嚴酷時期。這正是《政事論》所謂的「魚肉法則」。倘若情況終究能安定下來，當它安定下來，數量大減的倖存者又會再次生存於農業時代的能量限度之內，其中只有極少數人能享有多於餬口所需的資源。要是我們嚴重破壞了氣候體系，就連農業都無法在世界上大多數地方運行。畢竟，農業有賴於全新世的穩定氣候。

再來，誰知道呢？如同某些科幻小說情節，或許人類的殘存人口能夠慢慢重建起近似於我們世界的事物，可能在記憶與焦黑的書籍、手抄本，或是城市、工廠、機器、微晶片的損壞殘留物指引之下。或者有沒有可能，正如某些人所提示的，人類所能掌管的複雜性有其限度？我們已經達到超出我們能力之外的複雜性層次了嗎？或許，有能力進行集體學習的一切物種都注定要遭遇複雜性的極限，他們的社會也就此瓦解？這就是我們至今尚未與任何其他能夠集體學習的物種取得聯繫的原因嗎？在希臘神話裡，天神因為科林斯（Corinth）國王西西弗斯（Sisyphus）太過聰明又野心勃勃而懲罰他。大概是聽從了熵的建議，祂們罰他將一塊巨石推上山，再看著巨石滾下山，永無止境。

這些設想很黯淡，但我們不能視而不見。宇宙實際上對我們的命運漠不關心。它是一片廣袤的能量之海，像我們這樣的個別漣波只不過是一時短暫的現象。「（所有偉大神話的）這種硬心腸，」約瑟夫·坎伯寫道，「因為某種終極的肯定而得到平衡，我們所見的一切不過是某種永續且不受痛苦力量的反映。因此故事雖然無情，但也無須恐懼，因為它們充滿了一種超越、匿名式的喜悅，交融在所有受困於時間中的生死、自我中心和掙扎的個體之間。」[2]

2 Joseph Campbell, *The Hero with a Thousand Faces*, 2nd ed. (Princeton, NJ: Princeton University Press, 1968), 46。
譯者按：本段譯文參看約瑟夫·坎伯著、朱侃如譯，《千面英雄》，頁四五。

現代科學在熱力學第一、第二定律裡捕捉到了宇宙如此駭人的漠不關心。

但我們人類也有目標，一如所有活機體，我們也踏上漫長旅程去達成這些目標，即使宇宙對我們漠不關心。從一切文化流傳下來的故事都述說著這些危險的旅程，這些旅程未必都能走到目的地，但有時還是能到達。旅人們必須承受看似失去一切、苦難深重的階段。他們的探問也會遭受突如其來、意料之外的中斷。但援手也會出現，無論是上帝還是朋友。還會有好運降臨。因此在所有神話傳統之中，探問是可能成功，也確實成功了的。機警、決心與希望，這是任何步上探問之路的人不可或缺的美德，因為錯失機會、太早放棄或絕望的旅人必定失敗。任何一個傳統說書人都會告訴我們，這些品質會是我們人類面臨同時充滿危險與機會的不可預知未來時所需要的。

我們對於好人類世與壞人類世的討論，說明了當前人類追尋的目標。首先是避免衝撞。我們能做到這點的話，接下來還有兩個目標：確保所有人類都能獲得好人類世的益處，確保生物圈繼續欣欣向榮，因為生物圈要是失敗了，一切追尋都無以為繼。我們的挑戰就是要達成這些目標，就算它們看來往往背道而馳，有時朝向放縱，有時則朝向克制。

為免聽來太過浮誇，以下是二〇一五年發布的聯合國文件〈變革我們的世界〉（Transforming Our World）序言所描述的人類追尋：

所有國家和所有利益攸關方將攜手合作，共同執行這一計畫。我們決心讓人類擺脫貧困和匱乏，讓地球治癒創傷並得到保護。我們決心大膽採取迫切需要的變革步驟，讓世界走上可持續且具有恢復力的道路。在踏上這一共同征途時，我們保證，絕不讓任何一個人掉隊。

文件繼續陳述：

人類：我們決心消除一切形式和表現的貧困與飢餓，讓所有人平等和有尊嚴地在一個健康的環境中充分發揮自己的潛能。

地球：我們決心阻止地球的退化，包括以可持續的方式進行消費和生產，管理地球的自然資源，在氣候變化問題上立即採取行動，使地球能夠滿足今世後代的需求。

繁榮：我們決心讓所有的人都過上繁榮和充實的生活，在與自然和諧相處的同時實現經濟、社會和技術進步。[3]

3 譯者按：數段譯文參看〈變革我們的世界：二〇三〇年可持續發展議程〉，聯合國大會第七十之一號決議，二〇一五年九月二十五日，https://www.un.org/zh/documents/treaty/files/A-RES-70-1.shtml（二〇一九年五月一日瀏覽）。

接著是十七項永續發展目標及一百六十九項具體目標，一切順利的話將在未來十五年內實現。

心存疑慮是很容易的。有些憤世嫉俗也是適當的。儘管如此，對一個成長於二十世紀中葉，幾乎不理解壞人類世危害的人來說，讀到一個代表地球上大多數國家的實體所發出的這份宣言還是不同凡響。

就在永續發展目標發布之後不久，另一項指標性的文件也產生了：〈巴黎氣候變化協定〉（Paris Accord on Climate Change）。〈巴黎協定〉在二〇一五年十二月十二日由一百九十五國在聯合國氣候峰會中通過，並在正式批准的國家達到標準之後，於二〇一六年十一月四日生效。協定目標如下：

把全球平均氣溫升幅控制在工業化前水平以上低於攝氏兩度之內，並努力將氣溫升幅限制在工業化前水平以上攝氏一點五度之內，同時認識到這將大大減少氣候變化的風險和影響；

提高適應氣候變化不利影響的能力，並以不威脅糧食生產的方式，來增強氣候復原力和溫室氣體低排放發展；並使資金流動符合溫室氣體低排放和氣候適應型發展的路徑。[4]

兩份文件之間的張力刻劃出了追尋更理想世界所面臨的諸多困難，因為若不大幅縮減化石燃料使用的話，實際上就無法確定二氧化碳排放量能降低到協定宣示的目標。這樣的削減能與持續發展相容嗎？或許可以，只要再生能源輸出增加得夠迅速。但如果能對所得再分配做出更大承諾，並願意接受更緩慢的經濟成長速率，這項任務當然會更容易達成。

我們的現代起源故事提出了一個有用的類比，即化學活化能。活化能提供了驅動至關重要化學反應的最初刺激。但只要反應開始，所需能量就會減少。或許我們可以把化石燃料想成啟動今日世界所需的活化能。既然這個閃閃發光的新世界正在運行，我們能不能用更小、更精微的能量流維持它的運作，像是一個接著一個電子或一個接著一個質子，由酶所管控的微小流動給予活細胞動能那樣？我們能不能效仿大型生命體微妙而不紊亂，等同於火的呼吸作用？

化石燃料做為活化能的概念，對於今天的世界還有些其他提示。最近數百年來洶湧澎湃的動力，在一切創造性破壞時期都是典型的。這在人類等同於創造出恆星的重力位能。但在暴烈的創造能量完成任務之後，我們期待一種更穩定的新動力，因為宇宙中有了新事物取而代之。如同我們的太陽，我們在跨越新門檻，建立起保存好人類世最有益之處的新世界社會

---

4 譯者按：本段譯文參看〈巴黎協定〉中文本，二〇一五年十二月十二日，https://unfccc.int/sites/default/files/chinese_paris_agreement.pdf（二〇一九年五月一日瀏覽）。

之後，或許可以安定於一段動態穩定期。或許無限成長的觀念完全錯誤。或許近數百年來的破壞性動力只是暫時現象。畢竟，在社會文化穩定的架構中生活，一直是人類歷史多數時候及多數人類社會的規範。正因如此，對於在一個不易轉變的世界中生活富足而活潑之意義的理解，始終保存於許多現代原住民社群的文化中，這些社群的人們首先自視為一個更大、更古老的世界之保管者。

儘管目前看來顯得過時，缺少持續成長的未來觀念，其實在具有哲學思維的經濟學家討論裡經常出現。包括亞當·史密斯在內，許多十八世紀經濟學家都害怕不再成長的未來，視之為進步的終結。但約翰·彌爾卻歡迎這樣一個未來，他認為這是工業革命的瘋狂淘金社會令人耳目一新的對比。他在一八四八年寫道：「一些人認為，人類生活的正常狀態就是生存競爭；認為構成現有社會型態的相互傾軋和相互鬥爭，是人類的最佳命運，而絕不是產業進步諸階段的可惡象徵。坦白地說，我並不欣賞這種生活理想。」[5]

他反而主張：「對於人類的本性來說，最良好的狀態應該是，沒有一人貧窮，沒有人想比別人更富有，因而誰都不必擔心別人搶先而自己落在後面。」他說明，成長在許多更貧窮的國家裡仍有需要，但富裕國家更需要的是更好的財富分配。基本需求得到照顧之後，它們的任務應是更完善的生活，而非繼續取得更多物質財富。

> 資本與人口處於靜止狀態，並不意味著人類的進步也處於靜止狀態。各種精神文化

以及道德和社會的進步，會同以前一樣具有廣闊的發展前景；「生活藝術」（Art of Living）也會同以前一樣具有廣闊的改進前景，而且當人們不再為生存而操勞時，生活藝術會比以前更有可能加以改進。

他警告，人類應當深思熟慮且在良好條件下選擇靜止狀態，而不是等到靜止狀態在更差條件下強加於不情願的人類頭上。「我為了子孫後代的利益而真誠地希望，我們的子孫最好能早一些滿足於靜止狀態，而不要最後被逼得不得不滿足於靜止狀態。」

其他許多人也承認經濟成長與良好生活並不相同。一九三〇年，英國經濟學家約翰・梅納德・凱因斯（John Maynard Keynes）在一篇名為〈我們孫輩的經濟前景〉（Economic Possibilities for Our Grandchildren）的論文中主張，生產力在一百年內就會高得足以確保所有人生活所需。到了那時，他希望人們就能停止賣力工作，開始多思考要過什麼樣的生活。一九六八年三月，就在遇刺之前，羅伯・甘迺迪（Robert Kennedy）描述了全力投入國民生產總值（Gross National Product, GNP）無止境增長的經濟體之局限：

---

5 J. S. Mill, "Of the 'Stationary State,'" in *The Principles of Political Economy*, Google Books, http://www.efm.bris.ac.uk/het/mill/book4/bk4ch06。譯者按：本段及以下相關譯文，參看約翰・彌爾著，胡企林、朱泱譯，《政治經濟學原理》（北京：商務印書館，二〇〇九年），下卷，頁三二一至三二五，略有改動。

> 國民生產總值計算空氣污染、香菸廣告和清除公路車禍的救護車……它計算浮濫開發破壞的紅杉林和自然奇觀的喪失……但國民生產總值卻不考慮孩子的健康、教育的品質、嬉戲的樂趣。它也不包括詩詞之美妙……公眾辯論的機智，或公務人員的廉潔。……簡單地說，它什麼都衡量了，卻沒有衡量令生命有意義的事物。

我們對生物圈愈來愈多的理解，讓我們知道為何我們必須更溫柔地對待它。畢竟，生物圈的韌性到底有多強？我們並不真正知道。可能會有些臨界點開始危險的正向回饋循環，加速破壞性的轉變。比方說，冰河反射了陽光，像是覆蓋了大半個格陵蘭的冰河。當冰河融化，地球會變得更暗，並且開始吸收熱能而非反射。這增加了大氣所保留的熱量，令更多冰河融化，降低地球的反射率，進而增強暖化。這樣的機制說明了我們何以需要認真思考生物圈的限度。

斯德哥爾摩回復力中心（Stockholm Resilience Center）為確認「地球限度」（planet boundary）而研究多年：這是人類一旦跨過就必定嚴重危及未來的界限。[6]他們確認了九個界限，其中兩個陷入危急，分別為氣候變遷與生物多樣性下降，因為兩者只要有一個被嚴重破壞，就會讓生物圈突破穩定的限度。[7]當然，模擬全球範圍的變遷仍是一項因陋就簡的工作，我們跨越限度時也不會警報聲大作。但中心的研究員們仍以應有的審慎做出結論，表示我們已經相當明確地跨越生物多樣性限度，同時正在逼近氣候變遷的限度。我們對氮磷循環的衝擊已經跨越了危急限度，土地運用也接近限度，尤其是森林。我們人類在自己所打造的全球機器儀表板上，開始看見了紅色警告燈號亮起。

倘若，儘管面臨這些挑戰，我們人類的探問還是成功了，「成熟的人類世」（mature Anthropocene）將會是什麼模樣？[8]它當然不會是個完美的世界。但我們試著想像這樣一個世界並試著打造是很重要的。在此有太多無法估量的事物，令我們無從繪製任何形式的建築草圖。儘管如此，我們還是可以敘述一個保存了好人類世優點，避免了壞人類世危害的世界之某些主要特徵。

人口成長最終會降低到零，或許還會開始減少。人口成長率在世界大多數地區都已經在下降，而在某些地區，人口絕對數也開始減少。有許多步驟可以加快這個過程，包括貧窮家庭更好的衛生保健，以及貧窮國家婦女及女孩更好的教育。許多經濟學家都對人口成長趨緩

---

6 Johan Rockström et al., "A Safe Operating Space for Humanity," *Nature* 461 (September 24, 2009): 472-75; 資料更新於 Will Steffen et al., "Planet Boundaries: Guiding Human Development on a Changing Planet," *Science* (January 2015): 1-15。

7 Steffen et al., "Planet Boundaries," 1.

8「成熟人類世」的觀念在 David Grinspoon, *Earth in Human Hands: Shaping Our Planet's Future* (New York: Grand Central Publishing, 2016) 一書中有所探討。我在這部分借用了 Paul Raskin, *Journey to Earthland: The Great Transition to Planetary Civilization* (Boston: Tellus Institute, 2016) 的某些觀念。

的危險提出警告，但生物圈觀點則呈現出持續的人口增長為何無以為繼。在成熟人類世裡，貧窮會因為更完善的福利體系，以及抑制財富的極端累積而消除大半。正如前文所見，在相對意義上，世界多數地區的赤貧正在降低。最終，隨著經濟成長不再是政府的首要目標，個人將會開始看重生活品質及閒暇多過所得增長。在政府支持下，愈來愈多人將會放棄你死我活鬥爭的極端形式。滿足這些人民的需求將提振服務部門的經濟，而非有形物資。教育和科學對於政府會變得更加重要，因為知識開始取代有形物資，成為財富與福祉的來源。觀念也會改變，也就是關於好生活應有的樣貌，以及好政府目標的觀念。

世界經濟在本世紀稍後將會戒斷化石燃料。再生能源的產量正在快速增長，因此這個目標並非不切實際，即使這需要各國政府比目前所展現的更強而有力的介入。一旦改革的全球能源體系與捕捉大氣二氧化碳的措施結合起來，就有可能將全球暖化限制在工業化前水平以上攝氏兩度之內。能量及原料使用效率增強，最終也將減少能量消費總量，現有材料的回收再利用也將把新礦物及資源的消費量降低到趨近於零。

消費模式的創新及變遷，將是更大規模農業轉型的一部分，使其所需資源更少、產能更高。科學創新必定會在其中發揮巨大作用。許多創新將投注於保護生物多樣性、濕地，以及珊瑚礁或苔原環境等脆弱區域。

正如彌爾所述，更穩定的世界未必是靜止的世界。實際上，它會為新的藝術形式、擴展並提升的社會生活，以及介入自然世界操控性較少的新方法提供豐富的契機。在這方面，現代社會要大量向那些保存了過往傳統，來自千萬年來生活與周遭環境維持更穩定關係之社會的人們學習。在這樣的世界裡，即使平均資源消費不增加，大量人民的生活水準仍有可能提升，這樣的期望難道不合理嗎？

跨越這道新門檻的許多金髮姑娘條件已經顯現了。其中包括現代科學學術驚人的智識財富，對生物圈運作方式更透澈的理解，以及對我們人類在地球這唯一家園共享同樣命運的意識增長。我們也會需要未來會更好的生動形象，以激發今天的行動。畢竟，希望是我們努力打造更好的世界時不可或缺的美德，還有機警（大量的好科學會有幫助）及決心（政治將在這方面扮演關鍵角色）。

我在二〇一七年寫下這些文字之時，決心這項美德看來是最缺少的。世界各國政府如今都對上文所述的探問之類事物表示口頭支持，這很了不起。但至今對這樣的探問仍未形成強大的全球共識。許多人仍然堅信，一閃而逝的警告燈號是按錯開關和壞科學造成的。也只有極少數人能享有認真想像近在眼前的未來所需的大格局思考這種優勢。大多數人，但特別是最貧困的人，必須專注於個人需求及目標。多數政治人物和企業家也必須聚焦於更迫切的議題。政府是國族的，而且彼此競爭，這就意味著各個單一國家的財富及權力在政治算計中占去的，往往更大於全世界的所需。多數政府也因官員遴選或選舉的方式而被束縛在短程目標上。幾乎沒有政府能為未來二、三十年確立堅定而實際的目標，但正是在這個時間範圍內，決定了人類追尋更好世界的成敗。最後，在資本主義世界裡，大多數企業是由獲取利潤的需求所支配，而在目前，獲利卻太常與永續的追尋背道而馳。

那麼，對追尋的重要性產生全球共識的機會有多大？一個令人懷抱希望的跡象是科學共識達成的速度，反映在聯合國永續發展目標及〈巴黎氣候協定〉等文件中。三十年前，這樣的宣言是不可思議的。我們或許也接近了經濟上的臨界點，到了這時，追尋本身證明了既划算，又與全球資本主義的演進相容。倘若這真的發生，現代資本主義的巨大創新與商業能量，以及仰賴資本主義創造財富的政府，或許都會轉而支持追尋，為它注入資本主義政府給予過工業革命的那種推動力。但今天，在一個更複雜的世界裡，政府行為有一部分將決定於認真看待追尋的選民存在。這在一定程度上將取決於人們能把追尋敘述得多麼生動和令人信服。

倘若我們能成功實現進入更永續世界的轉型，某種程度上是第九道門檻，那麼顯而易見，人類歷史實際上就構成了一道複雜性增強的門檻，以有意識地掌管整個生物圈告終。我們看見了一章章的人類歷史，只因為我們和它距離這麼近。更大的組合門檻則始於集體學習。正如重力在早期宇宙中將物質雲聚合起來，集體學習創造了更密集也更複雜的人類社會，加速了變遷，給予人類對生物圈愈來愈強的控制力，由此創造出新的動力型態。加速變化有可能無止境持續，直到它引發災難性的爆炸——或許對人類等同於超新星。但我們要是成功地越過前往永續世界的轉型期，回首來時路，看來就會像是我們人類創造出了更穩定的新複雜性形式，如同融合藉由抵擋重力收縮創造出更穩定的新恆星結構。那麼我們就會看到，第六到第九道門檻在地球上創造出了新型的生物圈，有著新的恆溫器，以及嵌入心智圈——心靈空間中更有意識的新形式規則。我們應當怎麼稱呼這道門檻？人類革命（Human Revolution）？

人類之外：千年及宇宙的未來

讓我們樂觀一些，想像一個追尋實現了的世界。第九道門檻成功跨越了，多數人類在奠基於與生物圈更永續關係的穩定全球社會中蓬勃發展。這意味著人類社會可能還會存在數千年，或許甚至是數十萬年。

猜測接下來會發生什麼事，帶領我們進入了中程未來駭人、不可預測，卻或許是烏托邦式的世界。到了這個尺度，我們的模型實際上純屬猜測。它們說中的機率，大概就跟十九世紀畫作中穿著格子套裝的貴族在月球上騎自行車一樣高。我們能做的頂多是瀏覽一份基於已經可見的趨勢而來的可能性清單。

我們會看到部分替代民族國家，並最終消除核戰威脅的世界政府架構出現嗎？核聚變動力（fusion power）會帶來新的能量豐收嗎？若是如此，我們能更敏感地運用它會破壞生物圈的影響力，做為一種能夠為全體人類奠定好生活基礎的工具嗎？或者，我們會找到控制更巨大能量流的方法，創造出複雜性難以想像的文明嗎？俄國天文學家尼古拉·卡達雪夫

（Nikolai Kardashev）認為，要是還有其他文明也有類似集體學習的能力，許多文明將已經學會捕捉母星的一切可用能量，而另一些文明或許學會了控管它們太陽系中的一切能量，有些甚至學會了汲取整個星系的能量。

我們的後人會移民到地球之外嗎？他們會開採小行星，或在月球、火星設立殖民地嗎？或倘若我們向前看得夠遠，我們會在鄰近恆星系統周圍適於生命的星球上設立殖民地嗎？我們會設計出新的生命型態，新的節能糧食作物，或是能治療疾病、抑制癌症的微生物嗎？我們會設計出微型機器、奈米手術，得以進入我們的身體修補破損器官，或者不靠監工就跟隨電子建築師的設計蓋房子嗎？我們會打造出比我們更聰明的機器嗎？若是如此，我們能確定持續掌控它們嗎？

我們會打造出新人類嗎？微小和巨大的改善會讓我們變得仿生，帶給我們更長、更健康的生命，最終將我們變得不同，讓我們成為超人類嗎？新科技會讓人類得以即刻並持續交流觀念、想法、情緒及形象，創造出某種單一、巨大的全球心智嗎？心靈空間會從我們人類部分脫離，成為盤旋在生物圈之上的一層稀薄而統一的心智嗎？在這一切之中，我們何時會決定（如我們今天所理解的）人類歷史終結了，因為我們的物種再也無法被稱作「智人」？

新科學會轉變我們對自己和宇宙的理解，將今天的起源故事徹底翻轉嗎？將今天的起源故事與一百年前的對照，顯示出這件事可能很快就會發生，而且發生很多次。

當然，還有未知的未知足以在一兩秒內轉換未來的軌跡。我們的科學與技術或許已經優秀到足以預見小行星撞擊來臨，或許還能採取一些措施。但或許還有其他不可預期的天災人禍，像是……遭遇其他生命。倘若我們真的遇見它們，我們會從顯微鏡裡（或仿生的強化雙眼）端詳它們嗎？還是它們會用巨大的鑷子把我們夾起來，把我們放在培養皿上，透過顯微鏡端詳我們？

轉向更大尺度令我們寬慰，在此我們可以再次聚焦於相對簡單的事物，如行星、恆星、星系，以及宇宙本身。

我們可以追蹤板塊運動，而得以大略猜測一億年內大陸的位置。目前看來，陸塊似乎又會再次聚合成一片新的超大陸，由於它將結合亞洲和美洲，因此已被命名為阿美西亞大陸（Amasia）。地球的終極命運將決定於太陽的演化。我們的太陽會存活九百億年左右。但它倘若像其他近似的恆星那樣演化，它在數十億年內就會開始擴張，成為紅巨星。地球會發現自己落在太陽的外層之內。隨著地球加熱，大型生命體的處境會更加艱困，或許會有很長一段時間只有堅韌的古細菌（archaebacteria）能存活，像是存活在黃石公園溫泉中的那些。最終，隨著地球在愈發不穩定且不可預測的紅巨星外層之內被殺菌，而後吞噬及蒸發，就連古細菌都會消亡。這就是地球以及任何還存活著的人類後代的終結，除非他們旅行到太陽系外緣或其他恆星系統。至於太陽，在成為紅巨星一段長時間之後，它最終會炸掉外層，成為白矮星，遷移到赫羅圖底部，然後停留下來，以數千億年的時間冷卻。

大約在我們的太陽行為失常之時，我們的星系會跟鄰近的仙女座星系相撞。這會是一次平靜的事件，宛如兩朵雲撞在一起。但在每個星系內部，隨著恆星以不可預測的方式互相拖曳，會有許多動盪。而銀河系與仙女座星系合併而成的新星系，將會比產生它的兩個螺旋星系更凌亂得多。

整個宇宙又會變成怎樣？今天，多數宇宙學家都很確信有故事可說，因為宇宙的未來似乎決定於少量變數。最關鍵的是宇宙擴張速率及物質／能量總量。人們曾經以為宇宙物質的引力最終會抑制擴張，使之反轉，再次將宇宙縮小成另一顆太初原子，它又有可能轉而再次爆炸和擴張，創造出新宇宙，這個序列可能會在無盡系列的宇宙反彈（cosmological bounce）中不斷重複。但自從一九九〇年代晚期發現擴張速率在增加以來，看來必定存在著一種暗物質，強大到足以凌駕宇宙中一切物質及能量的引力。這說明了宇宙會永久持續擴張，而且會擴張得愈來愈快。

當我們談論宇宙的遙遠未來，我們也開始明白，我們至今為止講述的故事不過是序幕。萬物的隊伍有一段漫長的旅程要走，有時路途很困難。我們人類正好生存在宇宙歷史的起點，宇宙的故事正要開始。我們的宇宙仍然年輕有活力；它還有大量工作要做，有大量複雜的新結構要創造。

但在極遠的未來，在我們全都消逝無數年之後，故事在字面上和比喻意義上都變得更黑暗。宇宙會擴張得愈來愈快，遙遠的星系會像越過時空視界的船一樣消失無蹤，最終，留在我們宇宙裡的任何人或任何事物都會感到非常孤單。[9]恆星會持續形成及燃燒，直到未來十的十五次方年之後，宇宙的年齡已是今天的一萬倍之時。屆時，它會真正展現衰老的跡象，因為最後的恆星也將停止燃燒，光線將會熄滅。我們的宇宙會成為一個充滿恆星與行星冷卻餘燼的墳場。

但在墳場中仍會有活動的事物。黑洞們會吞噬掉恆星與行星的殘骸。當它們吃完之後，就會轉而在同類相食的內戰中吞噬彼此，直到只剩下幾個臃腫的黑洞為止。這些黑洞會在難以想像的時間裡停留在原處，或許長達十的一百次方年，它們會滲出能量，直到最終縮小、消失、蒸發為止。結果，我們宇宙中看似永恆的一切，其實都轉瞬即逝。或許就連空間和時間最終都不過是形式，不過是更大的多重宇宙中的漣波。熵終究會摧毀一切結構與秩序。

至少在一個宇宙裡。但或許還有更多宇宙有待研究。

9 以下記述的細節，我取自西恩・卡羅（Sean Carroll）的精采著作 *The Big Piture: On the Origins of Life, Meaning, and the Universe Itself* (New York: Dutton, 2016), loc. 878, Kindle。

致謝

我不太可能感謝每一個經由教導我、閱讀全書草稿、指點我重要書籍及作者、評論我的演講，並舉行我曾聆聽過的演講，協助我寫下這本書的人。我們人類泅泳於觀念之海中，這樣一本書得以構築，則是藉由抓住偶然漂過的概念，把它們與其他概念連結起來，並彎曲它們，或許令它們變形，或許找出新的連結。我可以將某些觀念追溯到特定個人、甚至特定對話，但許多觀念都存放在我腦海裡發酵，有時歷經數年，才在我頭腦的另一部分以全新形式出現，而且沒有產地標籤提醒我出處。因此本書的許多觀念我都不知道該感謝誰。我能做的只有向我的諸多同事與朋友，以及豐富的集體學習過程將今日令人驚嘆的富饒世界之無數觀念填滿我心，泛泛地獻上一聲感謝。大歷史是一項集體計畫，是在很多、很多心靈之中自然發生的協同增效屬性。

有些人我可以直接感謝。一小群志同道合的學者匯集於大歷史觀念及其類比周圍，努力推進大歷史教育及研究。其中包括天體物理學家艾瑞克·伽森，社會學家約翰·古德斯布洛姆（Johan Goudsblom）等先驅，以及所有這些協助創立與培育國際大歷史學會（International

Big History Association）的人們（依姓氏字母順序排列）：華特‧阿瓦雷茲、莫甘‧貝赫曼（Mojgan Behmand，還有她在道明大學〔Dominican University〕的許多同事）、克雷格‧班傑明與潘蜜拉伉儷（Craig & Pamela Benjamin）、辛西婭‧布朗（Cynthia Brown）、列奧尼德‧格里寧（Leonid Grinin）、羅威爾‧古斯塔夫森（Lowell Gustafson）、安德烈‧柯羅塔耶夫（Andrey Korotayev）、露西‧拉菲特（Lucy Laffitte）、喬納森‧馬克利（Jonathan Markley）、約翰‧米爾斯（John Mills，他和我同時開始講授大歷史）、亞歷山卓‧蒙塔納里（Alessandro Montanari）、艾絲特‧凱伊達克斯（Esther Quaedackers）、貝瑞‧羅德里格（Barry Rodrigue）、佛瑞德‧斯皮爾（Fred Spier）、喬‧沃洛斯（Joe Voros）、孫岳，還有其他許多協助建立了大歷史故事的人們。我和克雷格‧班傑明與辛西婭‧布朗的合作尤其密切，在非凡的友誼與成果豐碩的協力之中，完成大歷史的第一部大學教科書。遺憾的是，我與辛西婭的友誼隨著她在二〇一七年十月十五日逝世而劃下句點；這位大歷史的先驅之一，將被這個領域裡的所有人懷念。許多世界史家這些年來也支持著大歷史觀念，首先是菲立普‧費南德茲—阿梅斯托（Felipe Fernández-Armesto），還有鮑伯‧貝恩（Bob Bain）、泰瑞‧伯克（Terry Burke）、羅斯‧鄧恩（Ross Dunn）、派特‧曼寧（Pat Manning）、梅里‧威斯納—漢克斯（Merry Wiesner-Hanks），以及其他人。兩位偉大的世界史家將他們的巨大聲望提供給了這個新領域：威廉‧麥克尼爾認為大歷史是世界史之後符合邏輯的下一階段，以及傑瑞‧班特利（Jerry Bentley），他首先邀請我針對大歷史與世界史的關係發表論述。教學公司（The Teaching Company）邀請我講授一系列大歷史課程，而聆聽這些課程的比爾·蓋茲（Bill Gates），藉由支持建立高中大歷史教學的免費線上教學大綱，並邀請我在二〇一一年於TED上演講大歷史，為這個領域提供極大的助力。他的支持催生了大歷史計畫，首先由麥可·迪克斯（Michael Dix）及國際未來工作室（International Futures）的同仁，目前則由安迪·庫克（Andy Cook）和鮑伯·雷根（Bob Regan）領軍的團隊十分熟練地管理。大歷史計畫的共同創辦人，包括數百位老師、數百所學校和數百位學生，他們勇敢地冒險教授及學習這種雄心勃勃的過去歷史新取徑。世界經濟論壇讓我在達沃斯的年會上，演講做為全球計畫的大歷史。我很榮幸能得到兩位諾貝爾獎得主的引介：前美國副總統艾爾·高爾（Al Gore），以及澳洲天體物理學家布萊恩·施密特（Brian Schmidt）。我也有幸能造訪蒙哥湖，與穆提穆提人的長老瑪麗·帕平（Mary Pappin）會面，她的家族對於蒙哥湖女士及蒙哥湖男人的遺骸得以歸還故土扮演了關鍵角色。

我的學術生涯大半在雪梨的麥覺理大學度過，從我在一九八九年與來自全校各系所的同仁初次講授開始，麥覺理大學就支持著大歷史觀念。我尤其要感謝布魯斯·道頓（Bruce Dowton）和他的同事支持大歷史，並創辦麥覺理大學大歷史學院，學院先後由安德魯·麥肯納（Andrew McKenna）、崔西·蘇利文（Tracy Sullivan）和大衛·貝克（David Baker，就我所知，他是第一位獲得大歷史博士的學者）十分幹練地領導。多年來，我在近現代史系的同仁對這個思考歷史的新方式提供巨大支持，許多人也和我一起講授大歷史。我要感謝他們，尤其感謝馬妮・休斯・沃靈頓（Marnie Hughes Warrington）、彼得・艾德威爾（Peter Edwell）和尚恩・羅斯（Shawn Ross）。我也感謝大歷史課程裡我的眾多學生，他們總是以最簡單又最深刻的問題把我拉回重點，讓我保持中規中矩。我在聖地牙哥州立大學度過十分美好的八年，那裡的歷史學者對於這個歷史新取徑在美國的多元學術社群裡會如何發展，既給予支持也提供聰穎洞見，研究生們則證明了自己是訓練精良、技能專精的大歷史教師。

不同領域的許多專家也提供了新的洞見或路向修正：其中包括勞倫斯・克勞斯（Lawrence Krauss）、查爾斯・萊恩威福（Charles Lineweaver）、斯圖亞特・考夫曼（Stuart Kauffman）、安・麥格拉斯（Ann McGrath）、伊恩・麥卡爾曼（Ian McCalman）、威爾・斯蒂芬（Will Steffen）、揚・札拉希維奇（Jan Zalasiewicz），還有很多很多人。我得到利特爾布朗出版（Little, Brown）和企鵝出版（Penguin）編輯們的無限支持與豐富回饋：他們是崔西・貝哈（Tracy Behar）、查理・康拉德（Charlie Conrad）和蘿拉・史提克尼（Laura Stickney）。我要感謝崔西・羅伊（Tracy Roe）嚴謹而銳利的審稿。我也萬分感激約翰・布洛克曼（John Brockman），他從我第一次提到這本書的構想就支持著它。

幾位朋友好心地閱讀了本書草稿，並提供評論。其中包括克雷格・班傑明、辛西婭・布朗、尼克・多曼尼斯（Nick Doumanis）、康尼・艾爾伍德（Connie Elwood）、露西・拉菲特、安・麥格拉斯、鮑伯・雷根、崔西・蘇利文，以及伊恩・威爾金森（Ian Wilkinson）。

對我的家人來說，大歷史成了某種家庭代工。查蒂（Chardi）、艾蜜莉（Emily）和約書亞（Joshua）都讀了本書草稿，他們多年來的評論與想法往往將我帶上新方向。大歷史其實是現代起源故事的這個深刻洞見，要歸功於查蒂。我這個一生受到最親近的人們仁慈與愛的祝福的人，則要將深沉的感謝獻給他們和我的大家庭（包括我母親，她是我第一個老師）。我將本書獻給我的家人、獻給我的孫子丹尼爾・理查（Daniel Richard）和孫女艾薇・羅絲・莫莉（Evie Rose Molly），以及世界各地的每一位學生，在他們迎向打造更美好世界的重大挑戰之時。

附表

全新世與人類世的人類歷史統計[1]						
	A欄：年代[2]	B欄：人口數[3]	C欄：能源使用總量[4]	D欄：人均能源使用量[5]	E欄：人類預期壽命	F欄：最大聚落人口數[6]
全新世	−10,000	5	15	3	20	1
	−8.000					3
	−6,000					5
	−5,000	20	60	3	20	45
	−2,000	200	1,000	5	25	1,000
人類世	−1,000	300	3,000	10	30	1,000
	−200	900	20,700	23	35	1,100
	−100	1,600	43,200	27	40	1,750
	0	6,100	457,500	75	67	27,000
	10	6,900	517,500	75	69	

1 A欄到E欄參看Vaclav Smil, *Harvesting the Biosphere*, loc. 4528, Kindle；F欄參看Ian Morris, *Why the West Rules—For Now*, 148-49，其間插入一萬筆英國石油能源資料（BP Data）。

2 「零年」等於「西元二〇〇〇年」。

3 單位是百萬人。

4 單位為百萬吉焦（gigajoule, GJ），一吉焦等於十的九次方焦耳，一艾焦（exajoule, EJ）等於十的九次方吉焦（C欄等於B欄乘以D欄）。

5 單位為吉焦，每人每年能源使用量。

6 單位為千人。

詞彙表

本書的術語或用法各自不同的詞語，如下表所示。

譜線（**absorption line**）：以分光鏡分析星光時產生的黑線；它們指出了特定元素的存在，這些元素吸取了星光的部分能量，隨著黑線向光譜紅色或藍色一端移動，可用於偵測遙遠天體的移動。

吸積（**accretion**）：恆星周圍軌道上的物質聚攏起來，形成行星、衛星及小行星的過程。

活化能（**activation energy**）：開啟可能產生更多能量的反應所需的第一劑能量，如同引燃森林大火的一根火柴。

輻射適應（**adaptive radiation**）：生物迅速演化及多樣化的時期，通常發生在大滅絕事件之後。

富裕的野外採集者（**affluent foragers**）：如同納圖夫人一般的定居採集者，通常會在自然資源出奇富饒的地區發現。

農業文明（**agrarian civilizations**）：由農業支持的千百萬人構成的眾多社群，有城市、國家、官僚體系、軍隊、社會階序及書寫。

農業時代（**agrarian era**）：由農業技術所支配的人類歷史時代；大約始於上次冰河期過後，結束於兩三百年前。

農業（**agriculture**）：藉由操控環境，增加有用動植物產量，令人類得以將可用能量流及資源最大化的一套技術。

人類世（**Anthropocene epoch**）：人類歷史最近期，人類在此時成為生物圈變遷的支配力量；做為緊接在全新世之後的新地質年代而被提出。

反物質（**antimatter**）：與其他次原子粒子相同，電荷卻相反的次原子粒子，像是正電子（positrons，帶正電荷的電子）；當物質遭遇反物質，就會彼此湮滅（obliterate）而產生純粹能量。

套利（**arbitrage**）：在一個市場低價買進，在其他市場高價賣出，以獲取龐大利潤。

古菌（**archaea**）：單細胞原核有機體；古菌是生物三大群域之一。另參看細菌及真核生物。

太古宙（Archean eon）：地球歷史四大主要區分之一，自四十億年前到二十五億年前。

天文學標準燭光（astronomical standard candle）：如造父變星或1a超新星般距離可被計算的星體，使它得以用於估算其他天體的距離。

原子（atom）：普通物質的最小粒子，由質子、中子及電子組成；原子物質或許只占宇宙能量的百分之五。另參看暗能量及暗物質。

三磷酸腺苷（adenosine triphosphate, ATP）：一切活細胞用以載運能量的分子。

細菌（bacteria）：屬於生物三大群域之一，真細菌域的單細胞原核有機體。另參看古菌及真核生物。

大霹靂宇宙學（big bang cosmology）：一九六〇年代興起的典範觀念，用以解釋宇宙在大約一百三十八億兩千萬年前從微小而密集的能量匯集產生的過程。

生物圈（biosphere）：地球上由生命及有機體的副產品支配及形塑的領域。

黑洞（black hole）：緻密到了沒有任何事物得以逃脫其引力，連光也無法逃脫的一片區域；通常由超大質量恆星在生命結束時崩塌而形成。所有星系的中央或許都有黑洞。

寒武紀大爆發（Cambrian explosion）：將近五億四千萬年前，此時具有堅硬身體部位的大型有機體突然激增。

資本主義（capitalism）：一套由商業活動及商人支配的社會體系，政府在其中贊助商業，因為它們的利潤大多來自商業。

碳（carbon）：週期表上原子序數六的元素（Element 6）；由於它與自身及其他元素連結的精湛技巧，成為活機體的基本元素。

催化劑（catalyst）：藉由降低所需活化能，且不使分子本身被反應改變，而促進特定化學反應的分子（通常是蛋白質）。

造父變星（Cepheid variable）：亮度（星等）以規律方式變化的恆星。有兩種主要型態，由於變化頻率與其本身星等相關，它們的距離可被估算，使它們能用來做為估量天體距離的天文學標準燭光。

化學滲透（chemiosmosis）：離子順著聚集梯度而下穿越細胞膜的運動。在細胞中，細胞膜裡的三磷酸腺苷合酶（ATP synthase）運用這一能量為三磷酸腺苷分子充電。

集體學習（collective learning）：人類獨有的過程，資訊藉此極為精確地在個人之間大量共享，而得以在世代之間積累；我們物種對資訊及生物圈增強控制的關鍵所在。

複雜性（complexity）：複雜實體的活動部位比簡單實體更多，這些部位以精確方式連結，產生出新興屬性。

地核（core）：地球中央最緻密的區域，由鐵與鎳支配；地球磁場的源頭。

宇宙微波背景輻射（Cosmic microwave background radiation, CMBR）：從大霹靂過後三十八萬年左右，最早的原子形成之時遺留下來的輻射；今天仍可偵測到，是大霹靂宇宙學的關鍵證據之一。

宇宙學（cosmology）：對宇宙及其演化的研究。

地殼（crust）：地球的表層，大部分由花崗岩、玄武岩等較輕的岩石構成，充分冷卻以固化；這是多數有機體生活之處。

暗能量（dark energy）：性質及來源至今尚未被完全理解的能量，但它可能導致了宇宙加速擴張，或許占了宇宙質量的百分之七十。

暗物質（dark matter）：重力效應可被偵測到，但確切來源及形式尚未得到理解的物質；或許占了宇宙質量百分之二十五。

人口轉型（demographic transition）：在現代，死亡率下降驅動了人口成長，但都市化增強最終促使生育率下降，因此今天的人口成長正在趨緩；人口轉型轉變了一度主導多數傳統農民社會的看待家庭及性別角色之心態。

分異（**differentiation**）：早期地球加熱、熔化，隨著密度下降而區分為不同地層的過程，包含地核、地函、地殼。

去氧核糖核酸（**Deoxyribonucleic acid, DNA**）：攜帶著多數活機體遺傳資訊的分子。

馴化（**domestication**）：物種與其他物種共同演化時的基因改造；是農業的根本。

都卜勒效應（**Doppler effect**）：隨著物體彼此接近或遠離，輻射釋放頻率的明顯變化；警方用以監測超速，亦可用於偵測恆星及星系接近或遠離地球的運動。

地球（**Earth**）：我們生活的行星，它所承載的活機體或許是獨一無二的。

電磁力（**electromagnetism**）：能量的四種基本類型之一。在小範圍內的力量強大，呈現為正電及負電型態，是化學與生物最重要的能量形式。

電子（**electron**）：帶負電的次原子粒子；通常環繞著原子核運行。

元素（**element**）：原子物質的基本型態。每一種元素依其原子核中的質子數而區分；元素在週期表上依據不同屬性而分類，共有九十二種穩定元素。

發生（**emergence**）：參看新興屬性。

新興屬性（**emergent properties**）：隨著既有構造互相連結，產生其成分中所不具備的屬性而出現的新屬性。比方說，恆星具有構成它們的原子物質所不具備的屬性。

能量（**energy**）：事物發生、運動或變化的潛力。在我們的宇宙中，能量顯現為重力、電磁力、強作用力、弱作用力四種主要類型，但也以暗能量的形式存在。

熵（**entropy**）：宇宙依照熱力學第二定律而變得更散亂的傾向。

酶（**enzyme**）：做為催化劑的一種生化分子，在細胞中促進反應，少了它就得注入更多活化能。

真核生物（**eukaryotes**）：生命三大群域之一，真核生物域（Eukarya）的成員，由具有內在細胞器的細胞構成。最早的真核生物經由另兩個（原核）生命群域，真細菌及古菌有機體結合而產生；一切多細胞有機體都由真核細胞組成。另參看古菌、細菌、原核生物。

肥沃月灣（**Fertile Crescent**）：美索不達米亞周邊含水量豐沛的弧形地帶，農業首次出現之地。

刀耕火種（**fire-stick farming**）：以定期焚燒土地，增加生產力為基礎的舊石器時代技術。

熱力學第一定律（first law of thermodynamics）：參看熱力學。

野外採集（foraging）：舊石器時代特有的技術，以從環境採集資源，並進行有限度的處理為基礎。

化石燃料（fossil fuels）：埋藏及石化的有機物質，主要是煤、石油及天然氣，其中含有古時來自光合作用的能量貯存；現代世界首要的能量來源。

自由能（free energy）：不散亂流動而能做工的能量（比方說，流過渦輪的水產生的能量）。

融合（fusion）：在質子劇烈碰撞而克服各自正電荷的互斥時產生，強大的核子力隨之出現；隨著部分質量轉為能量，融合釋放出巨大能量。氫彈能量與恆星釋放能量的來源。

星系（galaxy）：千百萬或數十億由重力聚攏的恆星集群；我們的母星系是銀河系。

氣體（gas）：物質狀態之一，個別分子或原子在此並未緊密聚合。

基因組（genome）：貯存於每一細胞DNA中的資訊，規定其運作方式，使細胞得以產生準確複本。

全球化（globalization）：全球網絡規模逐漸擴大，直到西元一五〇〇年前後開始遍及全世界。

金髮姑娘條件（Goldilocks conditions）：讓新的複雜性形式得以產生的難得一見「恰到好處」特殊前提及環境。

重力（gravity）：能量四種基本類型之一，儘管微弱，但重力可在大範圍運行，將一切具有質量或能量的事物吸引起來。愛因斯坦揭示，重力藉由彎曲時空幾何結構而運作。

溫室氣體（greenhouse gases）：二氧化碳及甲烷等從陽光中吸收並保存能量的氣體；溫室氣體含量夠大的話，就會升高地表溫度。

冥古宙（Hadean eon）：地球歷史四大主要區分之一，始自四十六億年前地球初次形成，終於約四十億年前。

半衰期（half-life）：放射性同位素衰變到僅剩原先一半所需的時間。對於放射性定年法至關重要，因為不同半衰期使不同的同位素得以在不同時間範圍內，用來為事件及物體標定時間。

熱能（heat energy）：驅動一切物質粒子隨機擺動的動能（或運動能）；物質唯有在絕對零度才會喪失一切熱能。參看溫度。

氦（helium）：原子序二（原子核內有兩顆質子）的化學元素。宇宙中含量第二豐富的元素；化學上屬於惰性元素。

赫羅圖（Hertzsprung-Russell diagram）：記錄恆星本身亮度（星等，即其釋出能量值），與其顏色（或表面溫度）對照的圖表；對天文學家而言，是區分不同類型恆星及其不同演化方式的有力方法。

全新世（Holocene epoch）：自上次冰河期結束至今的地質年代，始自約一萬一千七百年前。

體內平衡（homeostasis）：一種均衡狀態；活機體經由覺察環境變化並調適於變化維持體內平衡。

人科動物（hominins）：雙足行走的猿類，我們自身物種的祖先，從將近七千萬年前我們的祖先從黑猩猩以來的演化系譜分立開始演化。

智人（Homo Sapiens）：本書每一位讀者所屬的大猿物種。

人類（human）：智人物種的一分子。

氫（hydrogen）：原子序一（原子核內有一顆質子）的化學元素；宇宙中含量最豐富的元素。

冰河期（ice ages）：冰河期內部散布著溫暖的間冰期，大約始於兩百六十萬年前更新世起點。

暴脹（inflation）：就宇宙而言，指大霹靂過後第一時間宇宙極端迅速擴張的時期。

資訊（information）：決定變遷如何發生的潛在規則。其中有些規則是普遍適用的，但活機體需要能夠偵測並應對局部資訊，也就是只適用於其直接環境的規則。資訊也可以指涉事物運作方式的知識。

資訊雜食（**informavore**）：如肉食動物食用肉類般消費資訊的實體；一切活機體都是資訊雜食的。

同位素（**isotope**）：具有相同數目質子，但中子數目不同的同一元素原子。

克耳文（**kelvin**）：如同攝氏溫標（Celsius Scale），但始於絕對零度（攝氏負二七三點一五度）；水的冰點是兩百七十三點一五克耳文，即攝氏零度。

生命（**life**）：一切活機體的新興屬性。難以精確定義，因為我們只知道地球上的生命，但其特性包括維持體內平衡、新陳代謝、繁殖及演化的能力。

光年（**light-year**）：在地球的一年之內，光在真空中行進的距離，約等於九兆五千億公里。

液體（**liquid**）：物質的流體狀態，原子或分子結合於其中，但能夠流過或圍繞彼此；液體的形狀隨容器而變。

盧卡（**LUCA**）：最終普遍共同祖先；地球上一切活機體的推定始祖。

地函（**mantle**）：地殼之下、地核之上的半熔化地層，約有三千公里厚。

地圖（**map**）：普遍用法是指地形或地理區域的示意圖；在本書中通常做為隱喻意義，指的是我們創造的空間及時間，以及宇宙與其歷史的圖像，以確定我們在萬物格局中的位置。

物質（**matter**）：占有空間的宇宙物理「材料」。愛因斯坦揭示，物質由壓縮能量構成，可被轉回能量（比方說，在質子融合中）。

巨型動物群（**megafauna**）：大型哺乳類；舊石器時代晚期，在人類到達澳大拉西亞、西伯利亞和美洲之後不久，許多巨型動物群被驅向滅絕。

代謝（**metabolism**）：活機體從環境中汲取並運用能量流的能力。

後生動物（**metazoans**）：多細胞有機體；「大型生命體」。

隕石（**meteorite**）：一塊落在地球上的太空垃圾；多數隕石自從太陽系創生以來幾乎不曾改變，因此提供了關於太陽系形成及演化的資訊。

米蘭科維奇循環（**Milankovitch cycles**）：地球公轉與傾角的變動，影響了地球從太陽吸收的能量值；這些變動有助於解釋更新世期間的冰河期循環。

分子（**molecule**）：由化學鍵連結在一起的幾個原子。

月球（**moon**）：繞著地球公轉的行星體，在地球形成後不久由於與另一行星體相撞而產生。

多元宇宙（multiverse）：可能存在多個宇宙的猜想，這些宇宙的基本定律及能量形式或許略有不同。

納圖夫人（Natufians）：考古學用語，指大約一萬四千五百年前到一萬一千五百年前之間，生活在地中海東岸肥沃月灣地區的「富裕野外採集者」。

天擇（natural selection）：達爾文的關鍵概念，個別有機體能否存活及繁殖，取決於它們適應環境的能力；這一機制是演化的根本驅動力。

中子（neutron）：通常可在原子核中發現的次原子粒子；質量近似於質子，但不帶電荷。

原子核（nucleus）：原子的緻密核心，居於其中的主要是中子及質子。

秩序（order，結構〔structure〕）：物質與能量非隨機或有模式的排列。

起源故事（origin story）：基於特定社群所能取得的最好知識，對一切空間及時間演進的敘述；起源故事內嵌於一切主要宗教及教育傳統中，提供了理解自身在空間與時間之中位置的有力方式。

氧（oxygen）：化學元素，原子序八；化學反應極活躍。

舊石器時代（Paleolithic period）：從大約二十萬年前我們物種初次出現，到大約一萬一千年前上次冰河期結束，農耕開始之間的人類歷史時代。

盤古大陸（Pangaea）：大約從三億年前到兩億年前之間存在的超大陸。

典範（paradigm）：被特定研究領域的研究者廣泛接受，統合領域內資訊的觀念；比方說，大霹靂宇宙學（天文學）、板塊構造（地質學）及天擇（生物學）。來自科學史家孔恩（Thomas S. Kuhn）的著作。

視差（parallax）：物體相對於背景，隨著觀測者移動而產生的明顯運動；觀測者和天文學家以此計算遠方物體或近處恆星的距離。

週期表（periodic table）：化學物質列表，首先由德米特里·門德列夫（Dmitry Mendeleyev）發明，將特徵相近的元素分組排列。

顯生宙（Phanerozoic eon）：地球歷史四大主要區分之一，從大約五億四千萬年前至今；大型有機體或「大型生命體」的時代。

相變（phase change）：狀態轉變，像是從氣態轉為液態或固態。

光子（photon）：電磁能量中的無質量粒子，在真空中以光速移動，也有波狀性質。

光合作用（photosynthesis）：植物或類似植物的有機體從陽光捕捉能量，以驅動代謝。

行星（planet）：在化學元素豐富的恆星周邊軌道上形成的天體。

等離子體（電漿，plasma）：溫度高到次原子粒子無法結合成為原子的物質狀態。

板塊構造論（plate tectonics）：一九六〇年代形成的典範概念，說明地函內部由地殼熱力驅動的對流，如何推動地表板塊的運動。

更新世（Pleistocene epoch）：從大約兩百六十萬年前到大約一萬一千七百年前的地質年代；由冰河期所支配。

原核生物（prokaryotes）：不具細胞核的單細胞有機體，來自真細菌及古菌兩大群域；地球上最早的生命形式就是原核生物。參看真核生物。

元古宙（Proterozoic eon）：地球歷史四大主要區分之一，自二十五億年前左右至五億四千萬年前。

質子（proton）：原子核中帶有正電荷的次原子粒子；質子的數量決定了元素的原子序數。

量子物理學（quantum physics）：對於次原子層級現象的研究，在此有可能發現粒子的確切位置或運動，使得物理定律必須以或然性表述。

夸克（quark）：經由強大作用力產生質子與中子的次原子粒子。

放射性（radioactivity）：許多原子核自行分裂，釋放出次原子粒子的傾向。

放射性定年法（radiometric dating）：二十世紀中葉以放射性同位素定期衰變為基礎發展而成的定年技術；少了放射性定年技術，本書的時間表就無從建構。

紅巨星（red giant）：如獵戶座中參宿四一般的垂死恆星，形體擴大，表面更冷（更紅）。

紅移（redshift）：譜線向光譜紅色一端移動；這是天體遠離地球的指標。宇宙正在擴張的一個關鍵證據。

宗教（religion）：性靈傳統，其中有些高度制度化，所有宗教中似乎都嵌入了某種形式的起源故事。

呼吸作用（respiration）：動物吸入氧氣；同時在細胞中運用氧氣，釋放儲存於醣中的能量。

核糖核酸（Ribonucleic acid, RNA）：存在於一切細胞中的DNA近親，可同時攜帶遺傳資訊及進行代謝。

科學（science）：嚴謹而有憑有據地研究世界及宇宙的現代傳統，自十七世紀科學革命開始發展。

熱力學第二定律（second law of thermodynamics）：參看熱力學。

定居（sedentism）：非游動的生活方式，個人與家庭多半停留在永久住所的家園附近。通常與農業相關，但有時與富裕的野外採集者相關。

太陽風（solar wind）：來自太陽的帶電次原子粒子流動。

固體（solid）：個別原子與分子緊密綑綁在一起，無法輕易變動位置的物質狀態。

時空（space-time）：愛因斯坦主張，空間與時間最好理解為單一宇宙架構的一部分，他稱之為「時空」。

分光鏡（spectroscope）：將光線分解為不同頻率的儀器；用以確認天體的化學構造。

恆星（star）：融合反應在崩解的物質體中心開始時形成的天體；恆星由重心聚攏成為星系。

強作用力（strong nuclear force）：能量四種基本類型之一。在次原子範圍運行，將夸克綑綁成質子與中子，將原子核聚合起來。

次原子粒子（subatomic particles）：原子的成分，如質子、中子、電子。

太陽（sun）：我們的局部恆星，驅動生物圈大多數能量的來源。

超新星（supernova）：大型恆星生命結束時的巨大爆炸；許多新的化學元素在超新星內部產生。

共生（**symbiosis**）：兩個物種之間的依存關係，它們親近到開始影響彼此的演化；人類與改良植物及馴化動物的關係就是一種共生型態。

溫度（**temperature**）：在科學用法中，是構成某一事物的原子平均動能（或運動能量）之計量。

熱力學（**thermodynamics**）：對能量流動及型態轉換方式的研究。熱力學第一定律斷言，宇宙能量總和是固定或「守恆」的；第二定律規定，能量會趨向愈益散亂或渾沌，因此宇宙的長期趨勢是朝向隨機或熵增強。參看熵。

複雜性增強門檻（**thresholds of increasingly complexity**）：更新更複雜，具有新興屬性的事物產生的轉型時期；本書所敘述的故事圍繞著複雜性增強的八個主要門檻而建構。

攝食階層（**trophic level**）：食物鏈層次，光合作用能量由此依次從植物傳遞到草食動物、肉食動物，再到人類社會的菁英；每一階層都會損失鉅額能量，因此愈高階層的群體數量總是愈少。

1a超新星（**typa 1a supernova**）：這種類型的超新星本身星等已知，因此可被用作天文學標準燭光。

宇宙（**universe**）：我們具備實證知識的萬物總合；形成於大霹靂之中。

弱作用力（weak nuclear force）：能量四種基本類型之一；在次原子範圍運行，造成了眾多的核衰變形式。

白矮星（white dwarf）：將外層炸開的緻密死星，將在數十億年內冷卻。

功（work）：在熱力學理論中，創造非隨機變化的能力。

世界區域（world zones）：有人定居世界（歐亞非、澳大拉西亞、南北美洲、太平洋）的大片地區，在西元一五〇〇年之間彼此幾乎完全隔絕，因此歷史在每個世界區域各有不同演進。

延伸閱讀

注釋指出了一些我所找到對於特定主題最有幫助的書籍。然而，注釋中引用的大多數著作都是近期的敘述，其中並未包含許多如今已然陳舊的經典文本，像是威爾斯的《世界史綱》，以及卡爾・薩根美妙的《宇宙》。以下清單主要聚焦於以廣角視野看待過去的著作，因此可以當成是大歷史及現代起源故事相關著作，以及處理大歷史中某些主題之書籍的導論性書目。

書籍與論文

Alvarez, Walter. *A Most Improbable Journey: A Big History of Our Planet and Ourselves*. New York: W. W. Norton, 2016. 對於大歷史故事的個人探索，來自揭露了小行星消滅恐龍的地質學家。

Brown, Cynthia Stokes. *Big History: From the Big Bang to the Present*. 2nd ed. New York: New Press, 2012. 大歷史故事的版本之一。

Bryson, Bill. *A Short History of Nearly Everything*. New York: Doubleday, 2003. 美妙、富有可讀性的敘述，談論我們對宇宙的現代科學理解演進過程。

Chaisson, Eric. *Cosmic Evolution: The Rise of Complexity in Nature*. Cambridge, MA: Harvard University Press, 2001. 本書探討能量—密度流動與複雜性增強的關聯。

Christian, David. *Maps of Time: An Introduction to Big History*. 2nd ed. Berkeley: University of California Press, 2011. 二〇〇四年初版，現代第一次敘述大歷史故事的嘗試之一。

Christian, David. *This Fleeting World: A Short History of Humanity*. Great Barrington, MA: Berkshire Publishing, 2008. 人類簡史。

Christian, David. "What Is Big History?" *Journal of Big History* 1, no. 1 (2017): 4-19, http://journalofbighistory.org/index.php/jbh .

Christian, David, Cynthia Stokes Brown, and Craig Benjamin. *Big History: Between Nothing and Everything*. New York: McGraw-Hill, 2014. 一部大學的大歷史教科書。

Macquarie University Big History Institute. *Big History*. London: DK Books, 2016. 一部插圖精美的大歷史記述。

Rodrigue, Barry, Leonid Grinin, and Andrey Korotayev, eds. *From Big Bang to Galactic Civilizations: A Big History Anthology, vol. 1: Our Place in the Universe*. Delhi: Primus Books, 2015. 相關論文選集。

Spier, Fred. *Big History and the Future of Humanity*. 2nd ed. Malden, MA: Wiley-Blackwell, 2015. 梳理大歷史背後某些主要理論概念的一次雄心勃勃的嘗試。

大歷史其他資料來源

比爾・蓋茲資助成立了大歷史計畫，這是線上免費的高中大歷史教學課綱。如今大歷史有了自己的學會（國際大歷史學會），麥覺理大學也設立了大歷史學院，促進大歷史的教學與研究。

二〇一一年我在ＴＥＤ上的大歷史演講，宗旨在於為大歷史概念提供簡介。可在此處觀看：http://www.ted.com/talks/david_christian_big_history。

【Historia歷史學堂】MU0022

起源的故事

Origin Story: A Big History of Everything

作　　者❖大衛．克里斯欽（David Christian）
譯　　者❖蔡耀緯
封面設計❖許晉維
排　　版❖張彩梅
校　　對❖魏秋綢
總 編 輯❖郭寶秀
責任編輯❖邱建智
行銷業務❖許芷瑀

發 行 人❖涂玉雲
出　　版❖馬可孛羅文化
104台北市中山區民生東路二段141號5樓
電話：02-25007696
發　　行❖英屬蓋曼群島商家庭傳媒股份有限公司城邦分公司
104台北市中山區民生東路二段141號11樓
客服服務專線：(886) 2-25007718；25007719
24小時傳真專線：(886) 2-25001990；25001991
服務時間：週一至週五9:00～12:00；13:00～17:00
劃撥帳號：19863813　戶名：書虫股份有限公司
讀者服務信箱：service@readingclub.com.tw
香港發行所❖城邦（香港）出版集團有限公司
香港灣仔駱克道193號東超商業中心1樓
電話：(852) 2508-6231　傳真：(852) 2578-9337
馬新發行所❖城邦（馬新）出版集團【Cite (M) Sdn. Bhd.】
41-3, Jalan Radin Anum, Bandar Baru Sri Petaling,
57000 Kuala Lumpur, Malaysia.
電話：(603) 9056-3833　傳真：(603) 9057-6622
讀者服務信箱：services@cite.my
輸出印刷❖中原造像股份有限公司
初版一刷❖2019年6月
初版二刷❖2019年7月
定　　價❖460元

ISBN：978-957-8759-68-8

城邦讀書花園
www.cite.com.tw

國家圖書館出版品預行編目資料

起源的故事／大衛．克里斯欽（David Christian）著；蔡耀緯譯. -- 初版. -- 臺北市：馬可孛羅文化出版：家庭傳媒城邦分公司發行，2019.06
面；　公分. --（Historia歷史學堂；MU0022）
譯自：Origin story: a big history of everything
ISBN 978-957-8759-68-8（平裝）
1.文明　2.人類演化　3.世界史
713　　108005743